Ute Schürings

Benelux
Porträt einer Region

Ute Schürings

Benelux
Porträt einer Region

Ch. Links Verlag, Berlin

Die Deutsche Nationalbibliothek verzeichnet
diese Publikation in der Deutschen Nationalbibliografie;
detaillierte bibliografische Daten sind im Internet über
www.dnb.de abrufbar.

1. Auflage, Januar 2017
© Christoph Links Verlag GmbH
Schönhauser Allee 36, 10435 Berlin, Tel.: (030) 44 02 32-0
www.christoph-links-verlag.de; mail@christoph-links-verlag.de
Umschlagentwurf und Innengestaltung: Stephanie Raubach, Berlin
Karten: Peter Palm, Berlin
Satz: Eugen Lempp, Ch. Links Verlag
Lektorat: Günther Wessel, Berlin
Druck und Bindung: Druckerei F. Pustet, Regensburg

ISBN 978-3-86153-919-3

Inhalt

Einleitung: Kurze Wege, große Unterschiede

Als ich Anfang der 1990er Jahre begann, Niederländisch zu studieren, wurde ich von den meisten meiner Freunde belächelt. Einige äußerten sogar blankes Unverständnis und fragten: »Wie, kann man das etwa studieren? Was willst du denn damit?« Ich stamme aus der Grenzregion, das machte es noch schlimmer. Je näher, desto uninteressanter, möchte man fast sagen. Die Niederlande waren kaum 20 Autominuten entfernt, aber bei uns zu Hause und im Freundeskreis sprach niemand auch nur ein einziges Wort Niederländisch.

Inzwischen hat sich das geändert, und das Interesse an den Benelux-Ländern wächst. Niederländisch ist heute als reguläres Unterrichtsfach in Nordrhein-Westfalen und Niedersachsen fest etabliert, vor allem in den Grenzgebieten. Die verschiedenen Studiengänge für Niederländisch sind gut belegt, an der Universität Münster gibt es ein großes Zentrum für Niederlande-Studien, an der Universität Paderborn ein Belgien-Zentrum.

Das Interesse kommt nicht von ungefähr. Die drei Länder sind schließlich nicht nur unmittelbare Nachbarn, sie sind auch wichtige Partner für Deutschland. Wirtschaftlich, weil sie zusammen eine der dynamischsten Regionen Europas bilden und es seit Jahrzehnten enge Handelsbeziehungen zu Deutschland gibt. Politisch, weil sie als Gründungsstaaten von EU und Nato alte Weggefährten sind – und das in Zeiten, in denen Europa mehr denn je nach Identität und Zusammenhalt sucht. Und ebenso kulturell: Hier zählen die drei Länder zur internationalen Avantgarde, ihre Künstler fungieren als Impulsgeber auch für Deutschland: etwa als Intendanten der Ruhrtriennale (Gerard Mortier und Johan

Simons), als Chefdesigner bei BMW (Adrian van Hooydonk) oder als Museums- und Theaterdirektoren in Berlin (Paul Spies und ab Sommer 2017 Chris Dercon).

Die mediale Wahrnehmung der Benelux-Staaten entspricht dem jedoch keineswegs. Man hört in der Regel nicht von Erfolgen, sondern von Problemen: Terror und Staatsversagen in Belgien, Populismus in den Niederlanden, Steuertricks in Luxemburg. Die Berichterstattung beschränkt sich oft auf skandalträchtige Schlaglichter, für eine ausgewogene Darstellung ist wenig Raum.

Das vorliegende Buch stellt deshalb Zusammenhänge her und fragt: Warum ist in den Niederlanden dieser Geert Wilders so erfolgreich? Was hat das alte niederländische Konsensdenken mit dem heutigen Rechtspopulismus zu tun? Um die Länder besser zu verstehen, wird immer auch die Binnenperspektive eingenommen: Glauben Belgier wirklich, ihr Staat würde bald auseinanderbrechen? Und: Was sagen die Luxemburger selbst eigentlich zum Thema Geld und Steuerhinterziehung? Ziel ist es, zu verstehen, wie die drei Länder ticken. Dabei geht es um aktuelle politische und gesellschaftliche Themen, um Kultur, Wirtschaft und Alltag. Zur Sprache kommen auch die Werte, mit denen man sich identifiziert. Worauf sind Niederländer, Belgier oder Luxemburger eigentlich stolz, wie blicken sie auf die eigene Geschichte? Woran erinnert man sich gern, was wird eher ausgeblendet? Und: Wie machen sich diese Werte in der heutigen Mentalität bemerkbar, wie geht man miteinander um – was gilt als höflich, was als unhöflich?

Bemerkenswert ist überdies die Dynamik zwischen den drei Ländern. In Deutschland werden die Benelux-Staaten oft als zusammengehörig wahrgenommen – die Einwohner selbst tun dies jedoch keineswegs. Sie grenzen sich eher voneinander ab, und der nähere Blick zeigt: Es gibt da tatsächlich große Unterschiede. Der nördliche Teil der Niederlande ist protestantisch geprägt, der südliche Teil sowie Belgien und Luxemburg katholisch. Auch politisch verlief die Entwicklung unterschiedlich: In den Niederlanden gab es sehr früh bereits eine bürgerliche Republik, in Belgien und Luxemburg hingegen Monarchien. Wie kam es zu dieser unterschiedlichen historischen Entwicklung, und welche Auswirkungen hatte sie? Wie blicken die drei Länder heute aufeinander, und wie sehen sie den großen Nachbarn Deutschland?

Gerade die Vielfalt auf engem Raum macht diese Region so reizvoll, und die Zusammenschau der Länder – geografisch geordnet von Nord nach Süd – ermöglicht den direkten Vergleich. Je tiefer man einsteigt, desto deutlicher wird, dass sich jenseits der Klischees von Tulpen, Käse, Pommes und Schwarzgeld eine schillernde, moderne Region entdecken lässt.

Ich selbst habe die Wahl meiner Studienfächer Niederländisch und Französisch nie bereut – und bin mit der Zeit vom Fan zur Dozentin geworden, die »ihre« Länder in interkulturellen Seminaren für Unternehmen und Behörden erklärt. Das Interesse der Teilnehmer ist groß, und nicht selten ist es nach einem Seminar sogar noch größer.

Berlin, im Dezember 2016

Benelux: Interessengemeinschaft oder große Familie?

Eine typisch deutsche Sicht

Deutsche vermuten westlich von Ems und Rhein oft einen, eingängig Benelux genannten, homogenen Kulturraum. Die Niederlande, Belgien und Luxemburg werden mit großer Selbstverständlichkeit als zusammengehörig gesehen, geografisch und kulturell: Man redet vom Wirtschaftsgebiet der Benelux-Staaten, kauft Benelux-Straßenkarten, sieht im Wetterbericht ein Hoch (oder, etwas häufiger, ein Tief) über dem Benelux-Gebiet, spricht von der niederländischen und flämischen Kunst als Einheit.

Die Selbstwahrnehmung in den Ländern ist hingegen eine ganz andere. Doede Sijtsma, in der niederländischen Provinz Gelderland zuständig für internationale Beziehungen, erläutert das so: »Wir Niederländer sehen uns selbst, glaube ich, nicht als Teil der Benelux. Zusammengehören? In keiner Weise. Emotionale Nähe? Null. Wir haben auch keine gemeinsame Geschichte, wir haben niemals längere Zeit zueinander gehört. Das sind alles nette Leute, klar, und praktisch für einen Kurzurlaub in der Nähe – aber viel mehr ist da nicht.« Friso Wielenga, Professor für niederländische Geschichte und Direktor des Zentrums für Niederlande-Studien in Münster, bestätigt: »Benelux als Identitätsbegriff ist eine Illusion, es gab nie eine Benelux-Identität.«

Insbesondere in Nordrhein-Westfalen allerdings verweisen verschiedene Interviewpartner auf die sehr wohl gemeinsame Geschichte der Benelux-Länder und auf die engen wirtschaftlichen Verflechtungen der Staaten untereinander. Die drei Länder seien wie eine große Familie, die nicht zuletzt die Situation verbinde, umringt zu sein von großen Nachbarstaaten. Auch politisch und wirtschaftlich werden die drei Länder oft als zusammengehörige Partner gesehen, etwa in der Koalitionsvereinbarung NRWs für die Legislaturperiode 2012 bis 2017. Die Beziehungen zum Benelux-Raum werden hier als »herausragende Eckpfeiler der nordrhein-westfälischen Europapolitik« bezeichnet, es gibt sogar eine Benelux-Strategie.

Die befragten Belgier reagieren allerdings ähnlich wie die Niederländer: »Zugehörigkeit? Nein, ein solches Gefühl besteht nicht«, stellt Alexander Homann fest, Leiter der Vertretung der belgischen Deutschsprachigen Gemeinschaft in Brüssel. »An den Nahtstellen, also nahe der Grenze, ist das ein wenig anders, aber sobald man diese Regionen verlässt, ist das Gefühl der Nähe weg. Benelux ist eine reine Interessengemeinschaft und aus dem Bewusstsein heraus entstanden, wenn wir uns nicht zusammentun, dann gehen wir unter«, so Homann weiter. »Die Zusammenarbeit in der Benelux-Union ist wichtig, aber es gibt keine ausgeprägten kulturellen Gemeinsamkeiten.«

Auch die befragten Luxemburger geben die Auskunft, man empfinde keine besondere Nähe zu Belgien und schon gar nicht zu den Niederlanden, zu denen es ja noch nicht einmal eine gemeinsame Grenze gibt. »Die Benelux-Verträge sind sicher ein sehr gelungenes Beispiel für europäische Zusammenarbeit«, konstatiert ein luxemburgischer Interviewpartner, »aber als große Familie sehen wir uns auf keinen Fall.« Andere hingegen verweisen darauf, dass von 1815 bis 1890 der niederländische König gleichzeitig auch Großherzog von Luxemburg war. Das sei in Luxemburg schon noch präsent. Von einem Zugehörigkeitsgefühl zu einer Region, die Benelux genannt wird, könne jedoch keine Rede sein.

Je nach Standpunkt zeigt sich also ein ganz unterschiedliches Bild, und man fragt sich, woran das liegt. Warum glauben Deutsche reflexhaft, dass die drei Länder zusammengehören? Und aus welchem Grund wird diese Zusammengehörigkeit aus der Binnenperspektive, vor allem in den Niederlanden, so konsequent abgestritten? Sehen wir genauer hin: Wie steht es mit der gemeinsamen oder vielleicht doch nicht so gemeinsamen Geschichte? Was verbindet die drei Länder, was trennt sie, und wie blicken sie aufeinander?

Wegbereiter der Europäischen Union

Unbestreitbar enge Verbindungen zwischen den drei Staaten bestehen seit Mitte des 20. Jahrhunderts auf dem Feld der wirtschaftlichen und politischen Zusammenarbeit. Bereits 1944, noch im Londoner Exil, schlossen sich die Regierungen Belgiens, der Niederlande (Nederland, daher das NE in Benelux) und Luxemburgs zu einer Zollunion zusammen, die 1948 auch weitgehend verwirklicht wurde. Zwischen Belgien und Luxemburg hatte bereits seit 1922 eine Währungsunion bestanden. Die drei Länder vereinbarten überdies, ihre politischen Interessen künftig gemeinsam zu vertreten, um im sich neu ordnenden Europa nach dem Krieg über einen größeren Einfluss zu verfügen. 1958 wurde der Vertrag für die Benelux-Wirtschaftsunion unterzeichnet. Zunächst für die Dauer von 50 Jahren beschloss man einen gegenseitigen freien Austausch von Waren, Arbeitskräften, Dienstleistungen und Kapital. Damit gab es praktisch keine Handelsbeschränkungen mehr zwischen den drei Staaten. 1969 folgte das Protokoll zur Beseitigung von Kontrollen und Formalitäten an den Binnengrenzen.

Keine Zölle, keine Handelsbeschränkungen, keine Kontrollen an den Grenzen – das war damals absolut bahnbrechend. Dass sich souveräne Nationalstaaten dazu entschlossen, freiwillig Zuständigkeiten und Macht abzugeben, stellte ein Novum in der europäischen Geschichte dar. Im Grunde ist dies nur vor dem historischen Hintergrund der zwei Weltkriege zu verstehen. Die staatliche Neutralität hatte die Benelux-Staaten nicht vor Krieg und deutscher Besatzung geschützt, und nun sah man sich mit der Realität einer neuen Weltordnung konfrontiert, in der Europa in Ost und West aufgeteilt war. Russland war zum Feind geworden, und Westdeutschland diente nunmehr als Puffer, der nicht schwach sein durfte. In der Nachkriegszeit hatte die Benelux-Zusammenarbeit, neben den wirtschaftlichen Vorteilen durch Handelserleichterungen, daher auch einen klaren außenpolitischen Nutzen: Auf dem internationalen Parkett konnte man gemeinsam stärker auftreten.

Dies galt sowohl beim Marshallplan, der den wirtschaftlichen Wiederaufbau Westeuropas mit US-amerikanischen Geldern zum Ziel hatte, als auch für die Westeuropäische Union, einen Vorläufer der Nato. Stärker und sicherer war man auch gegenüber Deutschland, dem als Wirtschaftspartner unentbehrlichen, aber eben aus der Erfahrung der Weltkriege auch unheimlichen Nachbarn. Neben der politischen Neuordnung Europas gab die wirtschaftliche Vernunft den Ausschlag, zu dritt nach einer engeren Zusammenarbeit mit Deutschland zu streben. Bereits im November 1947 wiesen Vertreter der Benelux-Länder darauf hin, wie wichtig es sei, die deutsche Wirtschaft wieder aufzubauen und die Handelsbeziehungen zu liberalisieren, allerdings bei gleichzeitiger Kontrolle und Einhegung Deutschlands.

Die Benelux-Wirtschaftsunion diente zudem der Europäischen Wirtschaftsgemeinschaft und späteren Europäischen Union als Modell – denn hier wurde auf kleinerem Gebiet verwirklicht, was später als Unionsrecht für eine größere Zahl von Staaten übernommen wurde, etwa der Binnenmarkt oder die Abschaffung von Grenzkontrollen.

Die Benelux-Wirtschaftsunion brachte aber nicht nur durch ihre »Labor-Funktion« den europäischen Einigungsprozess in entscheidender Weise voran. Vor allem waren es Politiker aus den Benelux-Staaten, die in dieser frühen Phase die Neuordnung und Integration Westeuropas maßgeblich mitprägten. So 1951 bei der Gründung der Europäischen Gemeinschaft für Kohle und Stahl

(EGKS) mit den Gründerstaaten Belgien, Niederlande, Luxemburg, Bundesrepublik Deutschland, Frankreich und Italien. Die EGKS, auch Montanunion genannt, gab allen Mitgliedsstaaten Zugang zu Kohle und Stahl, ohne Zoll zahlen zu müssen und zu gleichen Bedingungen. Ziel war nicht nur die gegenseitige Kontrolle der für Kriegsrüstung essentiellen Industriezweige, sondern auch die Erhöhung des Wirtschaftswachstums durch Handelsliberalisierung. Diese Zusammenlegung vor allem der bundesdeutschen und der französischen Kohle- und Stahlproduktion basierte auf dem Schuman-Plan, benannt nach dem damaligen französischen Außenminister (und gebürtigem Luxemburger) Robert Schuman.

Die Mitgliedsstaaten der EGKS mussten Kompetenzen an eine unabhängige Instanz abgeben, die sogenannte Hohe Behörde, die im Bereich der Kohle- und Stahlproduktion gemeinsame Regelungen für alle Mitgliedsstaaten treffen konnte. Die EGKS war damit die erste europäische supranationale Organisation, das heißt, die Hohe Behörde unterlag nicht den Weisungen der Mitgliedsstaaten.

Und es blieb nicht bei der EGKS. 1955, auf der Konferenz von Messina, akzeptierten die Mitgliedsstaaten der EGKS einen gemeinsamen Plan der Außenminister Belgiens, Luxemburgs und der Niederlande für eine engere europäische Zusammenarbeit. Die Messina-Verhandlungen führten schließlich im März 1957 zur Unterzeichnung der Römischen Verträge, der Vereinbarung einer Europäischen Wirtschaftsgemeinschaft zwischen Deutschland, Frankreich, Italien, den Niederlanden, Belgien und Luxemburg.

Diese Verträge, 1958 in Kraft getreten, gelten als Fundament der heutigen EU. Vorbereitet und angeschoben wurde das Ganze maßgeblich von den drei Benelux-Ländern, denn auch die Römischen Verträge basieren im Wesentlichen auf Vorschlägen, die die damaligen Außenminister der drei Länder erarbeitet hatten. Die in der Benelux-Wirtschaftsunion vereinten Staaten hatten sich mithin zu einem wichtigen politischen Akteur entwickelt, und die drei Außenminister Wim Beyen (NL), Paul-Henri Spaak (BE) und Joseph Bech (LUX) werden heute als Gründerväter der Europäischen Union bezeichnet.

Vorteile brachte der europäische Einigungsprozess für die Wirtschaft, etwa durch die Abschaffung der Zölle, aber auch für die Bürger, die im Alltag spürbare Erleichterungen erfuhren, etwa durch die Arbeitnehmerfreizügigkeit. Vor allem aber ging es um die Gewährleistung von Frieden und Sicherheit in Europa, durch wirtschaftliche Prosperität und durch Mechanismen für politischen Dialog und Konfliktlösung. All dies erscheint heute mehr oder weniger selbstverständlich, damals war es das jedoch keineswegs. Und die Grundlage für diesen Frieden waren, neben der Nato, eben die Römischen Verträge – als sich fünf Staaten nur zwölf Jahre nach Kriegsende mit Deutschland auf eine solch enge Form der wirtschaftlichen Zusammenarbeit einigen konnten. Dadurch, dass die Benelux-Staaten ihr politisches Geschick für die Neugestaltung Europas einsetzten, hatten sie maßgeblichen Anteil am Erfolg dieser Vision.

Die Frage, warum trotz der Römischen Verträge an der Benelux-Wirtschaftsunion festgehalten wurde, beantwortete der luxemburgische Außenminister Bech 1958 damit, dass die Zusammenarbeit der drei Mitgliedsstaaten bereits viel weiter entwickelt gewesen sei als die der neu gegründeten EWG, etwa auf dem Gebiet der wirtschaftlichen Integration. Er verwies auf den bis auf wenige Ausnahmen gemeinsamen Binnenmarkt der Benelux-Staaten und die konkreten Pläne für eine Harmonisierung der Sozial-, Handels- und Agrarpolitik. Daher hätte, so Bech, die Auflösung der Benelux-Wirtschaftsunion die Aufgabe einer jahrelangen guten Zusammenarbeit bedeutet. Zudem war es ja noch keineswegs ausgemacht, ob die Kooperation der Sechsergemeinschaft ebenso gut verlaufen würde wie die der Benelux-Länder.

Dass die Benelux-Verhandlungen sich bis 1958 hinzogen, lag in erster Linie an der unterschiedlichen wirtschaftspolitischen Ausrichtung: Für die Niederlande als Handelsnation war der Freihandel von großer Bedeutung, Belgien hingegen verfügte über eine bedeutende Industrie (Kohle und Stahl) und agierte eher protektionistisch.

Offene Grenzen: Ein Wirtschaftsfaktor

Das gemeinsame politische Auftreten war stets ebenso wichtig wie die wirtschaftliche Seite der Benelux-Zusammenarbeit. Ein politischer Meilenstein, an dem die Benelux-Länder maßgeblich beteiligt waren, war 1985 das erste Abkommen von Schengen (übrigens ein kleiner Ort in Luxemburg), das die Personenkontrollen innerhalb der zunächst beteiligten Länder – Benelux-Staaten, Frankreich, Deutschland – abschaffte und eine freie Ein- und Ausreise ermöglichte. Im Laufe der Jahre wurde dieses Abkommen Schritt für Schritt ausgeweitet und gilt inzwischen für weite Teile des EU-Gebiets. 1985 war dies allerdings eine Sensation.

Als es 2015/16 wegen der Flüchtlingswellen zwischenzeitlich wieder Grenzkontrollen gab, wurde vielen Bürgern noch einmal bewusst, um welche großen Errungenschaften es sich hier handelt. Der Wiener Historiker Philipp Ther erklärt: »Millionen Arbeitnehmer pendeln in die Nachbarstaaten, nutzen die Einkaufsmöglichkeiten oder fahren aus dem Berchtesgadener Winkel abends nach Salzburg ins Theater. Mit Schengen ist Europa von unten zusammengewachsen.«

Inzwischen ist das Schengener Abkommen zum echten Wirtschaftsfaktor geworden. Für Luxemburg etwa würde die erneute Einführung von Grenzkontrollen eine Katastrophe bedeuten. Jeden Tag reisen hier etwa 170 000 Pendler zum Arbeiten ein. Als nach den Anschlägen von Paris im November 2015 kurzzeitig die Grenzen streng kontrolliert wurden, waren die Staus rund um Luxemburg so enorm, dass die Menschen nicht mehr an ihren Arbeitsplatz gelangten.

Auch die deutsche Wirtschaft schlug Alarm, denn die Industrie ist inzwischen auf Lieferungen ausgelegt, die genau im passenden Moment ankommen und weiterverwendet werden. Das spart enorme Summen an Lagerkosten. Deutschland transportiert jährlich Waren im Wert von 1200 Milliarden Euro in andere Staaten, und die Hälfte aller Vorprodukte wird importiert. Eine Rückkehr zu den Zuständen vor Schengen würde unübersehbare wirtschaftliche Einbußen nach sich ziehen.

Aber zurück zu den Benelux-Ländern und den Anfängen der Zusammenarbeit nach dem Krieg. Nicht immer und nicht in allen Bereichen verlief die Kooperation zwischen den Ländern einig und harmonisch. Zudem befanden sich die drei Staaten nach 1945 in einer völlig unterschiedlichen Ausgangsposition: In der Kolonie Niederländisch-Ostindien, dem heutigen Indonesien, kam es zu einem Volksaufstand gegen die niederländische Obrigkeit. Daraus entwickelte sich ein vierjähriger Unabhängigkeitskrieg, fast die gesamten niederländischen Streitkräfte wurden dorthin verlegt. Das waren immerhin rund 220 000 niederländische Soldaten – zum Teil Berufssoldaten, zum Teil aber auch Männer, die eingezogen worden waren und nun auf dem Arbeitsmarkt fehlten. 1949 wurde Indonesien unabhängig, und die Niederlande verloren eine wichtige Quelle von Rohstoffen und Einkünften. Belgien hingegen führte keinen neuen Krieg, außerdem hatte es im Zweiten Weltkrieg weniger Zerstörungen erlitten als die Niederlande und konnte sich weiterhin auf seine Industrie verlassen.

Auch in der Außenpolitik gab es unterschiedliche Interessen: Die Niederlande waren viel stärker transatlantisch orientiert als die beiden anderen Benelux-Länder. »Was gut ist für die Nato und das amerikanische Engagement in Europa, das ist auch gut für die Niederlande«, so lautete die damalige niederländische Sicht, während Belgien und Luxemburg sich stark an Frankreich orientierten. Dabei spielte auch die Sprache eine Rolle: Die Verwaltungssprache Belgiens war zu dieser Zeit überwiegend Französisch, das galt auch für Luxemburg.

Ein weiteres Wort zur Sprache: Sowohl in den Niederlanden als auch in Flandern, dem nördlichen Teil Belgiens, wird Niederländisch gesprochen. Es handelt sich um die gleiche Sprache, nur die Aussprache ist anders, und es gibt eine Reihe von Dialektwörtern. In etwa lässt sich dies mit den Unterschieden der deutschen Sprache in Deutschland und Österreich vergleichen.

Wieviel Macht für Brüssel?

In Bezug auf die europäische Zusammenarbeit konnten die Benelux-Länder allerdings nicht nur stimulieren und anschieben, sondern auch Entwicklungen bremsen, die nicht ihren Vorstellungen einer weitgehend gleichberechtigten europäischen Integration entsprachen. Das zeigte sich Anfang der 1960er Jahre, als der niederländische Außenminister Joseph Luns zunächst alleine, dann gemeinsam mit seinem belgischen Kollegen Spaak die Verwirklichung deutsch-französischer Pläne für eine Europäische Politische Union stoppte. Damit verhinderten sie, dass der supranationale Charakter der EWG in eine intergouvernementale Richtung umgelenkt wurde und dass die europäische Zusammenarbeit einen anti-atlantischen Einschlag bekam.

Hier wird ein grundsätzliches Problem deutlich, das nicht nur die politischen Pioniere von damals umtrieb, sondern auch die heutigen Diskussionen der Europapolitik prägt – nämlich das Ringen um Zuständigkeiten und Entscheidungsbefugnisse. Bleiben diese Befugnisse bei den Einzelstaaten, müssen deren Regierungen sich untereinander, also intergouvernemental, einigen. Werden sie hingegen einer überstaatlichen, also supranationalen Institution wie der Hohen Behörde oder der Europäischen Kommission anvertraut, verlieren die Regierungen der Einzelstaaten an Einfluss.

Ein solches Ringen um Kompetenzen ist auch in der heutigen Politik zu beobachten: Wenn etwa der *Spiegel* am 14. März 2015 mit einem Titel wie »Angela de Gaulle« aufmacht, geht es genau darum, dass Deutschland in den letzten Jahren einen Schwenk hin zu einer eher intergouvernementalen Politik vollzogen hat: »Merkel hat mit der Europapolitik Kohls gebrochen, für sie ist Europa keine Frage von Krieg und Frieden, sondern von Euro und Cent. Merkel hat die Eurokrise dazu genutzt, die Macht der Kommission zu beschneiden und sie zurückzutragen in die Hauptstädte der Nationalstaaten. So gesehen ist sie ein de Gaulle des 21. Jahrhunderts.« Der Verweis auf de Gaulle soll daran erinnern, dass auch Charles de Gaulle (Staatspräsident Frankreichs 1959–1969) kein großer Anhänger der europäischen Integration war.

In diesem Streit zwischen intergouvernementaler und supranationaler Ausrichtung sind gerade die Niederländer traditionell stark supranational ausgerichtet. In den 1970er Jahren wandten sie sich einmal sogar explizit gegen das Zustandekommen des Europäischen Rates, der regelmäßigen Zusammenkünfte der Staats- und Regierungschefs. Belgien operierte viel pragmatischer und plädierte 1975 zum Entsetzen der Niederländer sogar für eine wichtige Rolle dieses Gremiums.

Hier wird deutlich, dass die drei Benelux-Länder sich auch in Bezug auf die EWG und spätere EG nicht immer einig waren. Die Niederlande hatten die Tendenz zum Alleingang und beharrten oft auf ihrer jeweiligen Position. Belgien warf den Niederlanden daher wiederholt vor, zu lange und zu prinzipiell an Standpunkten festzuhalten, während die Niederlande ihrerseits die zu rasche Nachgiebigkeit Belgiens beklagten. All dies macht deutlich, wie groß die damalige Leistung der Benelux-Politiker war, ihre eigenen internen Differenzen zu überbrücken und die der anderen zu moderieren.

Auch aus Sicht der großen Länder wie Deutschland oder Frankreich war die gleichberechtigte europäische Zusammenarbeit in Form eines »Europas der Sechs« zunächst mehr als ungewohnt. Der ehemalige deutsche Außenminister Hans-Dietrich

Genscher gab 2015 im Magazin der *Süddeutschen Zeitung* darüber Auskunft, wie neu und fremd diese Zusammenarbeit aus seiner Sicht war: »Als in den Fünfzigerjahren das Europa der Sechs gegründet wurde, war ein Zwergstaat wie Luxemburg gleichberechtigt mit Deutschland. Und es funktionierte.« Das mag vielleicht etwas gönnerhaft klingen, belegt aber, dass man damals keine Angst hatte, politisches Neuland zu betreten. Und es zeigt das deutsche Bestreben, sich zurückzunehmen, sich einbinden zu lassen und die eigene Größe nicht zu sehr auszuspielen.

Luxemburg profiliert sich

Interessant ist im europäischen Zusammenhang die Rolle Luxemburgs. Traditionell gilt das Land als Vermittler zwischen den Großen, vor allem zwischen Deutschland und Frankreich. Zum einen sieht man sich als kulturelle Schnittstelle (jeder Luxemburger spricht neben der Muttersprache Luxemburgisch auch Deutsch und Französisch), denn man versteht hier, und zwar nicht nur sprachlich, beide Lebenswelten. Zum anderen handelt Luxemburg aus der Erfahrung heraus, dass seine territoriale Unversehrtheit nur durch ein friedliches Miteinander der Großen gewahrt bleiben kann. Nicht zufällig ist der erste Plan für eine Montanunion in Luxemburg entstanden, und zwar bereits 1920, unmittelbar nach dem Ersten Weltkrieg.

Der luxemburgische Historiker Yves Carl bemerkt, dass die Benelux-Union dem Großherzogtum Luxemburg nach dem Zweiten Weltkrieg die einmalige Gelegenheit bot, sich als souveräner und eigenständiger Staat zu profilieren, denn sie habe die Gleichberechtigung mit den unmittelbaren Partnern gesichert: Erst durch den Benelux-Vertrag erhielt Luxemburg eine gleichberechtigte Stimme in der seit 1922 bestehenden Währungsunion mit Belgien und emanzipierte sich von dem bedeutend größeren Partnerland.

Generell bedeutete die Benelux-Zusammenarbeit für Luxemburg größere Unabhängigkeit und einen größeren Einfluss. Das kleine Land, in der Geschichte oft Spielball der Großmächte, mauserte sich zum Vermittler zwischen ebendiesen. Carl betont zudem, dass das Großherzogtum zum ersten Mal in der Geschichte einem Vertrag ohne politischen Zwang beigetreten war und somit die Rolle des passiven Zuschauers auf der internationalen Bühne verlassen habe. Von dieser Bedeutung des Benelux-Vertrages weiß allerdings in Luxemburg selbst kaum jemand.

Dies gilt im Übrigen auch für die beiden anderen Benelux-Staaten: Die Errungenschaften der Benelux-Wirtschaftsunion, vor allem ihre Funktion als Motor der europäischen Einigung, sind vielen Bürgern der drei Mitgliedsländer heute nicht mehr präsent.

In Bezug auf die Ausgangsfrage nach der unterschiedlichen Innen- und Außenperspektive lässt sich feststellen: Das gemeinsame politische Auftreten der drei Länder führte dazu, dass man sie von außen als Einheit wahrnahm, denn von den internen Differenzen war wenig bekannt. Es wird ihnen mehr Gemeinsamkeit zugesprochen, als sie in Wirklichkeit besitzen. Friso Wielenga, Historiker und Direktor des Zentrums für Niederlande-Studien in Münster, spricht von einem Benelux-Mythos: »Diese Wahrnehmung erklärt sich zum Teil durch die Erfolge der Vergangenheit, zum Teil aus der empfindlichen Reaktion der Kleinen in den Nachkriegsjahrzehnten, wenn die Großen die Neigung zeigten, europäische Angelegenheiten unter sich zu regeln.«

Die Benelux-Union heute: Sicherheit, Logistik, Arbeitsmarkt

Machte die EU denn nicht die Benelux-Wirtschaftsunion überflüssig? Eine schwierige Frage, die sich vielleicht am besten mit einem vorsichtigen »Nicht ganz« beantworten lässt. Denn die Benelux-Wirtschaftsunion hat sich weiterentwickelt.

Am 8. Juni 2004 etwa wurde ein weiterer Vertrag zwischen den drei Ländern unterzeichnet, der Maßnahmen gegen die grenzüberschreitende Kriminalität umfasst, die weiter gehen als die Zusammenarbeit innerhalb der EU. Polizisten aus den Benelux-Ländern können seither ohne vorherige Zustimmung der anderen Länder deren Staatsgebiet im Dienst betreten. Weitere Inhalte des Vertrags sind unter anderem die Intensivierung des Informationsaustauschs, sowohl über zentrale Behörden als auch über gemeinsame Polizeizentren, die automatisierte Einsichtnahme in die Register der Kraftfahrzeugzulassungen und außerdem das Organisieren gemischter Streifen oder gemischter Kontrollen, das heißt, zusammengesetzt aus Beamten verschiedener Länder, und zwar mit tatsächlichen Einsatzbefugnissen.

Im Jahr 2008 wurde eine unbefristete Neufassung des 2010 auslaufenden Benelux-Vertrags unterschrieben, der unter anderem eine engere Kooperation mit anderen Staaten und Regionen zulässt (etwa Nordrhein-Westfalen im Osten, Champagne-Ardenne im Süden und Französisch-Flandern im Westen). Außerdem wurde der Name von Benelux-Wirtschaftsunion, deren Funktion tatsächlich weitgehend von der EU übernommen wurde, zu Benelux-Union verkürzt.

Der neue Name signalisiert bereits, dass die Union ihren Arbeitsbereich nun umfassender definiert. Denn diese neue Benelux-Union, die mit einem kleineren Sekretariat zudem auch effizienter operieren will, hat vereinbart, auf folgenden Gebieten enger zusammenzuarbeiten: Justiz/Innenpolitik, nachhaltige Entwicklung, (Binnen-)Markt. Diese drei Leitthemen wurden in einem gemeinsamen Arbeitsprogramm mit vierjähriger Laufzeit festgeschrieben und vom Benelux-Generalsekretariat in Brüssel mit jährlichen Arbeitsplänen weiter differenziert.

Auch aktuell hat die Benelux-Union einige Erfolge vorzuweisen. 2014 etwa unterzeichneten die Außenminister der drei Länder ein Abkommen, das den grenzüberschreitenden Transport von 45-Fuß-Containern über die Straße zulässt. Dabei handelt es sich um übergroße Container mit einer Länge von 13,71 Metern (Standard ist 40 Fuß oder 12,19 Meter), die sehr oft für den Schiffstransport verwendet werden. Zuvor durften Spediteure solche Container nicht einfach so über die Straße transportieren, etwa zwischen den großen Häfen Rotterdam und Antwerpen oder zwischen einem belgischen Hafen und einem niederländischen Verteilerzentrum, sondern nur unter Einhaltung von besonderen Bedingungen. Daher ist die Neuerung für Logistik-Unternehmen ein großer Schritt nach vorn.

Dieses Beispiel kann als kleiner Beleg gelten für das Fortbestehen der traditionellen Vorreiterrolle der Benelux-Union innerhalb der EU. Grundlage für diese Vorreiterrolle ist eine Klausel, die bereits im EWG-Vertrag enthalten war und dann auch in den EU-Vertrag von 2007 übernommen wurde (Art. 350 AEUV, Vertrag über die Arbeitsweise der EU). Diese Klausel räumt den Benelux-Ländern die Möglichkeit ein, bei der wechselseitigen Zusammenarbeit weiter als die Europäische Union zu gehen und sogar Maßnahmen zu beschließen, die gegen europäisches Recht verstoßen. Im vorliegenden Fall der übergroßen Container war die Entscheidung zwar umstritten, denn viele Umweltschützer wehrten sich gegen die »Monster-Trucks«. Für die Benelux-Länder ist der entsprechende Artikel jedoch von großer Bedeutung, weil er ihnen erlaubt, auf kleiner Ebene neue Regelungen auszuprobieren.

Jan van Laarhoven, bis Ende 2016 Generalsekretär der Benelux-Union, betonte immer wieder, dass die konkrete Arbeit der Benelux-Union getrennt sei von der politischen Zusammenarbeit der drei Staaten, etwa bei der Abstimmung europäischer Positionen. Der Benelux-Union gehe es um Lösungen, die Bürgern und Unternehmen zugutekämen: »Wir lösen die praktischen Probleme, die durch Grenzen geschaffen werden.«

Ein Beispiel für Erleichterungen im Alltag des einzelnen Bürgers ist etwa ein im Mai 2015 unterzeichneter Vertrag, der die automatische gegenseitige Anerkennung von Hochschulabschlüssen regelt. Man braucht sein Diplom nun nicht mehr aufwendig prüfen zu lassen, was manchmal mit langen Wartezeiten und auch Kosten verbunden war, sondern es wird direkt und problemlos anerkannt. Das spart Geld, Zeit und Verwaltungsaufwand und erhöht dadurch die Berufschancen und die Mobilität der Arbeitnehmer. Für den grenzüberschreitenden Arbeitsmarkt ist dies ein großes Plus.

Trotz dieser Erfolge, wie hier im Bereich Logistik und Arbeitsmarkt, wurde die Mitgliedschaft in der Benelux-Wirtschaftsunion in den Niederlanden allerdings immer wieder kritisch diskutiert, zuletzt 2013. Man fragte sich, was die Kooperation dem Land noch bringe und ob der Nutzen größer sei als die Kosten, etwa für das »teure« Generalsekretariat der Benelux-Union in Brüssel mit seinen rund 50 Mitarbeitern. Das niederländische Außenministerium gab eine große Studie in Auftrag, die Kosten und Nutzen der Benelux-Zusammenarbeit ausloten sollte, vor allem für die unmittelbar zurückliegende Zeit der Jahre 2010 bis 2012.

Die Studie lieferte ein differenziertes Bild, sie zeigte Erfolge und Defizite auf. Schließlich entschied man sich jedoch dafür, an der gerade erneuerten Mitgliedschaft festzuhalten. Dies ist in erster Linie auf den damaligen niederländischen Außenministers Frans Timmermans zurückzuführen, der die Zusammenarbeit innerhalb der Benelux-Union als ausgesprochen nützlich ansah – etwa die Abstimmung in den Bereichen Verkehr und Transport, Innenpolitik, Arbeitsmarkt und Justiz. Außer Zweifel steht auch, dass der Zusammenschluss der drei Länder und die Bezeichnung Benelux inzwischen eine gut eingeführte Marke sind. Und solch ein bekanntes Label einfach abzuschaffen, das tun die marketingerfahrenen Niederländer nicht so schnell – auch wenn es im Land viele Stimmen gibt, die Sparmaßnahmen unterstützen und fordern, das »wuchernde« Europa und die Benelux-Union sollten energisch zurückgeschnitten werden.

Die luxemburgischen Parlamentarier braucht niemand vom Nutzen der Benelux-Union zu überzeugen. Ihnen ist klar, dass die

Abstimmungen im kleinen Kreis, auch neben der Zusammenarbeit in der EU, sehr hilfreich sind und dass die Benelux-Länder dank ihres Verbunds auch weiterhin eine Vorreiterrolle in Europa spielen können. In Belgien sind die Ansichten – wie in so vielem – geteilt, aber im Grunde stellt kaum jemand die Kooperation grundsätzlich in Frage. Gerade die Belgier haben ihren Vorsitz in der Benelux-Union 2015 sehr aktiv wahrgenommen, auch das Treffen der Ministerpräsidenten wurde als Erfolg gewertet. Seit mehreren Jahren haben alle drei Staaten zudem eine liberal geführte Regierung.

Eine moderne Patchwork-Familie

Ein weiterer interessanter Punkt des erneuerten Vertrags ist die Ausdehnung der Zusammenarbeit über die Grenzen hinaus, etwa mit dem deutschen Bundesland Nordrhein-Westfalen. NRW zeigt hier seit Jahrzehnten großes Interesse und pflegt die Kontakte mit den Nachbarn – obwohl Luxemburg natürlich gar nicht an NRW grenzt. Das Interesse Nordrhein-Westfalens an einer engeren Zusammenarbeit mit den Benelux-Staaten ist sogar einer der Gründe dafür, dass der 2008 unterzeichnete neue Benelux-Vertrag eine »Öffnungsklausel« für die Zusammenarbeit der Benelux-Union mit angrenzenden Staatengruppen, Staaten, Gliedstaaten und Regionen enthält.

NRW hat nicht nur einen Benelux-Verbindungsreferenten, der im Generalsekretariat der Benelux-Union in Brüssel arbeitet, sondern die Staatskanzlei Düsseldorf verfügt seit 2014 auch über ein eigenes Benelux-Referat, das die Zusammenarbeit des Bundeslandes mit den Mitgliedsstaaten der Benelux-Union koordiniert. Referatsleiterin Uta Loeckx erklärt: »Die Zusammenarbeit mit dem Benelux-Raum hat in den letzten Jahren, insbesondere nach der Verabschiedung der Benelux-Strategie der Landesregierung, spürbar an Intensität zugenommen. Mehr und mehr kommt es hierbei zu einer Verschiebung von der reinen bilateralen Zusammenarbeit mit nur einem Benelux-Land hin zu einer tri- bzw. multilateralen Kooperation mit zwei oder mehreren Benelux-Partnern, wie etwa Niederlande und Flandern.«

Das Interesse ist wechselseitig. Bereits 2013 betonte der damalige niederländische Außenminister Frans Timmermans das Interesse der Benelux-Staaten an einer engeren Zusammenarbeit mit NRW: »Wir müssen hin zu einem gemeinsamen Arbeitsmarkt in Nordrhein-Westfalen und der Benelux-Region. Auf der einen Seite der Grenze gibt es Stellenangebote, auf der anderen Seite Arbeitsuchende. Manchmal scheint es noch Hindernisse zu geben, auf der anderen Seite der Grenze zu arbeiten. Daran müssen wir etwas ändern.« Auch für die Zukunft gibt es also ehrgeizige Pläne.

Trotz dieser Erfolge ist die interne Benelux-Zusammenarbeit jedoch auch in der Gegenwart nicht immer einfach. Wiederholt gab es Konflikte in Bezug auf die Europäische Union, vor allem zwischen den Niederlanden und Belgien. So kämpften die Niederlande beim EU-Gipfel 2000 in Nizza dafür, im Europäischen Rat ein größeres Gewicht zu erhalten als die Belgier. Und das gelang ihnen auch, zum großen Ärger der Nachbarn. Im Europäischen Rat haben nunmehr die Niederländer 13 Stimmen, die Belgier zwölf und Luxemburg vier (Deutschland und Frankreich jeweils 29). Kein Zufall ist dabei, dass die Summe der Benelux-Stimmen 29 ergibt, die Länder also zu dritt so schwer wiegen wie jedes der größten Länder.

Was bedeutet das alles nun für unser Ausgangsthema, die Zusammengehörigkeit? Man tritt wohl niemandem zu nahe, wenn man sagt, dass die Benelux-Kooperation eher eine rationale Interessengemeinschaft ist als eine Herzensangelegenheit. Es handelt sich um eine sehr enge, vertrauensvolle Zusammenarbeit auf wirtschaftlicher und politischer Ebene, von der die Bürger zwar in vielen Bereichen bereits sehr früh enorm profitierten (keine Zölle, keine Passkontrollen), von der sie jedoch häufig nur wenig mitbekommen und die sie daher auch kaum würdigen. Ein wenig hat die Benelux-Union dasselbe Image-Problem wie die EU als »Technokratenregime«. Die Zusammenarbeit ist eine politisch-wirtschaftliche, und das hat nichts oder nur sehr wenig mit kultureller Gemeinsamkeit oder Identität zu tun.

Um auf das Bild der Benelux-Staaten als große Familie zurückzukommen: Mit Blick auf die Erweiterung der Zusammenarbeit mit den jeweils angrenzenden Regionen lässt sich die heutige Benelux-Union vielleicht ein bisschen mit einer modernen Patchwork-Familie vergleichen: Alle schauen nach außen, haben zum Teil neue Partner, man sieht sich selten und weiß wenig voneinander (dazu später mehr). Aber man versteht sich und fühlt sich den altbekannten »Cousins« letztlich dann doch näher als den vielen neu hinzugekommenen Mitgliedern der inzwischen weitverzweigten EU-Sippe.

Der Betrachter von außen darf gespannt sein, ob diese Nähe auch in Zukunft zu einer engeren Abstimmung und Bündelung gemeinsamer Interessen führt und ob es der Benelux-Union vielleicht sogar noch einmal gelingt, wie in den 1950er Jahren Lösungen für gesamteuropäische Probleme zu entwickeln.

Historische Verbindungen in der Burgunderzeit

Wie steht es nun mit der gemeinsamen oder eben nicht gemeinsamen Geschichte? Auf welche Weise waren die drei Länder in der Vergangenheit miteinander verbunden? Es gibt zwei Perioden, in denen das Gebiet der heutigen Benelux-Länder zum gleichen Herrschaftsgebiet gehörte. Ausgangspunkt ist nun die Frage, welche Auswirkungen diese Zeitabschnitte auf die Entwicklung einer gemeinsamen Identität hatten. Ein wichtiger Faktor dabei ist, wie diese Zeit jeweils zu Ende ging, das heißt, wie man sich getrennt hat.

Die erste Trennung erfolgte 1579, als mehrere nordniederländische Provinzen die Union von Utrecht gründeten und sich vom spanischen Herrscher Philipp II. lossagten. Das war der Anfang der staatlichen Trennung der nördlichen und der südlichen Niederlande. 1648 wurden die nördlichen Niederlande im Westfälischen Frieden auch international als Republik der Niederlande anerkannt.

Zuvor gehörte das gesamte Gebiet der heutigen Benelux-Länder dem burgundischen, später spanisch-habsburgischen Reich an. Mit dem Begriff Niederlande wurde Mitte des 16. Jahrhunderts ein Gebiet umschrieben, das in geografischer Hinsicht ungefähr mit den heutigen Benelux-Staaten übereinstimmt. Dieses Gebiet war damals wirtschaftlich und kulturell führend in Europa, vor allem durch seine prosperierenden Städte. Historiker erklären, dass durch das Aufeinandertreffen von französischer Adels- und niederländischer Bürgerkultur eine eigenständige niederländische Kultur entstand, die vom 15. bis zum 17. Jahrhundert ganz Nordeuropa prägte. Die Zeit, in der wirklich alle 17 Provinzen, die das heutige Benelux-Gebiet ausmachen, zusammengehörten, umfasste jedoch nur einen kurzen Abschnitt Mitte des 16. Jahrhunderts (Gelderland und Friesland etwa kamen erst recht spät dazu).

Die spanischen Niederlande waren um die Mitte des 16. Jahrhunderts ein wirtschaftlich und strategisch wichtiges Gebiet. Mit dem Aufschwung des Handels im 16. Jahrhundert hatte es sich zu einem zentralen internationalen Knotenpunkt entwickelt, dessen wichtigste Stadt Antwerpen war, mit 100 000 Einwohnern im Jahr 1565. Der wirtschaftliche Schwerpunkt der Niederlande lag damals eindeutig im südlichen Landesteil.

Brügge war zudem das bedeutendste Kunstzentrum jenseits der Alpen, bekannt für seine Maler, Musiker und Gobelin-Teppiche. Vor allem die Malerei wird bis heute mit Flandern verbunden, darunter Namen wie Jan van Eyck, der den Genter Flügelaltar schuf, Rogier van der Weyden, später dann auch Pieter Bruegel der Ältere mit seinen berühmten Bildern wie »Großer Turmbau zu Babel« (1563), »Die Bauernhochzeit« (1568) oder, etwas früher, »Der Kampf zwischen Karneval und Fasten« (1559). Käufer und Auftraggeber waren der burgundische Hof, aber auch die heimische Kaufmannselite, die Kolonien ausländischer Kaufleute sowie eine außergewöhnlich breite wohlhabende Mittelschicht. »Kunst diente der gesellschaftlichen Repräsentation«, erläutert der Historiker Michael North, »die räumliche und soziale Enge stimulierte die schnelle Verbreitung neuer Ideen und damit den Wettbewerb auf dem Gebiet der künstlerischen Produktion und der sozialen Repräsentation.«

Nach einer langen Zeit des Wohlstands und relativ großer Freiheit – die Burgunder und später die Habsburger hatten stets relativ milde Regentinnen und Regenten eingesetzt, die den Städten mitsamt ihren Kaufleuten und Handwerkern großen Spielraum ließen – traten Mitte des 16. Jahrhunderts folgenreiche Veränderungen ein.

Neue protestantische Tendenzen gewannen immer mehr Anhänger, und das sorgte für Auseinandersetzungen mit den katholisch-habsburgischen Herrschern. Nach 1555 spitzte sich der Streit zu, als in Spanien Philipp II. seinem Vater Karl V. auf den Thron folgte. Philipp war ein fanatischer Katholik. Etwas später schickte er den Herzog Alba in die Niederlande, der Tausende von Freiheitskämpfern hinrichten ließ und vor allem in den nördlichen Niederlanden bis heute für seine blutige Verfolgung der Protestanten im Namen der Inquisition berüchtigt ist. Es kam zu kriegerischen Auseinandersetzungen, die in den südlichen Niederlanden begannen. Die Bevölkerung wehrte sich gegen den aufgezwungenen Katholizismus, aber auch gegen die finanzielle Belastung in Form hoher Verbrauchssteuern. Die stolzen Kaufleute und städtischen Bürger waren zudem nicht bereit, ihre weitreichende Freiheit und Mitbestimmung von einem erstarkenden und zunehmend zentralistisch agierenden Fürstenstaat beschneiden zu lassen.

Nord und Süd gehen getrennte Wege

Um es kurz zu machen: Der Norden konnte sich gegen die Spanier durchsetzen und wurde unabhängig, obwohl die staatliche Unabhängigkeit nicht das ursprüngliche Ziel der Revolte war. Der Süden hingegen blieb unter spanischer Herrschaft.

Diese Trennung der nördlichen und südlichen Provinzen hat die jeweilige kulturelle Identität sehr stark geprägt. Für die nördlichen Niederlande war dies der Beginn einer Zeit, in der die Republik zu einer wohlhabenden Welthandelsmacht aufstieg, die wirtschaftlich führend war und über ein weltweit agierendes Handelsnetzwerk verfügte. Niederländische Schulkinder lernen, dass sie stolz sein können auf ihr Land, schließlich waren die Niederlande der erste Staat im neuzeitlichen Europa, der seine Existenz einer Revolte verdankte – und das in Zeiten des aufkommenden Absolutismus!

Aus dem Kampf gegen den Fürstenstaat war eine Republik starker Provinzen entstanden, deren Träger die regionalen Eliten, insbesondere das städtische Großbürgertum, und nur in geringem Maße der Adel waren. Alle Fragen von Belang wurden zwischen den Vertretern der Provinzen ausgehandelt, die fürstlichen Zentralorgane abgeschafft. Diese Form des gemeinsamen, partizipativen und pragmatischen Regierens gilt bis heute als einer der Grundpfeiler der niederländischen Politik.

Hier muss man allerdings unterscheiden zwischen Mythos und Wirklichkeit. Friso Wielenga erläutert in seiner lesenswerten *Geschichte der Niederlande*: »Niederländische Protestanten haben bis ins 20. Jahrhundert hinein den Aufstand als einen zielgerichteten nationalen Kampf um Unabhängigkeit und Freiheit für den eigenen Glauben interpretiert. Dieses Geschichtsbild deckt sich genauso wenig mit der historischen Wirklichkeit wie der Mythos um die Person Wilhelms von Oranien, der als ›Vater des Vaterlands‹ diese Unabhängigkeit immer vor Augen gehabt und konsequent dafür gekämpft habe.«

Die südlichen Provinzen blieben unter der Herrschaft der katholischen Spanier. Diese ließen die florierende Hafenstadt Antwerpen belagern und abriegeln, indem sie die Schelde – den breiten Meeresarm, der nach Antwerpen führt – durch aneinander gekettete Boote unpassierbar machten. Antwerpen wurde regelrecht ausgehungert, 1585 blieb der Stadt nichts weiter übrig als die Kapitulation. Alle Protestanten mussten innerhalb von zwei Jahren die Stadt verlassen. Die Folge: Die ganze Region erlebte einen wirtschaftlichen Niedergang. Zählte Antwerpen 1566 noch 90 000 Einwohner, so waren es 1589 nur noch 40 000.

Während des Aufstands verschob sich der wirtschaftliche Schwerpunkt von den südlichen in die nördlichen Niederlande. Dies lag unter anderem auch an dem Zustrom vieler Tausender von Emigranten, die in den Norden auswichen, nachdem der Süden fest in spanische Hand geraten war. Dies waren oft gut ausgebildeter Kaufleute und Handwerker, es fand ein regelrechter *brain drain* statt. Die deutsche Journalistin und Belgien-Expertin Marion Schmitz-Reiners beschreibt die belgische Perspektive folgendermaßen: »Die heutigen Niederlande mit ihren reichen und gebildeten Flüchtlingen aus dem katholischen Süden wurden zur Weltmacht. ›Belgien‹, wegen der Abriegelung der Schelde weiterhin von der Nordsee abgeschlossen, verfiel mangels wirtschaftlicher Entfaltungsmöglichkeiten zu einer unbedeutenden Grenzregion des spanischen Habsburgerreiches.«

Was bedeutet das nun in unserem Zusammenhang? Ein wichtiger Punkt ist, dass aus der Binnenperspektive die Trennung die gemeinsame Zeit weitgehend überschattet. Historischer Referenzpunkt der heutigen Niederlande ist die Zeit nach der Trennung: Prägender Faktor für die nationale Identität ist die selbst erfochtene Freiheit, man ist ausgesprochen stolz auf die Unabhängigkeit als freie Republik und die Erfolge im weltweiten Handel. Hinzu kommt, dass die wirtschaftliche und kulturelle Blütezeit der nördlichen Niederlande, das sogenannte Goldene 17. Jahrhundert, in die Zeit nach der Trennung fiel.

Die südlichen Niederlande, unter spanischer Herrschaft zurückgeblieben und wirtschaftlich vom Norden überholt, wendeten sich von der germanischen, nordeuropäischen Welt ab, wie der belgische Politikwissenschaftler Jacobus Delwaide erklärt. Es entstand eine ablehnende Haltung dem Norden gegenüber, was auch daran liegt, dass beide Gebiete sich nach der Spaltung ganz unterschiedlich entwickelten. Im Norden waren die Protestanten tonangebend, und es herrschte ein starkes Bürgertum, das wirtschaftlich sehr erfolgreich war. Der Süden hingegen war katholisch, die Städte wurden entmachtet, ein Teil der Elite wanderte ab, und das Land ächzte unter der schweren Steuerlast seiner spanischen Herrscher.

Stolz blickt man in Belgien allerdings zurück auf die flämischen Meister und die kulturelle Blütezeit unter den Burgundern, also das 14. bis 16. Jahrhundert, die Zeit vor der Trennung. Bis heute ist »das Burgundische« mit Kunst, Kultur und Genuss verbunden, es steht für eine lebensbejahende, fortschrittliche Zeit und ist absolut positiv konnotiert. Aber kaum jemandem in Belgien ist dabei bewusst, dass das niederländische Gebiet damals noch viel größer war und die nördlichen Niederlande ebenfalls dazugehörten.

Damit erklärt sich ein weiterer Teil der eingangs festgestellten Widersprüche: Den (Nord-)Niederländern ist die gemeinsame Geschichte wenig präsent, denn sie blicken lieber auf das, was danach kam. Der Süden konzentriert sich auf die Zeit davor, sieht diese aber nicht als gemeinsam an. Von außen hingegen, etwa in Deutschland, wird mit dem niederländischen Kulturraum oft die kulturelle Blüte des 15. bis 17. Jahrhunderts assoziiert. Man spricht von den niederländischen Meistern, ohne sich jedoch der Spaltung der Niederlande bewusst zu sein.

Und die Luxemburger? Sie teilten das Schicksal der südlichen Niederlande: Zunächst Teil des burgundischen Reiches, fiel das Herzogtum später ebenso wie das spätere Belgien an die spanisch-habsburgische Krone. Nach der Trennung entwickelte sich jedoch keine so stark ablehnende Haltung gegenüber dem Norden wie im späteren Belgien, denn die Luxemburger erlebten keinen so starken Niedergang – hier war ein Großteil der Bevölkerung auch zuvor schon relativ arm und machtlos. Wichtiger für das Verhältnis zu den beiden anderen Benelux-Ländern war die Zeit nach 1815, als Luxemburg einen niederländischen Fürsten hatte. Und damit sind wir beim zweiten Teil der gemeinsamen Geschichte.

Das Vereinigte Königreich der Niederlande

Auch deutsche Schüler lernen, dass – nachdem Napoleon große Gebiete Europas unterworfen hatte und nach 20 Jahren endlich besiegt werden konnte – der Wiener Kongress stattfand und die Großmächte 1814/15 über eine Neuordnung Europas verhandelten. Weniger bekannt ist, welch große Bedeutung dieser Wiener Kongress für die heutigen Benelux-Länder hatte: Die Habsburger verzichteten auf ihre niederländischen Besitzungen, also das heutige Belgien und Luxemburg. Preußen wollte sein Gebiet zwar bis an die Maas ausdehnen, wurde aber von Großbritannien gebremst, das, im Bemühen um ein Gleichgewicht der Kräfte, auf die Schaffung eines möglichst großen Pufferstaates zu Frankreich drängte.

So entstand 1815 das Vereinigte Königreich der Niederlande, bestehend aus den nördlichen und den südlichen Niederlanden. König wurde der Oranier Wilhelm I., der ein großes Machtbewusstsein an den Tag legte. Neuere niederländische Publikationen, die 2015 zum 200-jährigen Jubiläum erschienen, nennen ihn gar eine Art Raupe Nimmersatt, denn zu gern hätte er sein neues Königreich bis nach Koblenz oder bis nach Köln ausgeweitet. Das gelang nicht, aber er erhielt dafür etwas anderes: Er wurde Großherzog von Luxemburg und regierte somit über das gesamte Gebiet der heutigen Benelux-Staaten.

Der Wiener Kongress hatte nämlich beschlossen, Luxemburg als neuen, souveränen Staat zu errichten, mit dem niederländischen König Wilhelm I. als Großherzog, verwaltet von niederländischen Beamten. Um dies möglich zu machen, wurde das frühere Herzogtum eigens zum Großherzogtum aufgewertet. Luxemburg wurde gleichzeitig Teil des Deutschen Bundes und trat 1842 dem Deutschen Zollverein bei. Als deutsche Bundesfestung erhielt die Hauptstadt Luxemburg sogar eine preußische Garnison. So kam es, dass der niederländische König oder die von ihm in Luxemburg eingesetzten Beamten im Deutschen Bund das Stimmrecht für Luxemburg ausübten. Denn, so der luxemburgische Historiker Michel Pauly: »Luxemburger waren von Regierungsämtern, aus der Zentralverwaltung und selbst von der Vertretung beim Deutschen Bund ausgeschlossen.«

Das ist nun wirklich gemeinsame Geschichte, denn erstmals seit 1579 hatte die Region der späteren Benelux-Länder einen gemeinsamen Herrscher. Vertreter der nordniederländischen Elite sprachen denn auch von einer historischen Wiedervereinigung von Nord und Süd. Bei der Bevölkerung allerdings weckte der neue Staat nicht viel Begeisterung. Der Beschluss dazu hatte sich im kleinen Kreis vollzogen, und von einem Zusammengehörigkeitsgefühl konnte keine Rede sein, weder im Norden noch im Süden. Außerdem war das Ganze auch nur von kurzer Dauer: Nach nur 15 Jahren rebellierte der Süden, war dabei sehr schnell erfolgreich, und so wurde bereits 1830 der unabhängige Staat Belgien gegründet.

Was war passiert? Woran haben sich die Belgier, die doch schließlich jahrhundertelang alle möglichen Besatzer ertragen hatten, so sehr gestört? Nun, es gab durchaus positive Bemühungen von niederländischer Seite, aber auch von Beginn an starke Differenzen. Die Bemühungen: Der König ließ das Straßennetz ausbauen und Kanäle anlegen, außerdem gründete er staatliche Schulen und führte den Unterricht in der Volkssprache ein, so dass die Bevölkerung auch tatsächlich einen Nutzen davon hatte.

Flämische Kinder hatten erstmalig Unterricht in ihrer eigenen Sprache (Niederländisch), die Dominanz der französischen Sprache wurde somit ein Stück weit gebrochen. Auch ließ der König Universitäten gründen oder wieder eröffnen, wie Lüttich, Gent und Löwen. Doch all diese Initiativen wurden im Land selbst sehr kritisch gesehen. In den südlichen Niederlanden dominierte der Katholizismus, und der Klerus fürchtete, gerade durch den Unterricht an Schulen, einen schleichenden Einfluss der niederländischen reformierten Kirche.

Auch die Förderung der niederländischen Sprache – Niederländisch wurde, neben Französisch, sogar als Amtssprache eingeführt – stieß auf starke Ablehnung, und zwar nicht nur in den französischsprachigen Gebieten des Südens, sondern auch in der flämischen Oberschicht, die ebenfalls Französisch sprach. Darüber hinaus kritisierten belgische Liberale, dass die autoritäre Amtsführung Wilhelms I. den Bürgern und dem Parlament in der Praxis kaum politische Mitwirkungsmöglichkeiten ließ. Wie viele Fürsten der Restaurationszeit kontrollierte er Presse und Justiz, ließ kritische Journalisten verfolgen und Richter nach Gutdünken ein- und absetzen. Im Süden stieß es zudem auf großen Unmut, dass beide Landesteile im Parlament die gleiche Zahl von Abgeordneten hatten – obwohl Belgien 3,4 Millionen Einwohner zählte und die Niederlande nur rund zwei Millionen.

Außerdem gab es, so der Historiker Johannes Koll, auch in der Wirtschafts- und Steuerpolitik einige Differenzen. Der südliche Teil Belgiens erlebte durch die frühe Industrialisierung (Kohleabbau und Verhüttung) gerade einen enormen Aufschwung, die niederländische Wirtschaft war in dieser Zeit weniger erfolgreich. Laut Koll war es quasi unmöglich, die Forderungen nach Protektionismus für die junge belgische Industrie und die Freihandelspolitik zugunsten des niederländischen Handels unter einen Hut zu bringen. Sehr schlecht aufgenommen wurde in Belgien auch, dass die Niederländer nach der Niederlage Napoleons abermals die Schelde für die Schifffahrt abgeriegelt hatten.

All diese Differenzen führten dazu, dass die Kritik an Wilhelm I. immer lauter wurde und sich in Belgien sowohl die einflussreichen Liberalen als auch der mächtige Klerus gegen den niederländischen König stellten. 1830 war es dann soweit: Die Belgier rebellierten. Dass Belgien allerdings so schnell zu einem unabhängigen Staat wurde, sehen Historiker wie der Belgier Marc Reynebeau eher als eine Art »Unfall der Geschichte«: Es gab zwar eine politische Krise und große Unzufriedenheit, aber man strebte zunächst nicht unbedingt eine Loslösung oder Trennung an.

Im August 1830 war es zu Protesten in der Bevölkerung gekommen, die sehr schnell eine Eigendynamik entwickelten. Bereits im Oktober benannten die Aufständischen eine provisorische Regierung und riefen die Unabhängigkeit aus. Und schon Ende 1830 machten die europäischen Großmächte deutlich, dass sie die Unabhängigkeit akzeptierten. Belgien wurde zudem durch die Truppen des französischen Bürgerkönigs Louis Philippe tatkräftig unterstützt, dem mehrere kleine Nachbarstaaten lieber waren als ein großer.

Übrigens schlossen sich auch viele Bürger Luxemburgs der Revolution an, so der luxemburgische Historiker Michel Pauly, wenn ihre Beweggründe auch nicht die des liberalen Bürgertums oder der katholischen Kirche waren, sondern sich die Proteste in erster Linie gegen die hohe Steuerlast richteten. Junge Luxemburger zogen also nach Brüssel, um dem neuen belgischen Staat gegen die niederländische Armee beizustehen; einige auch, um dem Großherzogtum selbst zur Unabhängigkeit zu verhelfen. Im Oktober 1830 beschloss die neue belgische Regierung jedoch, dass Luxemburg ein Teil Belgiens sei, und ernannte einen eigenen Gouverneur mit Sitz in Arlon. Die luxemburgischen Unabhängigkeitsbestrebungen konnten sich damals also noch nicht durchsetzen.

Der niederländische König wollte sich jedoch nicht gleich geschlagen geben und versuchte, noch etwas für die Niederlande herauszuholen, wenn er denn schon Belgien ziehen lassen musste.

In einem zehntägigen Feldzug konnte er im August 1831 noch einige Gebiete für die nördlichen Niederlande erobern, doch an der Trennung war nicht zu rütteln. Nach jahrelangem zähen Hin und Her wurde das Ergebnis im Londoner Vertrag von 1839 festgelegt: Luxemburg wurde geteilt, wobei man den frankophonen Westen Belgien zuschlug (deshalb gibt es heute eine belgische Provinz mit Namen Luxembourg), während der deutschsprachige Osten endgültig für selbständig erklärt wurde, allerdings weiterhin mit dem niederländischen König als Großherzog an der Spitze. Dieses Luxemburg hatte in etwa die Grenzen, wie wir sie heute kennen.

Außerdem wurde 1839 auch die Provinz Limburg geteilt: Der Westen fiel an Belgien, der Nordosten an die Niederlande. Dieses niederländische Limburg war ebenso wie Luxemburg Teil des Deutschen Bundes. Aufgrund der Teilung gibt es heute ein belgisches und ein niederländisches Limburg. Dieses späte Hinzukommen ist auch der Grund, warum viele niederländische Limburger bis in die Gegenwart eine gewisse Distanz zu ihrer Regierung in Den Haag wahren – und warum man einen Limburger besser nicht als »Holländer« bezeichnet: Die Limburger, die im Allgemeinen katholisch sind, haben eine eigene Identität und eine andere Geschichte als die protestantischen »Freiheitskämpfer« aus dem Norden.

Die Bezeichnung Belgien für den 1830 neu gegründeten Staat im Süden stammt übrigens aus der Römerzeit: Sie geht zurück auf die von Cäsar als kriegerischste Volkschaft unter den Galliern beschriebenen Belger (lat. Belgae) und auf die nach diesen benannte spätrömische Provinz Belgica. Ein solcher Name passte natürlich zu einem Volk, dass sich gerade von der ungeliebten niederländischen Dominanz losgesagt hatte.

Die Personalunion zwischen den Niederlanden und Luxemburg wurde erst 1890 gelöst: Nach dem Tod von König Wilhelm III. folgte ihm Wilhelmina unter der Regentschaft ihrer Mutter auf den niederländischen Thron. In Luxemburg hingegen wurde aufgrund des dort geltenden Erbrechts – Frauen auf dem Thron waren nicht erlaubt – der ehemalige nassauische Herzog Adolf I. neuer Großherzog. Endlich hatte das Land wieder eine eigene Fürstenfamilie. In Luxemburg hat sich die Nationenwerdung somit in mehreren Schritten vollzogen, und das merkte man auch in jüngster Zeit: 2015 feierte das Land sein 200-jähriges Bestehen, denn 1815 war es ein souveränes Großherzogtum geworden. Gerade ein Jahr zuvor, 2014, hatte man hingegen das 175-jährige Jubiläum gefeiert, das sich wiederum auf die Unabhängigkeit in der heutigen Größe von 1839 bezog.

Keine gemeinsame Identität

Was bedeuten diese 15 Jahre zwischen 1815 und 1830 nun für das Verhältnis der heutigen Benelux-Länder untereinander? Fangen wir mit den Niederlanden an: Die Zeit des Vereinigten Königreiches wird heute als eher reaktionär gesehen, denn die relativ autoritäre Herrschaft über andere passt nicht recht zum Selbstbild der Niederlande als demokratische und pazifistische Nation. Die Niederländer identifizieren sich nicht wirklich mit dieser auch für den Norden eher glücklosen Periode. Auch damals war diese Art der restaurativen Monarchie in den Niederlanden nicht beliebt – und es dauerte daher nicht allzu lange, bis die Niederlande 1848 ihre Verfassung von Grund auf liberalisierten und die königliche Macht stark beschnitten.

Hinzu kommt, dass politisch die Neutralität immer eine entscheidende Rolle in den Niederlanden spielte, denn diese war Grundlage für den Handel und damit für die wirtschaftliche Basis des ressourcenarmen Landes. Kriege waren daher äußerst unbeliebt. Man denkt also in den Niederlanden nicht an Belgien als »verlorenes Gebiet«, zumal es über die ganzen 15 Jahre hinweg auch kein ausgeprägtes Gemeinschaftsgefühl gab. Die Eliten des Nordens betrachteten den Süden eher als eine Art Erweiterung des eigenen Gebiets, als dass sie ihn als gleichberechtigten Teil in einem neuen Ganzen gesehen hätten.

Zudem wurde für den Norden der Kolonialhandel immer wichtiger. In der Zeit zwischen 1830 und 1860 war das Kolonialgeschäft tragendes Element der niederländischen Wirtschaft. Das nahe gelegene Belgien war mental weit weg. Die nördlichen Niederlande wurden von ihrer maritimen, protestantischen Ausrichtung geprägt, man lebte und arbeitete »mit dem Rücken zu Europa«, wie es manchmal heißt.

Ausgeblendet wird dabei allerdings, wie schwierig diese Periode des Vereinigten Königreichs für die Belgier war. In Belgien ist diese Zeit denn auch keineswegs vergessen. Die bereits vorhandene Distanz gegenüber den Niederländern verstärkte sich noch einmal. Erst 1863 konnte die belgische Regierung den Niederländern die Zollrechte für die Schelde abkaufen, und erst danach kam es wieder zu einer wirtschaftlichen Erholung der alten Hafenstadt Antwerpen. Jetzt erst war »das letzte, verhasste Überbleibsel der alten holländischen Überlegenheit verschwunden«, wie der niederländische Historiker Ernst Kossmann sehr drastisch formuliert.

Im Süden Belgiens hatte inzwischen die Industrialisierung große Fortschritte gemacht. 1835 wurde die erste rein dampfbetriebene Bahnlinie auf dem europäischen Kontinent zwischen Brüssel und Mechelen eröffnet. Belgien war auch das erste Land, das den Bau von Eisenbahnstrecken staatlich förderte. Das innerbelgische Verhältnis sah jetzt so aus, dass es im südlichen Teil Arbeit gab und im nördlichen große Armut herrschte. Somit haben die Niederländer durch die Sperrung der Schelde die innerbelgische wirtschaftliche Balance nachhaltig beeinflusst. Auch die niederländische Sprachpolitik störte das belgische Gleichgewicht: Das Niederländische/Flämische hatte nach dem Bruch mit den Niederländern einen noch schwereren Stand; es dominierte nun umso mehr das Französische. Diese spannungsreiche Geschichte beeinflusst bis heute zuweilen den belgischen Blick auf die Niederlande, und das jahrhundertealte Misstrauen gegenüber den nördlichen Nachbarn flammt ab und zu noch auf.

Typisch für Luxemburg hingegen ist die Zugehörigkeit zu verschiedenen, sich überschneidenden Kulturkreisen, die sich bereits 1815 manifestierte und später zu einem Markenzeichen des Großherzogtums werden sollte. Bis heute vermitteln luxemburgische Politiker erfolgreich zwischen den größeren europäischen Ländern. Die niederländische Zeit wird nicht als besonders negativ gesehen, niemand hegt hier einen tieferen Groll gegen die Niederländer. Dass der niederländische König sich nicht sonderlich um sein Großherzogtum kümmerte und die Steuerbelastung hoch war, wird aus luxemburgischer Sicht nicht speziell mit den Niederlanden verbunden. Das sei ja immer so gewesen, so die versöhnliche luxemburgische Haltung. Einer der größten zentralen Plätze in der Hauptstadt ist nach Wilhelm II. benannt, der als Reiterstandbild mitten auf dem Platz sehr gegenwärtig ist. Allerdings wird der Platz eigentlich immer nur Knuedler genannt, nach dem Knotengürtel der Franziskaner, die hier im 13. Jahrhundert ein Kloster errichtet hatten. Sogar die luxemburgische Flagge datiert aus der niederländischen Epoche und hat daher die gleichen Farben wie die niederländische, nur dass das luxemburgische Blau etwas heller ist. 1890 ist der gemeinsame Weg der niederländischen und luxemburgischen Personalunion dann auch sehr friedlich zu Ende gegangen, als die Luxemburger wieder ihr eigenes Adelsgeschlecht bekamen.

Gerade die kurze Zeit von 1815 bis 1830 zeigt sehr deutlich das Besondere jedes der drei Länder und bietet einen guten Schlüssel, um jedes Land in seiner kulturellen Identität und in seinem Selbstverständnis zu begreifen: Die Niederlande mit ihrer starken Handelsorientierung und Abwendung von Europa in Richtung Übersee, Belgien mit seinem Konflikt zwischen Französisch- und Niederländischsprachigen und schließlich Luxemburg als eigenständiger Kleinstaat, der sich durch verschiedene Allianzen absichert.

Um auf die Ausgangsfrage nach der gemeinsamen oder doch nicht gemeinsamen Geschichte zurückzukommen: Je nach Blickwinkel haben alle ein wenig recht. Es gibt tatsächlich eine kurze gemeinsame Geschichte in der Burgunderzeit, die aber von den Niederländern ausgeblendet und von den Belgiern nur auf ihr eigenes Land bezogen wird. Die jeweiligen nationalen Mythen, auf die jede Nation ihre Identität aufbaut, gründen gerade nicht auf der gemeinsamen Geschichte. Nur von außen sieht man das Verbindende, den gemeinsamen Kulturraum. Und die zweite gemeinsame Periode wirkte keineswegs verbundenheitsstiftend, sondern sorgte im Gegenteil eher für ein weiteres Auseinanderdriften.

Darüber hinaus ist festzustellen, dass die Einwohner der drei Länder, trotz teilweise gemeinsamer Geschichte und geografischer Nähe, generell nur wenig voneinander wissen. »Der Bruch zwischen der maritim-protestantischen und der kontinental-lateinischen Perspektive führte zu einem abgrundtiefen Mangel an Wissen und Verständnis«, konstatiert Jacobus Delwaide. Wenn man wenig voneinander weiß, heißt das aber noch lange nicht, dass man kein Bild voneinander hat. Und so geht es im nächsten Abschnitt darum, wie man aufeinander blickt, was man zu wissen glaubt und welche Vorurteile dabei gepflegt werden.

Der Blick aufeinander: Alte Vorurteile und neue Interessen

Fangen wir an mit Luxemburg: Wie nehmen die Luxemburger ihre belgischen und niederländischen Nachbarn wahr? Das luxemburgische Selbstverständnis ist geprägt von der Eigenständigkeit des Landes und der Funktion als erfolgreicher Mittler zwischen den Großmächten. Man sieht sich als gleichberechtigten Partner, nicht aber als den Niederlanden oder Belgien zugehörig. Solange die umliegenden Länder dies respektieren, Luxemburg nichts aufzwingen und es als unabhängigen Staat ernst nehmen, entstehen keine Probleme.

Zu den Niederlanden empfindet man in Luxemburg zum Teil noch eine alte Verbundenheit, aber keine besondere Nähe. Es gibt keine gemeinsame Grenze, und Luxemburger wissen in der Regel kaum etwas über den nördlichen Benelux-Partner. Etwas mehr weiß man schon über Belgien, vor allem über den wallonischen, französischsprachigen Süden und die früher immerhin zu Luxemburg gehörende Provinz Luxembourg, aus der heute viele Pendler täglich nach Luxemburg zur Arbeit einreisen. Aber das Interesse beschränkt sich meist auf den wirtschaftlichen Bereich, das heißt, die Belgier sind interessant als Kunden – etwa für den Vertrieb von Mobilfunkverträgen luxemburgischer Anbieter im Grenzgebiet – und als Arbeitnehmer.

Der zunehmende Föderalismus Belgiens wird in Luxemburg allerdings genauestens beobachtet, schließlich ist die Stabilität Belgiens für den kleinen Nachbarn ein wichtiger Faktor. In Luxemburg kann der Außenstehende manchmal den Eindruck gewinnen, die Einwohner seien stolz darauf, das eigene Land so hübsch in Ordnung zu haben, gerade im Vergleich zu Belgien, das als leicht chaotisch wahrgenommen wird.

Nun zu Belgien: Wie blickt man hier auf die Nachbarn, welche Bilder hat man voneinander? Es ist wohl nicht übertrieben, das belgische Grundgefühl den Niederländern gegenüber als immer noch ein wenig misstrauisch zu bezeichnen. Das liegt an der Geschichte, ist aber auch eine Reaktion auf die oft als überheblich wahrgenommene niederländische Sicht auf Belgien. In landesweiten belgischen Umfragen werden die Niederländer immer wieder als besserwisserisch, arrogant, unhöflich, dominant und aggressiv bezeichnet. Gleichzeitig hat man Respekt vor der niederländischen Effizienz und guten Organisation. Ab und zu auch vor der niederländischen Direktheit, die allerdings überwiegend als negativ und extrem unhöflich bewertet wird. Diese Haltung den Niederlanden gegenüber ist im flämischen Landesteil deutlich stärker ausgeprägt als im französischsprachigen, wo die Niederlande kaum zur Kenntnis genommen werden.

Es ist also ein Trugschluss, zu glauben, dass die sprachliche Nähe zwischen Flandern und den Niederlanden auch kulturelles Verständnis oder gar Nähe schafft. Eine typische flämische Haltung ist: »Mit den Niederländern verbindet uns zwar die gemeinsame Sprache, aber was die Mentalität angeht, fühlen wir uns den Wallonen sehr viel näher.« Im französischsprachigen Teil Belgiens orientiert man sich in der Regel in Richtung Frankreich und weiß wenig über den nördlichen Nachbarn.

Im flämischen Teil Belgiens wächst allerdings das Interesse an einer engeren wirtschaftlichen Zusammenarbeit mit den Niederlanden. Es gab bereits eine Reihe von gemeinsamen Wirtschaftsdelegationen im Ausland, für die ja ein gewisses Maß an Vertrauen nötig ist. Im flämischen Koalitionsvertrag steht sogar explizit, dass die Zusammenarbeit mit den Niederlanden gefördert werden soll (ebenso übrigens die Zusammenarbeit mit Nordrhein-Westfalen). In Flandern ist man zudem recht gut informiert, das heißt, man weiß in der Regel, was in den Niederlanden passiert. Viele Flamen schauen regelmäßig niederländische Nachrichten und rezipieren traditionell die großen niederländischen Sender. Und, was viele Niederländer selbst gar nicht wissen: Ein erheblicher Teil der niederländischen Tageszeitungen befindet sich inzwischen in der Hand flämischer Medienkonzerne.

Im Zuge der wachsenden Autonomiebestrebungen in Flandern wächst zwar eindeutig das Interesse an den Niederlanden, doch man grenzt sich auch ab, und das alte Misstrauen bleibt ein Hindernis. Gespannt sein darf man auf die Zusammenarbeit beim sogenannten Eisernen Rhein, einer seit langem geplanten Bahnverbindung zwischen dem Ruhrgebiet und dem Hafen Antwerpen. Die Frage ist, ob die Niederländer diese für Belgien so wichtige – und auf lange Sicht wohl auch für die niederländische Wirtschaft vorteilhafte – Trasse unterstützen. Eine heikle Sache. Denn selbst wenn die Niederländer völlig legitime eigene

Interessen ins Spiel bringen und ihren eigenen Hafen Rotterdam schützen wollen, würde dies aus belgischer Sicht zweifellos so interpretiert werden, dass der nördliche Nachbar »wieder einmal« auf seinen eigenen Vorteil schaut und zum Nachteil der Belgier den Bau blockiert.

Der belgische Blick auf Luxemburg wiederum ist geprägt vom wirtschaftlichen Erfolg des Großherzogtums. Man pendelt nach Luxemburg, um zu arbeiten oder weil bestimmte Dinge dort billiger sind. Ein großes Thema war in Belgien in den letzten Jahren, dass die Luxemburger mit niedrigen Steuern geworben haben, etwa einer niedrigeren Kfz-Steuer. Viele Belgier meldeten ihr Auto einfach dort an. Dies wird aber inzwischen streng kontrolliert, und man nimmt sich in Acht vor dem – aus belgischer Sicht – schlitzohrigen kleinen Nachbarn, der wohl denkt, dass alles erlaubt ist, was ihm selbst nutzt. Früher war die Verbundenheit durch den belgisch-luxemburgischen Franc etwas größer – immerhin haben Belgien und Luxemburg seit 1922 die gleiche Währung.

Nun fehlen noch die Niederländer. In Bezug auf die Benelux-Nachbarn ist generell zu beobachten, dass die Niederlande sich selbst oft als den Größten unter den Kleinen sehen: In der Wahrnehmung Belgiens gibt es ein gewisses Überlegenheitsgefühl, und Luxemburg ist aus niederländischer Sicht sehr weit weg. Der wirtschaftliche Erfolg Luxemburgs nötigt den Niederländern zwar Respekt ab, und wenn man sie denn schon wahrnimmt, dann als sympathisch und verlässlich. Aber man weiß generell wenig über das Land, und dass der niederländische König über Jahrzehnte hinweg auch Großherzog von Luxemburg war, ist in den Niederlanden kaum präsent. Es gibt kein Gefühl besonderer Nähe.

Die niederländische Sicht auf Belgien, vor allem auf Flandern, hat sich in den letzten 20 Jahren allerdings gewandelt. Früher hielten viele Niederländer ihre belgischen Nachbarn tendenziell für eher rückständig und chaotisch, dabei aber ausgesprochen nett und sympathisch. Dies zeigte sich zum Beispiel in zahllosen *belgenmoppen*, also in Belgierwitzen, die vergleichbar sind mit den deutschen Ostfriesenwitzen. Respekt hatte man in den Niederlanden jedoch immer schon für die belgische Kunst und Kultur. Literatur, Theater, moderner Tanz – das können die gut, so die allgemeine Haltung. Auch das Schul- und Hochschulsystem der Belgier sorgte für Achtung. Hier ziehen niederländische Studenten und Dozenten schon lange den Hut vor ihren belgischen Kollegen, die über ein beeindruckendes Fachwissen verfügen und kluge Artikel publizieren.

Inzwischen gilt: Es gibt eine deutliche Annäherung, vor allem zwischen Niederländern und Flamen (die Wallonie ist weiterhin mental weit weg). Als die Niederlande 2008 in eine schwere Wirtschaftskrise gerieten, die viele Niederländer den Job kostete, begann man, die wirtschaftliche Entwicklung in Flandern mit großem Interesse zu verfolgen. Und es gibt einige Niederländer, vor allem aus den südlichen Landesteilen, die in Flandern arbeiten und wohnen. Viele Niederländer empfinden die Region als irgendwie nah und attraktiv. Man fährt hierhin in Urlaub, schätzt die guten Restaurants und das große kulturelle Angebot. Viele nutzen auch das flämische Medienangebot, schauen flämische Talkshows, Serien und Politsendungen. Ganz aktuell zeigt auch das gemeinsame Auftreten anlässlich der Frankfurter Buchmesse 2016 mit Schwerpunkt Niederlande/Flandern, dass die Zusammenarbeit im kulturellen Bereich sehr gut läuft.

Der niederländische Blick auf Flandern wandelt sich also: Die Niederländer haben Respekt vor der flämischen Wirtschaftsstärke und dem ökonomischen Erfolg. Man ist sich in den Niederlanden auch zunehmend der kulturellen Unterschiede zu Belgien bewusst. Man begreift den südlichen Nachbarn nicht mehr als »irgendwie merkwürdig« und die Sprache als »putzig«, sondern versteht, dass in Belgien – also auch im nahen niederländischsprachigen Flandern – eine ganz andere Unternehmenskultur gepflegt wird als im eigenen Land.

So fasst man sich in den Niederlanden neuerdings denn auch manchmal an die eigene Nase, wenn es in der niederländisch-belgischen Kooperation hakt. So geschehen 2013, als eine neue Hochgeschwindigkeits-Bahnverbindung zwischen Belgien und den Niederlanden spektakulär scheiterte. Es gab zahlreiche Konflikte vorab, die Auswahl des italienischen Herstellers war von Anfang an umstritten. Im Zugbetrieb kam es direkt nach Inbetriebnahme zu zahlreichen Verspätungen oder gar Ausfällen. Und als sich schließlich bei Schneefall nicht nur eine Bodenplatte eines Waggons während des Zugverkehrs löste und herausfiel, sondern auch die Heizung überlastet war und ein Sitz Feuer fing – da wurde das Ganze nach nur zwei Monaten Betrieb wieder eingestellt.

Die Niederländer gingen auf Fehlersuche. Im Herbst 2015 musste Staatssekretärin Wilma Mansveld den Hut nehmen, nachdem der Bericht einer staatlichen Untersuchungskommission zu dem Ergebnis gekommen war, dass das zuständige Ministerium sehr viel eher auf die offensichtlichen technischen Probleme der neuen Züge hätte reagieren müssen. Man fragte sich aber auch, was in der Zusammenarbeit mit dem Nachbarland Belgien schiefgelaufen war. Und die Niederländer kamen zu dem Schluss: ein Grund für das Scheitern seien zweifellos die niederländisch-belgischen Kulturunterschiede.

Eine Reihe von Zeitungsartikeln und Fernsehberichten beschäftigte sich nun mit den niederländisch-belgischen Differenzen. So stellte die Tageszeitung *Trouw* im Mai 2015 fest, dass es in der Kommunikation zum Teil erhebliche Unterschiede gebe und man einander während der Planung schlichtweg oft missverstanden habe. Auch sei die Art des Verhandelns ganz unterschiedlich: So war laut *Trouw* beiden Partnern nicht bewusst, dass in den Niederlanden das Wichtigste im Konferenzzimmer besprochen wird, in Belgien hingegen im Restaurant in einer angenehmen Atmosphäre.

Ein Zeitungsartikel des niederländischen Autors Benno Barnard zum gleichen Thema kommentiert mit einem Augenzwinkern, die romanisch geprägten Belgier hätten schon viel früher begriffen, dass die Zusammenarbeit mit dem italienischen Hersteller der Züge gefährlich schieflaufe: »Hier im Süden [Benno Barnard lebt bei Brüssel] verstehen sie einfach besser als in den Niederlanden, dass man Filme, Bücher, Rezepte, modische Kleidung und die Renaissance ruhigen Herzens den Italienern anvertrauen kann, nicht aber Eisenbahnverbindungen.«

Schließlich gelang es den Belgiern auch noch, früher aus dem gemeinsamen Vertrag mit dem italienischen Zug-Hersteller auszusteigen. Niederländische Zeitungen berichteten, nun bleibe ein größerer Teil der Zahlungen an den Niederlanden hängen, denn die Belgier hätten rechtzeitig die Reißleine gezogen. Dabei lautete der Tenor: »Die Flamen lernen von uns, so langsam ziehen die *uns* über den Tisch!« Die niederländische Haltung den Nachbarn gegenüber erscheint also als ein spielerischer Mix aus Interesse und Respekt – und ab und zu noch ein klein wenig Herablassung.

Die kulturellen Bruchlinien Europas

Zurück zur Ausgangsfrage: Warum werden die drei Länder im Ausland meist als zusammengehörig wahrgenommen, während sie selbst so stark ihre Unterschiede betonen und es eine gemeinsame Identität im Grunde gar nicht gibt?

Kurz zusammengefasst fokussiert man in den Ländern selbst meist auf das Trennende, das heißt die Differenzen in der Geschichte und die kulturellen Unterschiede. Dabei werden sowohl die vorhandenen Gemeinsamkeiten als auch die großen gemeinsamen Errungenschaften in der Europapolitik oft ausgeblendet. Hinzu kommt, dass das Interesse an den anderen Ländern nicht besonders ausgeprägt ist, sprich: Man weiß in der Regel sehr wenig voneinander.

Aus deutscher Perspektive hingegen sieht man meist die geografische Nähe der drei Benelux-Länder, die gemeinsame Geschichte mit ihrer kulturellen Blüte im 15. und 16. Jahrhundert, ihre enge wirtschaftliche und politische Zusammenarbeit nach dem Zweiten Weltkrieg, außerdem auch das Label, die PR-Marke Benelux – und schließt automatisch auf Zusammengehörigkeit und kulturelle Nähe.

Das ist aber noch nicht alles. Ein weiterer wichtiger Faktor der Außensicht ist die generelle Tendenz größerer Länder, die Meinungsbildung in kleineren Ländern vereinfacht wahrzunehmen, vor allem wenn das größere Land viele Nachbarländer hat, so wie Deutschland. In interkulturellen Seminaren etwa ist immer wieder zu beobachten, dass die Vertreter großer Länder unbewusst davon ausgehen, kleine Länder seien unkomplizierter als große. Etwas salopp ausgedrückt: Die haben weniger Leute, dann haben die auch weniger Probleme, weniger Facetten, weniger kulturelle Tiefe und Komplexität. Gerade in Deutschland trifft man oft auf eine solche, meist unbewusste, Grundannahme, die für das gegenseitige Verstehen und die praktische Zusammenarbeit zu einem enormen Hemmschuh werden kann.

Interessant ist in diesem Zusammenhang auch die unterschiedliche Reaktion innerhalb der Benelux-Länder auf die Ignoranz der Großen. Ein wenig vereinfacht gesagt: In Belgien und Luxemburg zuckt man meist nur mit den Schultern. Man ist das seit langem gewöhnt und sieht den großen Nachbarn so etwas eher nach. Die Niederländer hingegen reagieren empfindlich, wenn sie von Partnern in Deutschland nur als Teil der Benelux wahrgenommen und mit den anderen über einen Kamm geschoren werden. »Findet ihr uns als Niederlande denn nicht wichtig genug, um euch mit uns allein abzugeben?«, ärgern sie sich, sprechen es aber meist nicht laut aus. Im Gespräch bestätigt Friso Wielenga mit einem ironischen Schmunzeln: »Benelux ist ein Begriff, der in Deutschland benutzt wird, um die unüberschaubare Zahl der Nachbarn zu bündeln. Kein Niederländer würde auf diese Idee kommen!«

Die Niederländer sehen sich mit ihren 17 Millionen Einwohnern als mittelgroßes oder nicht kleines Land. Im Vergleich zu

Belgien und Luxemburg pochen sie darauf, der Größte unter den Kleineren zu sein, wie etwa 2000 in Nizza deutlich wurde, als sie im Europäischen Rat eine Stimme mehr als Belgien erkämpften. Diese niederländische Haltung wird, sympathisch selbstironisch, Calimero-Komplex genannt. Calimero ist eine in den Niederlanden seit den 1970er Jahren bekannte Zeichentrickfigur: ein kleines schwarzes Vögelchen, dessen typischer Spruch lautet: »Zij zijn groot en ik ben klein, en dat is niet eerlijk, o nee.« (»Sie sind groß und ich bin klein, und das ist nicht gerecht, oh nein.«) Es gibt hier eine Art Ringen mit der eigenen Größe. Oft hört man auch, die Niederländer könnten sich nicht entscheiden, ob sie der Größte der Kleinen (Benelux) oder der Kleinste der Großen (EU) sein wollen.

Im Hinblick auf ein besseres Verstehen der Benelux-Länder lassen sich daraus zwei Schlussfolgerungen ziehen. Erstens: Es ist wichtig, jedes Land als ebenso individuell wie eigenständig zu betrachten und nicht – Übereinstimmung und Nähe voraussetzend – alle drei in einen Topf zu werfen. Zweitens: Man sollte jedem Land die interne Komplexität zugestehen, die man einem größeren Staat auch ohne Zögern zubilligen würde.

Den drei Ländern sind daher im Folgenden eigene Kapitel gewidmet. Denn die Einzelbetrachtung macht umso deutlicher, dass hier auf kleiner Fläche eine extrem große Diversität herrscht. Die Länder sind nicht nur »irgendwie« unterschiedlich, das nehmen schließlich auch benachbarte Dörfer für sich in Anspruch. Es ist vielmehr so, dass einige der wichtigsten kulturellen Bruchlinien Europas quer durch das Benelux-Gebiet verlaufen, und zwar in den Bereichen Religion, Politik, Wirtschaft und vor allem auch Kultur. Denn hier begegnen sich der romanische und der germanische Kulturraum.

Niederlande: Alte Werte auf dem Prüfstand

Durch die Falltür ins Wohnzimmer: Ein erster Eindruck

Ein Sommerabend in Amsterdam: Auf dem Bürgersteig vor den alten Grachtenhäusern stehen kleine Campingtische, an denen die Hausbewohner bei einem Glas Wein zusammensitzen und auf die gegenüberliegenden Fassaden blicken. Kein Haus gleicht dem anderen, das eine ist ein bisschen höher, das andere ein bisschen niedriger, die Form der jahrhundertealten Giebel mal rund, mal stufig. Die meisten Häuser sind mit ihren sieben bis acht Metern recht schmal, fast alle haben große Fenster. Sie stehen etwas schief, es wirkt, als schmiegten sie sich eng aneinander und stützten sich gegenseitig. Vorherrschende Farben sind das verblichene Ziegelrot oder Anthrazitgrau der Fassaden, Tür- und Fensterrahmen in einem hellen Weiß, dazu das satte Dunkelgrün der alten Haustüren. Viele Grachten sind von Bäumen gesäumt, dazwischen liegt träge das Wasser.

Dieses Bild ist an Postkartenidylle natürlich kaum zu überbieten, ausgiebig besungen in unzähligen Schlagern und beschrieben in Reiseführern. Und dennoch: Es sieht alles sehr natürlich aus, die Häuser sind nicht überrenoviert, später rekonstruierte Gebäude wirken authentisch und haben Patina. Die riesigen Fenster lassen zudem den Blick nach innen zu, denn viele Niederländer verzichten traditionell auf Gardinen: Jeder darf schließlich sehen, dass drinnen keine ungehörigen Dinge passieren. So kann man tief in die Häuser hineinschauen – wobei es allerdings für Niederländer zum guten Ton gehört, genau dies nicht zu tun. Guckt man aber doch, sieht alles sehr gemütlich aus: Sofas mit Kissen, schicke Lampen, schöne Esstische, viele Pflanzen. Die Bewohner legen Wert auf ihre Einrichtung – wohnlich soll es sein, aber bitte mit Stil. Oft räkelt sich dazu noch eine Katze genüsslich auf dem Fensterbrett, das Schnurren beinahe hörbar. Viele Niederländer sind große Katzenliebhaber, und besonders in Amsterdam gibt es eine Menge Hauskatzen. Ebenso wie Mäuse und Ratten – das heißt, die Katzen sind nicht nur kuschelig, sondern auch nützlich.

Bleiben wir noch kurz in der Hauptstadt (dies ist nämlich Amsterdam, Den Haag ist nur Regierungssitz): Sie besteht überwiegend aus Vierteln, in denen alles eine Nummer kleiner ist als an den großen Grachten, etwa im Stadtteil Jordaan, einem ehemaligen Arbeiterviertel im Nordwesten der Innenstadt, oder im südlich gelegenen De Pijp. Wenn man in ein Amsterdamer Haus kommt, steht man meist direkt vor einer steilen und engen Treppe nach oben. Das ist platzsparend. Oft gehen Wohnungen auch über zwei Etagen, und man betritt so manches niederländische Wohnzimmer durch eine Falltür am oberen Ende der Treppe.

Große Nachfrage, begrenztes Angebot – das führt zu hohen Mieten. Amsterdam gehört denn auch zu den teuersten Städten Europas – gleich hinter London, Paris und Rom. Die Preise sind in den letzten 20 Jahren derartig explodiert, dass man für eine Wohnung von rund 80 Quadratmetern in einer mittleren Gegend in einem mittleren Zustand ohne Weiteres 1700 Euro für die Kaltmiete hinblättern muss.

Auch in anderen niederländischen Städten und in den ländlichen Gegenden ist das Preisniveau hoch. Entlang der deutsch-niederländischen Grenze lässt sich inzwischen das Phänomen beobachten, dass viele Niederländer ein Häuschen in Deutschland kaufen, aber weiter in den Niederlanden arbeiten. Und das, obwohl der niederländische Osten im Vergleich zu den westlichen Gebieten des Landes deutlich günstiger und weniger dicht besiedelt ist. Die durchschnittliche Bevölkerungsdichte des Landes liegt bei etwa 409 Einwohnern pro Quadratkilometer

(Stand März 2016) und ist damit eine der höchsten in Europa. In Deutschland sind es nur gut die Hälfte: 226 Einwohner pro Quadratkilometer (2016).

Im Ausland werden die Niederlande oft als kleines Land wahrgenommen. Was die Einwohnerzahl angeht, stimmt das sicher nicht, denn im Vergleich zu anderen europäischen Ländern ist das Land mit seinen 17 Millionen Einwohnern eher mittelgroß. Zum Vergleich: Schweden und Portugal haben jeweils rund zehn Millionen Einwohner, Österreich knapp neun Millionen.

In der Stadt Amsterdam leben 810 000 Menschen, im Großraum Amsterdam rund 1,3 Millionen. Die Bevölkerungsdichte in der Hauptstadt beträgt damit 3698 Einwohner pro Quadratkilometer, aber das ist für Großstädte nicht ungewöhnlich. Allerdings müssen sich all diese Leute irgendwie fortbewegen. Sobald man auf der Straße steht, ist es daher mit der Gemütlichkeit vorbei – denn hier fängt das Reich der Fahrradfahrer an. In die Luft guckende Touristen werden lautstark weggeklingelt und im Vorbeifahren oft nochmal kurz angeraunzt. Die Amsterdamer fahren mit ihrem *fiets* in einem rasenden Tempo, und auch als geübter Radfahrer braucht man eine Weile, um hier mitzuhalten oder zumindest kein Verkehrshindernis mehr darzustellen. Dabei sind die Räder meist alt und klapprig, echte Packesel, oft noch mit zerfledderten Fahrradtaschen. Trotzdem muss man gut auf sie aufpassen, zwei Schlösser sind fast schon zu wenig.

Ein völlig anderes Bild jedenfalls als in deutschen Städten, wo man deutlich mehr schicke Tourenräder und vor allem Helme sieht. In den Niederlanden trägt fast niemand einen Helm. Radfahrer haben hier aber auch sozusagen Vorfahrt. Das heißt, falls es zu einem Unfall kommt, trägt der Autofahrer im Zweifel immer eine Mitschuld. Das veranlasst die Radfahrer nicht unbedingt zu zurückhaltendem Fahren.

Regionale Unterschiede, Wasser und Wirtschaft

Holland oder Niederlande? Das lässt sich schnell abhandeln, ist aber nicht ganz unwichtig. Kurz gesagt, war Holland eine westliche Provinz der Niederlande, und zwar die größte und traditionell einflussreichste. Sie ist inzwischen aufgeteilt in die Provinzen Nord-Holland mit der Hauptstadt Haarlem und Süd-Holland mit der Provinzhauptstadt Den Haag. Meint man hingegen den ganzen Staat und seine Bewohner, sind die Bezeichnungen Niederlande und Niederländer korrekt. Die Einwohner anderer Provinzen, etwa Gelderland im Osten oder Limburg im Süden, würden sich selbst nicht als Holländer bezeichnen.

Nur im Ausland stellen sich manche Niederländer als Holländer vor, auch wenn sie eigentlich gar keine sind – weil sie denken, dass das leichter zuzuordnen ist. Auch die Tourismus- und Werbebranche spricht in der Regel von »Urlaub in Holland«, »Tulpen aus Holland« und »Käse aus Holland«. Dass so oft von Holland die Rede ist, wenn eigentlich die Niederlande gemeint sind, hat also auch mit Marketing zu tun, nicht nur mit Unwissenheit. Die Marke Holland ist einfach gut eingeführt, leicht auszusprechen und weltweit bekannt.

Mit einer maximalen Nord-Süd-Ausdehnung von 300 Kilometern und rund 180 Kilometern in west-östlicher Richtung gehört das Land der Fläche nach zu den kleineren Staaten in Europa. Die geringe Ausdehnung bedeutet aber nicht, dass es keine Unterschiede zwischen den Regionen gibt. Im Westen konzentriert sich alles: Hier befinden sich mit Amsterdam, Utrecht, Den Haag und Rotterdam die größten Städte, hier lebt die Hälfte aller Einwohner und sind die bedeutendsten Unternehmen angesiedelt. Dieses westliche Ballungsgebiet wird Randstad genannt.

Eine Art Trennlinie bilden die großen Flüsse Lek und Waal (Fortsetzungen des Rheins), die sich quer durch die Mitte des Landes ziehen und in das Rhein-Maas-Delta münden. Hier verläuft zugleich auch eine Mentalitätsgrenze: Die südlich der Flüsse liegenden Provinzen Nord-Brabant und Limburg sind überwiegend katholisch geprägt – ihren Einwohnern wird zugeschrieben, eine gediegene Esskultur zu pflegen und das Leben zu genießen. Die Gebiete nördlich der Flüsse sind traditionell protestantisch, ihre Einwohner gelten als eher nüchtern und sparsam. Diese Unterschiede haben heutzutage allerdings weniger mit konfessioneller Bindung als vielmehr mit kultureller Prägung durch die frühere religiöse Zugehörigkeit zu tun: Nur etwas mehr als die Hälfte der Niederländer sind heute noch Mitglied einer Religionsgemeinschaft (darunter rund 26 Prozent Katholiken, 16 Prozent Protestanten, 5 Prozent Muslime).

Außerdem wichtig zu wissen: Mehr als ein Viertel der niederländischen Staatsfläche liegt unter dem Meeresspiegel, und 65 Prozent der niederländischen Gesamtbevölkerung leben in Gebieten, die bei Sturm oder Hochwasser überflutet würden, wenn sie nicht durch Deiche geschützt wären. Daher gibt es in den Niederlanden über 3000 Kilometer Deiche. Seit dem 12. Jahrhundert werden Gebiete trockengelegt, die sogenannten Polder. »Gott schuf die Erde, wir schufen Holland« ist ein viel zitierter Ausspruch, der gar nicht so weit hergeholt ist. Hier zeigt sich der Stolz auf die eigene Tatkraft, die durchaus kennzeichnend für das niederländische Selbstverständnis ist und daher auch als *maakbaarheids*-Mentalität bezeichnet wird.

1927 starteten die Niederlande den Bau des damals größten Polderprojekts der Welt: die komplette Abriegelung des heutigen Ijsselmeers durch einen 32 Kilometer langen Deich, der das Wasser von der Nordsee trennt und die Provinzen Nord-Holland und Friesland miteinander verbindet. Nach nur fünf Jahren Bauzeit war das Projekt abgeschlossen. In den nächsten Jahrzehnten entstanden vier neue Polder mit einer Gesamtfläche von 165 000 Hektar oder 1650 Quadratkilometern, gut 60 Prozent der Fläche des Saarlandes.

Nachdem 1953 bei einer Sturmflut in der südwestlichen Provinz Seeland mehr als 1800 Menschen ums Leben gekommen waren, entwickelten die Niederländer den Deltaplan, ein weiteres Großprojekt im jahrhundertelangen Ringen mit dem Meer. Im Zeitraum zwischen 1958 und 1997 entstanden zwischen den Halbinseln der Provinz Seeland riesige Deichbauwerke. Das Vorhaben stellte die Ingenieure vor enorme Herausforderungen, denn die neuen Deichanlagen mussten sowohl den Gegebenheiten der Natur als auch den Anforderungen der Wirtschaft mit den nahe gelegenen Häfen Rotterdam und Antwerpen gerecht werden.

Der Umgang mit Wasser prägt also seit jeher die niederländische Geografie und Wirtschaft. Die Niederlande sind export- und dienstleistungsorientiert, der Hafen Rotterdam spielt somit eine zentrale Rolle. Der Rotterdamer Hafen ist der größte Hafen Europas und der einzige unter den Top Ten der Welt, der sich nicht in Asien befindet. 2015 wurde ein Güterumschlag von rund 466 Millionen Tonnen bzw. 12,2 Millionen TEU erzielt (1 TEU entspricht einem 20-Fuß-ISO-Container). 48 Prozent der Importgüter, die über diesen Hafen nach Europa eingeführt werden, sind Rohöl und Ölprodukte, die mittels Pipelines in das niederländische Hinterland sowie zu Raffinerien nach Deutschland geleitet werden.

Wirtschaftlich gesehen sind die Niederlande eindeutig ein Global Player: Das Land besitzt eine sehr wettbewerbsfähige Landwirtschaft und ist nach den USA der zweitgrößte Agrarexporteur der Welt (2014: 80,7 Mrd. Euro, davon 26 Prozent nach Deutschland). Im Wettbewerbsfähigkeits-Index des World Economic Forum belegten die Niederlande 2015–2016 den fünften Rang (Deutschland den vierten). In den Rankings der Welthandelsorganisation WTO gehört das Land regelmäßig zu den fünf größten Exportnationen der Welt (nach China, USA, Deutschland und Japan). Die wirtschaftliche Stärke ist ein wichtiger Baustein der niederländischen Identität, vor allem auch im Verhältnis zum großen Nachbarn Deutschland. Daher hört man in den Niederlanden auch ab und zu Sätze wie: »Wir sind schließlich die zehntgrößte Wirtschaftsmacht der Welt und nicht euer 17. Bundesland!«

Alltag und Gesellschaft: Normal sein als höchstes Ziel

Wichtige gesellschaftliche Treffpunkte sind bis heute, egal ob auf dem Land oder in der Stadt, die alteingesessenen Kneipen und Cafés. Großer Beliebtheit erfreut sich allerorten das sogenannte *bruine café*, das braune Café. Die Kneipen dieses Typus sind tatsächlich oft mit braunem Holz vertäfelt, aber vor allem gehört es zum Konzept, die Wände nicht zu streichen, und so ist alles gemütlich vergilbt – noch aus den Zeiten vor dem Rauchverbot.

Vor allem am Freitagabend geht es im Café oft hoch her. Im niederländischen Geschäftsleben ist es gang und gäbe, am Ende der Woche nach Feierabend gegen 17 oder 18 Uhr mit den Kollegen noch etwas trinken zu gehen. Oder man trifft sich einfach mit Freunden in der Stammkneipe. Die zusammenstehenden Grüppchen sind altersgemischt, der Laden ist voll, und fast jeder hält ein *biertje* in der Hand. Es wird schnell geredet und schnell getrunken, auch Neuankömmlinge sind rasch integriert. Man wird einander vorgestellt oder stellt sich selbst vor, das Ganze ist wie eine große Kontaktbörse. Gegen den einsetzenden Schwips gibt es eine Handvoll Erdnüsse oder eine Portion *bitterballen*, das sind frittierte kleine Fleischcremebällchen. Die Stimmung ist laut und ausgelassen fröhlich – niemand ist hier, um bei seinen Kollegen einen guten Eindruck zu machen, sondern um sich (und bestenfalls auch die anderen) zu amüsieren.

Der Reflex, beim Kennenlernen einen guten Eindruck zu machen, ist den Niederländern generell eher fremd. Man ist so wie man ist, und das ist gut genug. *Normaal doen* (sich normal benehmen) lautet die Devise, und das heißt, sich nicht hervorzutun. Das klingt vielleicht banal, ist aber absolut grundlegend für das niederländische Selbstverständnis. Ein Maxime des Alltags, die jedem Niederländer geläufig ist und die viele verinnerlicht haben, lautet: »Doe maar gewoon, dan doe je al gek genoeg«, auf Deutsch: »Benimm dich normal, das ist schon verrückt genug.«

Das *normal doen* äußert sich beispielsweise so, dass man im Gespräch höflich und interessiert am Gegenüber ist, aber auf keinen Fall mit den eigenen Fähigkeiten, Leistungen oder gar dem eigenen Besitz angibt. Der gesellschaftliche Status bleibt in dieser traditionellen niederländischen Art des Umgangs im Hintergrund: Jemand, der sich aufgrund seiner Position wichtigmacht oder vordrängelt, wirkt lächerlich. Man stellt sich auch nicht mit akademischem Titel vor.

Aber worauf schaut man denn dann, wenn schon Leistung oder Status nicht ins Feld geführt werden? Ganz einfach: Man versucht, ein angenehmer, zugänglicher Gesprächspartner zu sein, eine gute Atmosphäre zu schaffen, etwas von sich selbst zu erzählen (Freunde, Familie, Hobbys, Urlaub) und den anderen ab und zu zum Lachen zu bringen. Nicht nur in der Kneipe, sondern auch im Berufsleben gilt es als weltläufig und souverän, ein ironisches Understatement zu pflegen. Man macht sich etwas kleiner, als man ist. Auch hochrangige Persönlichkeiten kokettieren manchmal geradezu mit ihrem Status, etwa bei Podiumsdiskussionen: »Ich bin ja nur ein kleiner Jurist«, sagt ein erfolgreicher Anwalt, um seinen Redebeitrag einzuleiten, oder »Ich bin schließlich nur so eine Art Mini-Minister«, stellt sich ein hochrangiger Politiker einer niederländischen Provinz vor.

Selbst Geschäftsführer großer Unternehmen schenken ihrem Gast persönlich den Kaffee ein und unterhalten sich auf dem Gang mit der Putzfrau. Das heißt nicht, dass es keine Hierarchien gäbe oder dass diese Chefs alle wahnsinnig nett wären – ein solches Verhalten basiert auf einem ganz alten Ideal der Bescheidenheit, und daher verfolgt selbst ein Vorstandsvorsitzender das Ziel, wie *een gewone Hollandse jongen* (ein normaler holländischer Junge) aufzutreten. Das Normale, Volksnahe wird im Allgemeinen positiv bewertet, ein solches Verhalten bringt Anerkennung und Akzeptanz.

Wenn sich etwa auf einem deutsch-niederländischen Seminar die Teilnehmer vorstellen, fangen Deutsche oft mit einer Art Arbeitsplatzbeschreibung an, aus der hervorgeht, welche Vielzahl wichtiger Aufgabenbereiche sie betreuen. Und dann kommt ein Niederländer, der eine Abteilung von 100 Mitarbeitern leitet, in einer zerknitterten alten Hose nach vorne und sagt: »Hallo, ich bin Hans, mein Hobby ist Wandern.« Man gibt sich nahbar. Das heißt keineswegs, dass die Niederländer keinen Wert auf Kleidung legten, ganz im Gegenteil – aber man ist unkonventioneller, und in den allermeisten Situationen entscheidet jeder selbst, ob er schick oder lässig aussehen will.

Dieses Untertreiben zeigt sich auch bei öffentlichen Vorträgen: Die Zuhörer erwarten, dass der Inhalt verständlich erklärt und möglichst mit kleinen Scherzen unterlegt wird. Bei Zitaten greift der gute Redner nicht auf Cicero oder Cäsar zurück, sondern er punktet mit Sätzen wie: »Mein Opa sagte immer …« Sogar die ehemalige Königin Beatrix, oft als nicht ganz so volksnah charakterisiert, folgte diesem Ideal, zeigte sich auf dem Fahrrad und eröffnete ihre jährliche Thronrede sogar einmal mit einem Scherz. Der niederländische Autor Dik Linthout erklärt, dass diese Art der Kommunikation in Deutschland oft missverstanden wird: »Der den Niederländern eigene bescheidene und indirekte Diskussionsstil mit Zweifeln, Selbstkritik sowie hier und da eingestreuten Scherzen wird von Deutschen gern als Dilettantismus und Mangel an Wissen und Engagement gedeutet.«

Hinter dem Understatement und der Ablehnung von respektvollen Demutsbezeugungen steckt die alte christlich-calvinistische Überzeugung, dass vor Gott alle Menschen gleich sind und jede Art von menschlicher Überlegenheit oder menschlichem Herausgehobensein gotteslästerlich ist. Auch wenn die Kirche heutzutage keine so große gesellschaftliche Rolle mehr spielt wie etwa in den 1950er und 1960er Jahren, prägt das Ideal der Gleichheit (Egalitarismus) bis heute die niederländische Gesellschaft in hohem Maße.

Dass Rangunterschiede eine geringere Rolle spielen, merkt man auch an der Hochschule. Deutsche Studenten in den Niederlanden loben regelmäßig die gute Betreuung durch die niederländischen

Dozenten: »Auch die Professoren begegnen einem hier auf Augenhöhe, das Verhältnis ist sehr entspannt«, sagt etwa Justus Schwarz, der seit einem Jahr an der renommierten Universität Wageningen studiert. In internationalen Rankings erhalten niederländische Schulen und Universitäten regelmäßig sehr gute Noten.

Auch ein Vergleich der deutschen und der niederländischen Fernsehnachrichten zeigt die Maxime des *normaal doen*. In den Niederlanden wird tendenziell eine einfachere Sprache benutzt als in Deutschland, egal ob im öffentlichen oder im privaten Fernsehen. Auch die Art der Kurzbeiträge und Kommentare unterscheidet sich: Wird bei einer Gesetzesänderung in Deutschland oft ein Jurist interviewt, der die neue Regelung auf der Grundlage seines Expertenwissens bewertet, befragt man in den Niederlanden eher drei verschiedene Menschen auf der Straße, die von der neuen Änderung betroffen sind.

Generell gilt, dass Bildung und Expertenwissen keine Werte an sich sind, sondern eher im Hinblick auf ihren wirtschaftlichen Nutzen und ihre Anwendung bewertet werden. Intellektuelle haben in den Niederlanden daher ein schlechteres Image als in Deutschland – es sei denn, sie können gut auftreten und in Fernsehshows ihr Wissen verständlich erklären.

Die Bescheidenheit zeigt sich übrigens auch im Privaten, etwa wenn Niederländer Gäste zu sich nach Hause einladen. Ein allzu üppiges Essen macht hier regelrecht einen schlechten Eindruck! Es darf nicht zu teuer oder zu viel sein, und es ist auch nicht nötig, dass man vorher den ganzen Tag in der Küche steht, um alles perfekt vorzubereiten. Ganz im Gegenteil, hier gilt, dass sich auch die Gastgeber wohlfühlen sollen. Die Anwesenden werden also nicht von einem gestresst umhereilenden Ehepaar umsorgt, sondern jeder schenkt sich selbst nach und sagt, was er möchte. Großer Aufwand, übertriebenes Bemühen oder ein überbordendes Buffet wirken eher befremdlich. Wichtig ist vielmehr, dass es *gezellig* ist, also locker und entspannt zugeht (das deutsche Wort »gesellig« passt hier nicht so ganz als Übersetzung).

Aber wie passen diese *gezelligheid* und Entspanntheit nun zum gottgefälligen Leben? Ganz einfach. Wie der Historiker Hermann von der Dunk erklärt, hat die calvinistische Ablehnung menschlicher Überlegenheit und die damit verbundene Relativierung menschlicher Leistungen zu einer Art »heiterer Bequemlichkeit« des Lebensstils geführt. Der in Deutschland verbreitete Perfektionismus, etwa bei Einladungen, ist nur selten anzutreffen.

Dass die Bewohner der Amsterdamer Grachtenhäuser, von denen ein einziges Stockwerk über eine Million Euro wert ist, draußen an billigen Campingtischen sitzen, passt also ins Bild und ist typisch für dieses Land, wo man auf zur Schau gestellten Status wenig Wert legt und es gern praktisch hat.

Es ist allerdings ein langsames Abrücken von der egalitären Tradition zu beobachten. So wächst die Anzahl derer, die ihren Wohlstand gern zeigen und große Summen für Kleidung, Möbel oder Essen ausgeben. Die Zahl schicker Restaurants und teurer Autos auf den Straßen hat in den letzten 20 Jahren daher stark zugenommen. Auch auf der beruflichen Ebene werden Leistung und ein hohes Gehalt von vielen durchaus bewundert. Zudem gibt es in den Niederlanden gewisse Kreise, zu denen man als Normalsterblicher keinen Zugang hat. Das können erfolgreiche Anwälte sein oder vermögende großbürgerliche Familien, die gern unter sich bleiben.

Trotzdem gibt es immer noch viele Niederländer, egal welchen Alters, die lieber *normaal doen* und über angeberisches oder elitäres Verhalten die Nase rümpfen.

Informeller Umgangston, nette Atmosphäre

Dass Niederländer auf Deutsche oft locker und informell wirken, hat auch damit zu tun, dass man sich sehr rasch und vor allem unvermittelt duzt. Anders als in Deutschland bedeutet das niederländische Du allerdings keine besondere Nähe, es ist eher mit dem englischen *you* zu vergleichen. Im Geschäftskontakt ist es üblich, sich ohne Vorankündigung zu duzen, mitten im Gespräch. Man beugt sich über ein Blatt Papier oder ein Tablet und sagt: »Hier, schau mal.« Duzen signalisiert nicht, dass man sich in irgendeiner Weise näher gekommen ist, den anderen sympathisch findet oder weniger hart verhandelt. Da gibt es gerade zwischen Deutschen und Niederländern oft Missverständnisse. Wenn etwa ein Vorgesetzter sich duzen lässt, denken Deutsche oft, hier herrsche eine besonders gute Arbeitsatmosphäre – dabei ist das Du einfach eine Anredekonvention.

Es gibt im Niederländischen allerdings auch das Sie. Man siezt in der Regel ältere Mitmenschen, und man siezt Unbekannte, etwa beim Einkaufen im Supermarkt oder anderen Geschäften, zumindest am Anfang eines Gesprächs. Bis in die 1960er Jahre war es nicht unüblich, die eigenen Eltern zu siezen, auch heute werden Großeltern von den Enkeln noch ab und zu gesiezt.

Informell und freundlich wirkt nicht nur das schnelle Duzen, sondern auch das typisch niederländische freundliche Bitten. Beim Bäcker sagt man: *Mag ik vier broodjes?* (wörtlich übersetzt: Darf ich vier Brötchen?), im Restaurant: *Mag ik de rekening?* Das gilt auch am Arbeitsplatz, wenn der Chef oder die Chefin fragt: »Könntest du hierfür eventuell einen ersten Entwurf schreiben?« Das heißt keineswegs, dass der Mitarbeiter nun selbst entscheiden darf, ob er etwas macht oder nicht. Was wie eine freundliche Bitte klingt, ist eine klare Anweisung. Auch wenn Vorgesetzte wollen, dass etwas in Zukunft anders läuft, formulieren sie dies mit der typisch niederländischen Zurückhaltung: »Ich bin ja kein Experte auf dem Gebiet, aber wäre es vielleicht eine gute Idee, das einmal so oder so zu probieren?« Wenn ein Mitarbeiter einen solchen Satz hört, heißt das, dass ab morgen alles genau so zu geschehen hat, wie der Chef oder die Chefin es vorgeschlagen hat. Das Ideal der Egalität hat dazu geführt, in der Regel keine Anweisungen oder Aufträge zu erteilen, sondern eher Bitten oder Vorschläge zu äußern.

Ein weiterer Grund für den freundlichen Umgang miteinander ist die starke Beziehungsorientierung in der Kommunikation. In den Niederlanden gilt der Grundsatz, dass harmonische persönliche Beziehungen einen mindestens ebenso hohen Stellenwert haben wie der Inhalt des Besprochenen. Im Berufsleben gilt als Voraussetzung für ein leistungsfähiges Team, dass die einzelnen Mitarbeiter engen Kontakt zueinander haben und die Atmosphäre stimmt. Es gibt auch keine strikte Trennung zwischen beruflich und privat. Wichtig ist, als ganzer Mensch zugänglich zu sein, und dazu zählt auch das Privatleben. Ein deutscher Ingenieur, der gerade eine Stelle in Den Haag angetreten hatte, erzählte einmal, am Anfang habe er sich von seinen neuen Kollegen regelrecht ausgehorcht gefühlt. Und man darf sich auch nicht täuschen: Das Interesse an der eigenen Person hört oft ganz schnell wieder auf, wenn die Zusammenarbeit beendet ist!

Beschlussfassung im Arbeitsleben: Alle reden mit

Sagen wir es mal so: Direkte Konfrontationen sind in den Niederlanden nicht sonderlich beliebt. Man versucht in der Regel, zu einer gemeinsamen Linie zu gelangen oder zumindest einen Kompromiss auszuhandeln, und wenn das nicht gelingt, lässt man einander in Ruhe. Dies gilt im Privatleben, im Arbeitsalltag und oft auch in der Politik.

Privat äußert sich dies so, dass im Gespräch auftretende Meinungsverschiedenheiten – zum Beispiel bei einem gemeinsamen Essen mit Freunden – nicht auf die Spitze getrieben werden. Die Gäste sprechen vielleicht über kontroverse Themen und diskutieren auch miteinander, aber man vermeidet es, hitzige politische Diskussionen zu führen, laut zu werden oder jemanden unbedingt von den eigenen Ansichten überzeugen zu wollen. Man lässt dem anderen seine Meinung – alles andere gilt schnell als unhöflich.

Dies ist nur auf den ersten Blick ein Widerspruch zur typisch niederländischen Direktheit, die sich darin äußert, sofort auf den Punkt zu kommen, in persönlichen Dingen oft neugierig nachzufragen, ungebetene Kommentare abzugeben oder den anderen ein bisschen auf den Arm zu nehmen. Der andere braucht ja davon nichts anzunehmen, und er wird auch nicht zu einer bestimmten Sichtweise gedrängt.

Auch am Arbeitsplatz verzichtet man in der Regel auf Kontroversen. Der niederländische Weg zu einer Beschlussfassung ist geprägt von der oben beschriebenen guten zwischenmenschlichen Atmosphäre und Egalität. Vorgesetzte nehmen sich regelmäßig Zeit für Diskussionen mit ihren Mitarbeitern, und die Mitarbeiter erwarten dies auch. In solchen Meetings ist es völlig normal, dass sich alle Anwesenden am Gespräch beteiligen, vom Praktikanten bis zum Abteilungsleiter. Es wirkt sogar befremdlich, wenn jemand nichts sagt – die anderen denken dann, derjenige sei nicht interessiert oder nicht bei der Sache.

Diese Art von Diskussion nennt man *overleg,* und hier liegt der Schlüssel zur niederländischen Verhandlungskultur. *Overleg* bedeutet so etwas wie Beratung oder Besprechung und dient in erster Linie dem Austausch von Meinungen, nicht so sehr dem Treffen einer Entscheidung. Das kostet oft viel Zeit, führt aber dazu, dass alle mitdenken und später möglichst auch die Entscheidung mittragen. Wichtig ist, dass man für eine Entscheidung oder einen Lösungsweg *draagvlak* findet, also Rückhalt unter den Kollegen.

Allerdings ist es auch in den Niederlanden so, dass letztlich die Vorgesetzten entscheiden, und nicht immer haben sie die Zeit und Geduld, alles auszudiskutieren. Eine niederländische Lektorin in Amsterdam erhielt einmal, als sie ihrer Chefin unter vier Augen einen Einwand vorgetragen hatte, die unverblümte Antwort: »Ich entscheide, schließlich ist das keine Demokratie hier.« Und nicht immer fließen wirklich alle Beiträge in eine Entscheidung mit ein, oft wird auch um Meinungen gebeten, obwohl der Beschluss schon gefasst ist. Dennoch gibt es klare Unterschiede zur deutschen Art der Beschlussfassung. Niederländer akzeptieren nicht so schnell Entscheidungen, die sie im Grunde ablehnen, und sie legen Wert darauf, vorher angehört worden zu sein.

Bei Geschäftsverhandlungen ist es wichtig, aufeinander zuzugehen und ein Stück weit nachzugeben. Ein Ergebnis ist nur dann gut, wenn sich beide Seiten bewegt haben. »Wechselgeld mitnehmen«, lautet die Devise, oder: »Wasser zum Wein geben«. Kompromisse werden in der Regel als positiv bewertet, denn sie bedeuten, dass jeder sich bewegt hat.

Wie groß die deutsch-niederländischen Unterschiede in diesem Punkt sind, zeigte sich zum Beispiel bei den Verhandlungen um die Übernahme des niederländischen Flugzeugbauers Fokker durch die deutsche Aerospace (Dasa) Mitte der 1990er Jahre. Der damalige niederländische Wirtschaftsminister Hans Wijers erklärt im Interview mit dem *Spiegel* im Februar 1996: »Was wir in Gottes Namen nicht verstehen, ist, warum Daimler-Benz monatelang mit uns verhandelte, ohne klar zu sagen, daß es von vornherein keinen Verhandlungsspielraum gab. Ich nenne das ein Diktat.« Der Dasa-Chef Bischoff reagierte empfindlich: Er sei schließlich kein Pferdehändler, den man auf den halben Preis herunterhandeln könne.

Diese niederländische Art der Beschlussfassung und die positive Bewertung von Kompromissen liegen in der Geschichte begründet. Die Niederlande sind seit dem 17. Jahrhundert eine bürgerliche Gesellschaft mit starken Kollegialorganen. Die Republik bestand aus sieben Provinzen, die gemeinsam zu einer Entscheidung finden mussten, es gab keinen starken Mann an Spitze. In dieser Zeit hat sich eine sehr pragmatische Art der Beschlussfassung entwickelt.

Doch die Tradition der gemeinsamen Entscheidungsfindung ist im Grunde noch älter und hat auch mit der geografischen Lage zu tun. Seit jeher musste man das Land gemeinsam vor Überflutung schützen, und bereits im 12. Jahrhundert wurde die Institution der *waterschappen* (Wasserverbände) gegründet, um die Polder zu unterhalten.«In den *waterschappen* liegt zugleich auch der Ursprung des sogenannten niederländischen Konsensmodells: Man stand unter dem Zwang, Kompromisse zu finden und sich bei widerstreitenden Interessen einigen zu müssen, wollte man nicht buchstäblich absaufen«, erklärt der Autor und Niederlande-Experte Gerd Busse sehr bildhaft. Der Konsens gilt daher als Grundlage des gesellschaftlichen Friedens und steht traditionell für Kontinuität und Stabilität.

Politische Kultur: Verhandlungen und Kompromisse

Nicht nur das Arbeitsleben, auch die niederländische Politik und Gesellschaft waren über lange Zeit hinweg stark durch Konsensdenken und pragmatische Kompromisse geprägt. Man spricht daher oft von Konsensdemokratie oder *overleg-demokratie*. Dies zeigt sich in den verschiedensten politischen Bereichen und Verwaltungsebenen.

So hat der niederländische Ministerpräsident, anders als in Deutschland, keine Richtlinienkompetenz gegenüber seinen Ministern. Er ist vielmehr eine Art primus inter pares, ein Erster unter Gleichen, und muss sich in allen Fragen mit seinem Kabinett abstimmen. Die Minister leiten ihre jeweiligen Ressorts weitgehend eigenverantwortlich. Das niederländische Ministerium des Ministerpräsidenten, *Algemene Zaken*, ist zuständig für die interne Koordination der Regierung, das heißt die Abstimmung innerhalb der Koalition, sowie den großen Bereich der Presse- und Öffentlichkeitsarbeit. Der Politikwissenschaftler Markus Wilp weist allerdings darauf hin, dass die Bedeutung des Ministerpräsidenten gewachsen sei, etwa durch die zunehmende Personalisierung des politischen Geschehens und den großen Einfluss der Regierungschefs im europäischen Rahmen.

Staatsoberhaupt der Niederlande ist der König, er bildet zusammen mit den Ministern die Regierung. Der König ist somit

Teil der Regierung, er wirkt jedoch hinter den Kulissen. Verantwortung und politische Macht liegen bei den Ministern. Was allerdings hinter den Kulissen passiert, weiß niemand so genau.

Regierungskoalitionen mit mehreren Partnern sind in den Niederlanden an der Tagesordnung, und es ist daher keine leichte Aufgabe für den Ministerpräsidenten, die Beteiligten immer wieder auf eine Linie zu bringen. Im niederländischen Parlament, das alle vier Jahre gewählt wird, sind zudem viele kleine Parteien vertreten, denn die Sperrklausel ist mit 0,67 Prozent sehr niedrig. Zum Vergleich: In Deutschland sorgt die Fünf-Prozent-Hürde dafür, dass kleinere Parteien den Sprung nicht schaffen und die großen Parteien sich die Sitze teilen. In den Niederlanden sind die 150 Parlamentssitze oft sehr heterogen verteilt, und die Volksparteien verlieren an Rückhalt: Seit über 25 Jahren konnte keine Partei über 30 Prozent der Stimmen erzielen.

Bis in die 1960er Jahre herrschten noch sehr stabile politische Verhältnisse, weil es eine ausgeprägte gesellschaftliche Segmentierung gab, in der bestimmte Bevölkerungsgruppen traditionell die gleiche Partei wählten – unabhängig von den jeweils aktuellen Themen oder Parteiprogrammen. War man Protestant, wählte man eine der zwei protestantischen Parteien, Katholiken wählten katholisch (später dann gab es für beide Gruppen die Christdemokratische Partei), die Arbeiter unterstützten die Sozialdemokraten und die Liberalen die liberale Partei. Diese Segmentierung, die es auch in anderen Ländern gab, war in den Niederlanden besonders stark und begann im 19. Jahrhundert. Man spricht in diesem Zusammenhang von *verzuiling* (Versäulung). Der Begriff bezieht sich auf die Vorstellung eines griechischen Tempels, dessen Säulen, ähnlich wie die verschiedenen gesellschaftlichen Milieus, getrennt voneinander stehen, jedoch durch ein gemeinsames Dach (die miteinander kooperierenden Eliten) verbunden sind.

Die *verzuiling* galt in den Niederlanden lange Zeit als Grundlage des politischen und gesellschaftlichen Friedens. Bezeichnend für dieses Modell war, dass die Angehörigen der verschiedenen Säulen weitgehend getrennt voneinander lebten. Das heißt, wer zum Beispiel in eine katholische Familie hineingeboren wurde, ging auf eine katholische Schule, machte eine katholische Ausbildung, heiratete einen katholischen Partner, las eine katholische Zeitung, war im katholischen Sportverein – und wählte eben auch katholisch. Diese Segmentierung war nicht im ganzen Land gleich stark ausgeprägt, und es gab auch verschiedene Gruppen, die keiner Säule angehörten. Aber in vielen Gegenden hatte man tatsächlich in erster Linie mit Menschen zu tun, die zur eigenen Säule gehörten, und untereinander gab es ein ausgeprägtes Gemeinschaftsgefühl. Die Angehörigen der anderen Säulen wurden in Ruhe gelassen.

Das Gesellschaftsmodell der Versäulung ist bis heute sehr prägend für das niederländische Selbstbild, auch die niederländische Toleranz liegt weitgehend in diesem Modell begründet: Sie bestand im Prinzip darin, friedlich nebeneinanderher zu leben und sich nicht um die Belange der anderen zu kümmern. *Souvereiniteit in eigen kring* lautet das dazugehörige Motto, »Souveränität im eigenen Kreis«. Interessant ist dabei, dass keine gesellschaftliche Gruppe oder Partei stark genug war, die politische Führung zu übernehmen. Das heißt, hier mussten Kompromisse ausgehandelt werden. Der Staat hatte innerhalb dieses Modells lediglich die Funktion, ein friedliches Nebeneinander zu gewährleisten und durch Steuererhebung und Sozialzahlungen eine finanzielle Umverteilung vorzunehmen.

In den Niederlanden hat der Staat pauschal gesagt eine etwas schwächere Rolle als in Deutschland. Das zeigt sich etwa darin, wie gesamtgesellschaftliche Probleme angegangen werden, etwa hohe Arbeitslosigkeit. Gewerkschaften und Arbeitgeberorganisationen übernehmen hier traditionell ein hohes Maß an Verantwortung. Ein oft angeführtes Beispiel ist das Abkommen von Wassenaar, als sich im Jahre 1982 Vertreter von Arbeitgebern, Arbeitsnehmern und Regierung an einen Tisch setzten und einen Konsens darüber erzielten, wie sie die tiefe Wirtschaftskrise bekämpfen wollten, in der sich das Land damals befand. Auf Arbeitnehmerseite versprach man Lohnmäßigung, auf Arbeitgeberseite die Sicherung bestehender und die Schaffung neuer Arbeitsplätze, und zwar durch Arbeitszeitverkürzung, Teilzeitarbeit und Frühverrentung. Der Staat seinerseits sagte Ausgabenkürzungen im öffentlichen Sektor zu. Das Abkommen von Wassenaar umfasst ganze anderthalb DIN-A4-Seiten, unterschrieben von Arbeitnehmer- und Arbeitsgebervertretern.

Danach dauerte es ein wenig, und die 1980er Jahre waren noch geprägt von zahlreichen Streiks. Aber dann zog die Wirtschaft an, und der Erfolg ließ in den 1990er Jahren viele europäische Regierungen mit Bewunderung auf die Niederlande schauen. Man nannte es Poldermodell, *Dutch model* oder *miracle hollandais,* und es stand für eine florierende Wirtschaft und niedrige Arbeitslosigkeit.

Das Abkommen von Wassenaar ist deshalb so interessant, weil es eine Einigung der verschiedenen gesellschaftlichen Gruppen darstellt und der Staat keine dominierende Rolle dabei spielte. Die Regierung hatte das Abkommen unterstützt oder sogar eingefädelt, aber sich dann herausgehalten. Ton Nijhuis, Politologe und Direktor des Deutschland-Instituts Amsterdam, erklärt: »In den Niederlanden ist die Konsensdemokratie gekennzeichnet durch eine sachorientierte Politik, pragmatische Verträglichkeit, durch Spitzentreffen, an denen betroffene gesellschaftliche Gruppen teilnehmen, durch Vertraulichkeit der Gespräche, wodurch Konflikte nicht in die Öffentlichkeit getragen werden, sowie durch eine Entpolitisierung unterschiedlicher Meinungen.«

Vertrauen ist also ein wichtiger Faktor bei derartigen Abkommen, und typisch ist auch, dass der Ablauf des Einigungsprozesses sowie die Zuständigkeiten nicht genau festgelegt sind. Mit Entpolitisierung ist gemeint, dass die Parteipolitik in den Niederlanden eine geringere Rolle spielt als in Deutschland. Themen werden nicht so stark parteipolitisch besetzt und konfrontativ ausgefochten, sondern eher pragmatisch und lösungsorientiert angegangen. Es ist allerdings zu beobachten, dass sich diese politische Kultur in den letzten 15 Jahren verändert hat. Der Ton ist rauer geworden, die Auseinandersetzungen schärfer. (siehe Abschnitt »Zunehmender Rechtspopulismus«)

Die Regierung versucht traditionell, auch die Oppositionsparteien in Entscheidungen einzubeziehen und keine Beschlüsse ganz gegen den Willen der Opposition durchzusetzen – denn die Oppositionsparteien von heute könnten die Koalitionspartner von morgen sein. Daher wird nach Möglichkeit ein breiter Kompromiss gesucht. In den Niederlanden waren Koalitionsbildungen traditionell zwischen allen Parteien möglich, inzwischen hat sich auch das geändert: Die Parteien am linken und rechten Rand sind ausgenommen.

Im Justizbereich hat die Suche nach Konsens und Kompromiss teilweise zu einer Praxis geführt, die man *gedoogbeleid* nennt. *Gedogen* heißt so viel wie tolerieren oder dulden. Das heißt, wenn trotz aller Bemühungen keine Einigung gefunden werden kann, ist es in bestimmten Fällen möglich, die bestehende Rechtslage fortgelten zu lassen, aber sie nicht mehr um- oder durchzusetzen. So entstehen Grauzonen, in denen es keine klaren Regelungen gibt. Ein bekanntes Beispiel sind die Coffeeshops, wo weiche Drogen in kleinen Mengen quasi legal verkauft und konsumiert werden können. Der Ankauf größerer Mengen ist hingegen strafbar, und so ist klar, dass die Besitzer der Coffeeshops regelmäßig gegen das Gesetz verstoßen – aber nicht verfolgt werden.

Solange die Gesetzeslage unklar ist, müssen Richter durch Rechtsprechung im Einzelfall die Grenzen der allgemeinen gesellschaftlichen Normen und Werte bestimmen. Ton Nijhuis konstatiert: »Das Rechtssystem wird, mit anderen Worten, dazu benutzt, um drängende politische Probleme, für die noch kein Kompromiss gefunden werden konnte, zu entpolitisieren.« Diese Praxis unterscheidet sich stark von der deutschen, wo es als Bankrotterklärung der Politik gilt, wenn grundsätzliche Rechtsentscheidungen sozusagen an die Justiz delegiert werden.

Manchmal kommt es in den Niederlanden aber auch zu spektakulären neuen Gesetzen, die ohne den traditionellen Pragmatismus, die Toleranz und die Liberalität nicht möglich gewesen wären: 2001 führten die Niederlande als weltweit erster Staat die gleichgeschlechtliche Ehe *(homohuwelijk)* ein. Und ebenfalls 2001 wurde das niederländische Sterbehilfegesetz angenommen. Mit Inkrafttreten dieses Gesetzes waren die Niederlande wiederum das weltweit erste Land, das die aktive Sterbehilfe durch Ärzte zuließ, die allerdings eine Reihe von Sorgfaltskriterien einhalten müssen. Sie unterliegen durch das Gesetz einem besonderen Schutz und machen sich nicht strafbar.

Staat, Provinz, Kommune: Pragmatismus auf allen politischen Ebenen

Prägend für die politische Kultur der Niederlande ist, dass Kompetenzen und Entscheidungsbefugnisse generell weniger klar festgelegt sind als in Deutschland. Oft sind die persönliche Überzeugungskraft, das eigene politische Netzwerk und die Fähigkeit zum Ausgleich verschiedener Interessen wichtiger als das Amt, das ein Politiker oder eine Politikerin bekleidet. Sehr deutlich zeigt sich dies in den Führungspositionen der verschiedenen politischen Ebenen – der Rolle des Ministerpräsidenten, des Kommissars einer Provinz oder des Bürgermeisters einer Gemeinde.

Hier lauten die Schlüsselworte wiederum: Konsens und Pragmatismus. Um die Koalition zusammenzuhalten und immer wieder eine Einigung zwischen den verschiedenen Kabinettsmitgliedern der Koalition herzustellen, findet im Haager Büro des Ministerpräsidenten regelmäßig der sogenannte *torentjesoverleg* statt, die Besprechung im Türmchen. Der Ministerpräsident hat sein Büro nämlich in einem kleinen Turm, der zum Binnenhof gehört, einem Gebäudekomplex aus dem späten Mittelalter, der früher Sitz der Grafen Hollands war. Diese Besprechungen sind informell und finden hinter verschlossenen Türen statt.

Nicht die Richtlinienkompetenz sichert den Einfluss des Ministerpräsidenten, sondern unter anderem seine Fähigkeit, alle und alles unter einen Hut zu bringen. »Die vergleichsweise schwache Stellung des Ministerpräsidenten ist mit der historisch verankerten politischen Kultur der Niederlande zu erklären, die eine Machtkonzentration auf eine Position verhinderte«, erläutert Markus Wilp. Die pragmatische Konsens- oder Kompromissfindung gilt in den Niederlanden regelrecht als eine aktive Tätigkeit – und zwar eine hoch angesehene, für die es eine Reihe von positiv konnotierten Wörtern gibt: schlichten, massieren, ebnen, glätten, kneten, glatt streichen.

Dies alles gilt – auf der Ebene der Provinzen – auch für den Kommissar des Königs (*commissaris van de koning*), der sowohl dem Parlament als auch dem Kabinett einer Provinz vorsteht. Die Niederlande haben zwölf Provinzen, die allerdings nicht mit den deutschen Bundesländern vergleichbar sind, weil sie deutlich weniger Entscheidungsbefugnisse haben. Die Niederlande sind ein »dezentraler Einheitsstaat«, das meiste wird in Den Haag entschieden.

Der Kommissar fungiert als Bindeglied zwischen der Regierung in Den Haag und der Provinz. Ebenso wie der Ministerpräsident, so wird auch der Kommissar als Erster unter Gleichen gesehen, auch er hat keine Richtlinienkompetenz und kann nur sehr wenig direkt entscheiden. Die Entscheidungsbefugnis liegt, auf Provinzebene, bei den für die jeweiligen Ressorts verantwortlichen Deputierten. Auch der Kommissar hat somit eine völlig andere Rolle als der Ministerpräsident eines deutschen Bundeslandes. Die Kommissare werden zudem nicht gewählt, sondern durch königlichen Erlass ernannt – allerdings auf Empfehlung der Provinz und nicht gegen den Willen der Abgeordneten.

Man sieht hier, dass sich politische Macht in den Niederlanden nicht immer aus klar zugewiesenen Befugnissen und Verfahren ergibt. Ein Kommissar kann durchaus weitreichenden Einfluss haben, wenn er die Rolle des Moderators und Vermittlers gut auszufüllen weiß. Oft sind die Kommissare geschickte, altgediente Politiker und Politikerinnen, die über ein breites Netzwerk und hochrangige Kontakte verfügen und damit auf der Parteischiene doch recht gut Einfluss auf »ihre« Deputierten oder sogar die Abgeordneten in Den Haag nehmen können.

Auch für niederländische Bürgermeister gilt, dass sie (auf Vorschlag des Innenministers) durch königlichen Beschluss ernannt werden und oft schon lange im landesweiten politischen Geschäft tätig sind – im Gegensatz zu deutschen Bürgermeistern, die meist aus der Gemeinde selbst stammen oder zumindest sehr stark regional verankert sind. In den Niederlanden können Bürgermeister sogar die Stadt »wechseln«, und die Bürgermeister großer Städte hatten zuvor womöglich schon Ministerposten inne.

Es gibt etwa 400 Gemeinden, Verwaltungschef ist hier der *gemeentesecretaris* (wörtlich übersetzt: Gemeindesekretär). Auch das ist anders als in Deutschland, wo der Bürgermeister diese Rolle innehat. Wie in der Provinz liegen die Entscheidungsbefugnisse auf Gemeindeebene in erster Linie bei den *wethouders* (Dezernenten/Beigeordneten) mit ihren jeweiligen Ressorts, der Bürgermeister ist allerdings zuständig für den Bereich Sicherheit.

In der deutsch-niederländischen Zusammenarbeit sorgt diese Asymmetrie der Zuständigkeiten oft für Probleme. Zum Beispiel, wenn ein Treffen zwischen den Bürgermeistern zweier Grenzstädte organisiert wird und sich erst im Gespräch herausstellt, dass der Niederländer nicht direkt entscheiden kann und sich erst einmal mit seinem jeweiligen Dezernenten abstimmen muss. Womöglich hat er aber einen direkten Draht nach Den Haag und kann seine Ziele auf eine ganz andere Weise erreichen als der Deutsche.

Niederländer sind dagegen regelmäßig sehr erstaunt, wenn sie das Organigramm eines deutschen Landesministeriums oder einer Bezirksregierung sehen, wo die Zuständigkeiten klar festgelegt und voneinander abgegrenzt sind. Jeder Vergleich der beiden Verwaltungssysteme bleibt letztlich unbefriedigend, weil es so gut wie keine direkten Entsprechungen gibt. Generell lässt sich sagen: Das niederländische Verwaltungssystem ist flexibler, aber auch weniger trennscharf und transparent. Ein Ministerpräsident, Kommissar oder Bürgermeister ist immer nur so stark wie der Rückhalt, den er von seinem Kabinett erfährt. Hier zählen Abstimmung, Konsens, Kompromisse – der Ablauf der Entscheidungsprozesse ist meist nicht von vornherein klar festgelegt und die Macht des Einzelnen stärker verborgen. Das Hochhalten von Konsens und Kompromiss bedeutet auch keineswegs, dass es keine Konflikte gibt. Die Meinungsverschiedenheiten sind sogar oft sehr groß – aber man weiß, dass es ohne ein gewisses Maß an Pragmatismus einfach nicht geht. Typisch für die politische Geschichte der Niederlande ist die gemeinsame Erkenntnis, dass in einem Land mit vielen Minderheiten nur durch Verhandlungen Fortschritte erzielt werden können.

Ein weiterer Unterschied ist, dass es in den Niederlanden keine Beamten im deutschen Sinne gibt. Die Beschäftigten eines Ministeriums, einer Provinz oder einer Kommune sind Tarifbeschäftigte. Man spricht zwar von *ambtenaren* (Beamte), und es gilt auch ein besonderes Arbeitsrecht für Beamte, das sie besserstellt als andere Angestellte – aber sie haben keine Jobgarantie und können unter Umständen entlassen werden. Niederländische Beamte haben allerdings auch die Möglichkeit, auf eigenen Wunsch den Dienst zu quittieren, ohne große Einbußen in ihren Pensionsansprüchen in Kauf nehmen zu müssen.

So kommt es, dass sowohl an Schulen als auch in öffentlichen Behörden eine höhere Fluktuation herrscht als in vergleichbaren Institutionen in Deutschland. Ein Wechsel aus der Wirtschaft in die Politik und umgekehrt ist gang und gäbe. Dies gilt auch für die allerhöchsten politischen Ebenen: Eine Reihe ehemaliger Minister und Staatssekretäre ist heute in der Den Haager Hauptverwaltung des Öl-Multis Shell tätig, und umgekehrt sitzen fünf ehemalige Shell-Manager im Parlament. Das gilt nicht als anrüchig, denn man hat weniger das Bild des Berufspolitikers, für den das Ausscheiden aus der Politik im Grunde ein Scheitern bedeutet.

Zunehmender Rechtspopulismus

So erfolgreich das niederländische Modell der Kompromisse und des Interessenausgleichs auch lange Zeit war – in den letzten 15 Jahren haben sich immer stärker seine Schattenseiten bemerkbar gemacht. Um den öffentlichen Konsens nicht zu gefährden, ist eine gewisse Zurückhaltung erforderlich. Dies führte allerdings dazu, dass einige schwierige Themen nicht angesprochen wurden und damit ungelöst blieben.

Dass im Nachbarland in den letzten 15 Jahren nicht alles glatt lief, ist wohl auch in Deutschland niemandem verborgen geblieben – man kennt die Namen der populistischen Politiker Pim Fortuyn und Geert Wilders. 2002 konnte die Partei Fortuyns bei den Parlamentswahlen aus dem Stand 17 Prozent der Stimmen erzielen, während die Sozialdemokraten, die immerhin zuvor acht Jahre lang den Ministerpräsidenten stellten und mit den Rechts- und Linksliberalen eine Regierung bildeten, auf 15 Prozent abrutschten.

Danach haben sich die Ereignisse regelrecht überschlagen: Die neu gewählte Regierung unter Beteiligung der Populisten trat aufgrund von Meinungsverschiedenheiten bereits nach drei Monaten wieder zurück, und danach war mehr als zehn Jahre lang keine Regierung mehr über die volle Legislaturperiode im Amt. Zwischen 2002 und 2012 fanden in den Niederlanden nicht weniger als fünf Parlamentswahlen statt, und diese zeigten jeweils höchst unterschiedliche Wahlergebnisse. In der Berichterstattung wird deshalb immer wieder von »politischen Erdbeben« gesprochen.

Was war hier passiert? Warum war es auf einmal nicht mehr möglich, Probleme pragmatisch zu lösen und Kompromisse zu finden? Worauf gründete sich der enorme Zulauf der Populisten? Eine wichtige Ursache ist laut Markus Wilp die Veränderung in der niederländischen Gesellschaftsstruktur, vor allem die Auflösung der Versäulung und die fortschreitende Säkularisierung. Dadurch ist die Parteibindung zurückgegangen, und es gibt eine große Zahl von Wechselwählern – sprich: vor allem jüngere Leute, die jedes Mal neu überlegen, wen sie wählen und ob sie überhaupt wählen.

Aber es gab auch Entwicklungen in der Politik selbst, die den Aufschwung des Populismus begünstigten, etwa die Regierungskoalition von ideologisch so weit voneinander entfernten Parteien wie den Sozialdemokraten und den Rechtsliberalen. Als die Sozialdemokraten unter Wim Kok 1994 eine Koalition mit den Rechtsliberalen (VVD) und den Linksliberalen (D66) bildeten, wurde dies als kleine Sensation gewertet, denn erstmals seit Anfang des 20. Jahrhunderts war keine christliche Partei in der Regierung vertreten. Zugleich konnte man die politische Kluft zwischen Sozialdemokraten und Rechtsliberalen überwinden. Diese sogenannte violette Koalition (aus den Farben Rot für die Sozialdemokraten und Blau für die Liberalen) wurde 1998 mit großer Mehrheit wiedergewählt.

Allerdings erwies sich genau diese Kluft, also die unterschiedliche politische Ausrichtung der beiden Parteien, als Problem: Sie fanden nicht immer eine gemeinsame Linie, und häufig blieben die geschlossenen Kompromisse für beide Seiten unbefriedigend. Unpopulär war zudem das von der Koalition aufgelegte große Sparprogramm, vor allem für den Gesundheits- und den Bildungsbereich.

Vor allem Pim Fortuyn machte sich ab 2001 zum Wortführer derjenigen, die die Nachteile der aktuellen Konsenspolitik anprangerten. So rechnete er etwa in seinem 2002 veröffentlichten Buch mit dem Titel *De puinhopen van acht jaar paars* (Die Trümmerhaufen von acht Jahren Violett) polemisch mit den Problemen im Land ab: schlechte medizinische Versorgung und lange Wartelisten in den Krankenhäusern, der drohende Verkehrskollaps und das marode Bildungssystem mit viel zu wenigen Lehrern. Als größtes Versäumnis der Regierungspolitik bezeichnete Fortuyn jedoch die gescheiterte Integration vor allem muslimischer Migranten, die sich in Straßengangs organisiert und ganze Stadtviertel unsicher gemacht hätten.

Diese Kritik fand in den Niederlanden großen Anklang. Allenthalben wurde nun Unzufriedenheit laut, alles war auf einmal schlecht, und Fortuyn wurde von breiten Bevölkerungsschichten wie ein Held gefeiert, der das Land endlich vom erstickenden Konsens befreien und den »Aufstand der Bürger gegen die politische Elite« anführen würde. Als Fortuyn kurz vor den Wahlen von einem radikalen Umweltaktivisten ermordet wurde, löste sein Tod eine Art nationaler Volkstrauer aus.

Fortuyn hatte einen Nerv getroffen. Er pflegte einen sehr konfrontativen, polarisierenden Stil, und das wurde offenbar von vielen Niederländern als belebende Abwechslung geschätzt, als »Befreiung vom bedrückenden, bewegungslosen und technokratischen politischen System in Den Haag«, wie Ton Nijhuis erklärt. Die pragmatische Konsenspolitik mit ihren vielen Beratungen hinter verschlossenen Türen war auch vorher bereits hin und wieder als Hinterzimmerpolitik kritisiert worden, aber nun entwickelten viele Bürger eine regelrechte Abneigung gegen die »alte Politik«, die als behäbig, selbstzufrieden und elitär bezeichnet wurde.

Die sozialliberale Koalition hat auch deshalb den Weg für Fortuyn bereitet, weil sie ihr Profil immer weiter verwässern musste, um auf einen Nenner zu gelangen. Durch das Verschwinden der früheren Gegensätze hatten aber in der Folge viele Wähler den Eindruck, dass es keine klaren Alternativen mehr gebe und sie kaum Kontrolle darüber hätten, für welches Bündnis ihre Stimme letztlich verwendet würde. An den politischen Rändern entstand somit Raum, der von Parteien mit klaren Forderungen besetzt werden konnte.

Mit grundlegender Kritik am politischen Establishment hat heute auch der Rechtspopulist Geert Wilders Erfolg. Der ehemalige Abgeordnete der rechtsliberalen VVD gründete 2006 die Partij voor de Vrijheid (PVV, Partei für die Freiheit) und fällt seither regelmäßig mit extrem provokativen Äußerungen auf, die sich gegen Migranten, die EU oder eben die politische Elite richten. 2009 etwa forderte er eine Kopftuchsteuer, die er abfällig *kopvoddentaks* (Kopflumpensteuer) nannte: Muslimische Frauen sollten 1000 Euro im Jahr für das Tragen eines Kopftuchs bezahlen.

Wilders behauptet, den Bürgern ihr Land zurückgeben zu wollen, und mittlerweile fordert er sogar den Austritt der Niederlande aus der Europäischen Union. Er kritisiert die Sparpolitik der Regierung, ist für die Beibehaltung sozialer Leistungen und Verbesserungen im Bereich der inneren Sicherheit – allerdings ohne überzeugend mitzuteilen, wie all das finanziert werden soll. Sehr geschickt nimmt er dabei die niederländische kulturelle Identität und ihre althergebrachten Werte für sich in Anspruch: das Recht auf freie Meinungsäußerung, Unabhängigkeit, Pragmatismus und eine einfache Sprache. Bereits der Name Partij voor de Vrijheid löst eine in den Niederlanden grundlegend positive Assoziation aus, erinnert er doch an das von vielen Bürgern als typisch niederländisch gesehene Streben nach Freiheit und Unabhängigkeit.

Markus Wilp weist darauf hin, dass Wilders' Erfolg unter anderem in der Offenheit der niederländischen politischen Kultur und dem in den Niederlanden sehr wichtigen Recht auf Meinungsfreiheit begründet liegt. Sprich, Wilders beruft sich auf dieses Recht, um seine populistischen Slogans zu verbreiten. Dabei ist die Organisationsstruktur seiner Partei alles andere als frei, sondern vielmehr autoritär: Er selbst ist das einzige Parteimitglied, alle anderen sind nur Mitarbeiter oder Unterstützer. So hat Wilders die absolute Kontrolle.

Höhepunkt seines Erfolges war bisher die Parlamentswahl 2010, als die PVV 15,5 Prozent der Stimmen erzielte und damit drittgrößte Fraktion wurde. Die PVV avancierte zum Duldungspartner einer Minderheitsregierung aus Rechtsliberalen und Christdemokraten unter der Führung von Mark Rutte. Diese Konstruktion wurde im In- und Ausland heftig kritisiert und scheiterte nach anderthalb Jahren, weil Wilders nicht bereit war, ein weiteres Sparprogramm der Regierung mitzutragen. Bei den darauffolgenden Wahlen 2012 erhielt die PVV mit 10,1 Prozent zwar deutlich weniger Stimmen jedoch blieb die größte Oppositionspartei.

Zweifellos gibt es in der ehemals verhältnismäßig ruhigen niederländischen Politik heute mehr Aufregung als früher. Regelmäßig gerät Wilders mit Äußerungen in die Schlagzeilen, für die ein deutscher Politiker sofort zurücktreten müsste. So sagte er etwa nach den Kommunalwahlen 2014 in einem Café in Den Haag: »Das darf ich eigentlich nicht sagen, sonst gibt es wieder eine Anzeige. […] Aber die Freiheit der Meinungsäußerung ist ein hohes Gut, und wir haben nichts gesagt, was wir nicht dürfen oder was nicht stimmt.« Dann fragte er das jubelnde Publikum: »Wollt ihr mehr oder weniger Marokkaner in dieser Stadt und in diesem Land?« – »Weniger, weniger!«, skandierten seine jubelnden Anhänger. Nach ein paar Sekunden beendete Wilders das Schauspiel, indem er sagte: »Dann werden wir das regeln.«

Tatsächlich kam es aufgrund dieser Äußerungen zu einem Gerichtsverfahren, das aber noch nicht abgeschlossen ist. Im März 2017 finden die nächsten Parlamentswahlen statt, und Nachrichten über den Prozess bringen Wilders jedes Mal wieder in die Presse.

Welche Rolle populistische Parteien wie die PVV jedoch im politischen System spielen, wird von Beobachtern sehr unterschiedlich bewertet. Die einen sehen Wilders als Bedrohung für die Demokratie, andere als nervenden, aber im Grunde nicht gefährlichen Störsender, wieder andere als Ergänzung des Parteiensystems, weil seine Partei gesellschaftliche Konflikte oder politische Unzufriedenheit artikuliert und kanalisiert. Die Niederlande stehen mit diesem Phänomen jedenfalls nicht allein da: Auch in Frankreich, Deutschland, Österreich oder Polen gibt es erfolgreiche rechtspopulistische Parteien. Grundsätzlich herrscht in den Niederlanden aber eine sehr viel größere Gelassenheit, was die Erfolge populistischer Gruppierungen betrifft, als dies etwa in Deutschland der Fall ist.

Generell ist allerdings festzustellen, dass die Verunsicherung großer Teile der niederländischen Bevölkerung in den letzten zehn Jahren deutlich zugenommen hat. Der wichtigste Grund dafür ist zweifellos, dass die Niederlande seit 2008 immer tiefer in eine Wirtschaftskrise rutschten und die bis dahin sehr niedrige Arbeitslosigkeit stark anstieg. Im Mai 2013 war mit 8,1 Prozent der Erwerbsbevölkerung der höchste Wert seit 30 Jahren erreicht. Der Journalist Wouter Meijer stellt fest, wie sehr sich das Land gerade in den vergangenen Jahren verändert hat: »Man kennt auf einmal persönlich Leute, die arbeitslos sind und ihre Wohnung nicht mehr bezahlen können.«

Inzwischen hat die Konjunktur wieder angezogen, und die Arbeitslosenquote ist zurückgegangen. Aber die Angst sitzt tief. Es gibt deutlich weniger unbefristete Arbeitsverträge, und vor allem hat die Zahl der Scheinselbständigen stark zugenommen. Sie sind ohne festen Vertrag oft für nur einen einzigen Arbeitgeber tätig, der aber keine Sozialabgaben zahlt. Sogar der niederländische öffentliche Dienst greift auf dieses Modell zurück: Viele Lehrer etwa werden inzwischen nicht mehr grundsätzlich fest angestellt, sondern sind auf dem Papier selbständig und damit auch selbst verantwortlich für ihre Arbeitslosenversicherung und Altersvorsorge. Es ist also nicht unwahrscheinlich, dass über kurz oder lang hohe Sozialtransfers auf den Staat zukommen, wenn sich nämlich herausstellt, dass all diese Scheinselbständigen nicht genügend Geld für den Ruhestand angespart haben. Das sorgt für Unmut, denn auch wenn die Arbeitgeber gegenwärtig entlastet werden, müssen später Steuergelder herhalten, um dieses Defizit auszugleichen. Stark in der Kritik ist auch die Restrukturierung der Altenpflege, die mit 25 Prozent Einsparungen einherging und im Januar 2015 den Kommunen übertragen wurde.

Selbst internationale Krisen, die auf den ersten Blick weit weg schienen, reichten plötzlich tief in den niederländischen Alltag hinein. Der Unfall der Passagiermaschine MH17, die im Juli 2014 auf dem Weg von Amsterdam nach Kuala Lumpur über der Ostukraine abgeschossen wurde, führte zu großer Verunsicherung und Angst. Unter den 298 Todesopfern befanden sich knapp 200 Niederländer. Das ganze Land war erschüttert, und die niederländische Regierung übernahm bei der Aufklärung des Unglücks die Federführung.

Ein schwieriges Thema ist zurzeit die Europapolitik. Umfragen zeigen immer wieder, dass eine knappe Mehrheit der Niederländer der EU positiv gegenüber steht – aber es mehren sich die Stimmen, die eine Erweiterung oder Vertiefung der EU ablehnen. Hinzu kommt, dass Abstimmungen zu EU-Themen oft auch dazu dienen, der eigenen Regierung einen Denkzettel zu verpassen. So war es 2005, als die Niederländer die EU-Verfassung ablehnten, und im April 2016, als die Abstimmung über das Assoziierungsabkommen mit der Ukraine negativ ausfiel.

Auch wenn die Skepsis in der Bevölkerung »Brüssel« gegenüber zunimmt: Die niederländische Regierung verfolgt bislang eine pro-europäische Linie. Ihre Haltung ist allerdings etwas zurückhaltender und distanzierter als etwa die der deutschen Regierung. Der Tenor lautet: »So wenig Europa wie möglich, so viel wie nötig.«

Während des EU-Ratsvorsitzes im ersten Halbjahr 2016 machten die Niederländer jedoch eine sehr gute Figur: Zunächst einmal ging man pragmatisch vor, und zwar in jeder Hinsicht. Es gab keinen Prunk, sondern – wenn die bestehenden Gebäude nicht ausreichten – temporäre Zweckbauten, die nach dem Vorsitz problemlos wieder abgebaut werden konnten (aber trotzdem schick aussahen, wie die *Süddeutsche Zeitung* bemerkte). Inhaltlich blieb man auf dem Boden und setzte auf die pragmatische Lösung drängender Probleme.

Und der Weg dahin? Es scheint, als sei die altbewährte Suche nach Konsens und Kompromissen noch nicht ganz passé. Adriaan Schout, Europa-Experte des renommierten Clingendael-Instituts für internationale Beziehungen, beobachtete im März 2016 für die *Volkskrant,* dass Ministerpräsident Mark Rutte oft den größten Teil der Woche damit verbringe, die europäischen Hauptstädte zu »massieren«, und dass niederländische Teams zwischen Ankara, Athen, Paris, Berlin, London und Brüssel hin- und herreisten. Die niederländische Kompetenz und Lösungsorientierung fanden laut Schout allenthalben großes Lob: »Man vertraut den Niederlanden, weil sie für alle Positionen Verständnis zeigen.«

Gerade in festgefahrenen Situationen scheint also die niederländische Methode, erst einmal alle anzuhören und dann eine gemeinsame, an Ausgleich und Kompromiss orientierte, Lösung zu suchen, ein guter Weg zu sein. Bei all den populistischen Misstönen ist dies Balsam für die Seele der überzeugten Europäer, die im Land schließlich immer noch zahlreich vertreten sind.

Migration, Toleranz und der *Zwarte Piet*

Die Niederlande können auf eine lange Tradition von Toleranz, Duldung und Offenheit zurückblicken. Man sieht sich als liberale Gesellschaft, die in der Vergangenheit Verfolgten aus aller Welt Zuflucht geboten hat.

Das Säulenmodell der gesellschaftlichen Segmentierung hatte großen Einfluss auf die Integrationspolitik des 20. Jahrhunderts: Man ging mit den Migranten ähnlich um wie früher mit den Andersgläubigen und gewährte den Zugezogenen große Freiräume.

Heute denken viele Niederländer, dass man die Zugezogenen vielleicht zu wenig beachtet hat und Probleme ausklammerte, um den gesellschaftlichen Konsens nicht in Gefahr zu bringen. Ton Nijhuis etwa stellt fest: »In der Praxis entwickelte sich das Tolerieren häufig zu einem Negieren von Problemen. Die Duldung anderer Lebensformen trug weder zur Integration noch zur Akzeptanz bei.«

Seit der Jahrtausendwende sind es nun die Populisten, die die niederländische Integrationspolitik mit großer Geste als komplett gescheitert bezeichnen. Pim Fortuyn verhöhnte geradezu die »heilige Kuh« des Multikulti, und Geert Wilders bläst jetzt in das gleiche Horn.

Die Stimmung kippte sehr schnell. Inzwischen wird der Islam in der öffentlichen Diskussion des Öfteren als »rückständige Kultur« bezeichnet oder als Bedrohung für die niederländische kulturelle Identität dämonisiert. Muslimen wird die Integrationsfähigkeit zuweilen sogar rundheraus abgesprochen. Populistische Slogans wie »Das Boot ist voll« oder »Genug ist genug« hörte man sehr häufig zu Zeiten der Flüchtlingswellen 2015, und – Ironie der Geschichte – als Reaktion auf die langjährige Duldung von Kleinkriminalität gibt es heute in dem Land, das sich so viel auf seine Toleranz zugutehält, laute Forderungen nach *zero tolerance*.

Sehen wir aber genauer hin und fragen zunächst einmal: Wie viele Menschen mit Migrationshintergrund leben eigentlich in den Niederlanden? Woher kommen sie, und seit wann sind sie da? Zur Begrifflichkeit: In den Niederlanden nennt man die Zugezogenen und deren Nachkommen Allochthone, im Gegensatz zu den Einheimischen, die als Autochthone bezeichnet werden.

Die erste große Einwanderungswelle nach dem Zweiten Weltkrieg erlebten die Niederländer Ende der 1940er und Anfang der 1950er Jahre. 1949 war das heutige Indonesien unabhängig geworden, und ca. 250 000 Zuwanderer kamen in die Niederlande. Sie waren überdurchschnittlich gut ausgebildet und mit der niederländischen Kultur vertraut. Ihre Integration verlief, auch aufgrund der guten Wirtschaftskonjunktur, relativ reibungslos.

In den 1960er Jahren wurden Gastarbeiter aus dem Mittelmeerraum angeworben, vor allem aus der Türkei und aus Marokko. Heute umfasst die türkischstämmige Bevölkerungsgruppe knapp 400 000 und die marokkanische etwa 375 000 Menschen. (Die Zahlen des vorliegenden Abschnitts sind dem Artikel von Kortmann/Wilp in *Die Niederlande. Ein Länderbericht* von 2015 entnommen.)

Mitte der 1970er Jahre, nach der Unabhängigkeit der Kolonie Suriname (an der Nordküste Südamerikas gelegen), emigrierte etwa die Hälfte der dortigen Bevölkerung in die Niederlande. Heute leben knapp 350 000 Surinamer in den Niederlanden, hinzu kommen 150 000 Menschen, die von den Niederländischen Antillen in der Karibik stammen (Aruba, Curaçao, Bonaire, Saba, Sint Eustatius, Sint Maarten).

Insgesamt umfasst die Gruppe nicht-europäischer Allochthoner knapp zwei Millionen Menschen. Das entspricht einem Anteil an der Gesamtbevölkerung von knapp zwölf Prozent. Angesiedelt sind sie überwiegend in den großen Ballungszentren im Westen des Landes: Amsterdam, Rotterdam und Den Haag.

Die Gruppe der europäischen Allochthonen bestand zum gleichen Zeitpunkt aus etwa 1,6 Millionen Menschen (9,5 Prozent der Bevölkerung), darunter rund 370 000 aus Deutschland. Zu dieser Gruppe gehören auch die Flüchtlinge, die Anfang der 1990er Jahre vor dem Jugoslawienkrieg Zuflucht gesucht haben – allein im Jahre 1994 waren dies 50 000 Menschen.

Die Autochthonen, also die alteingesessenen Niederländer, stellen somit einen Bevölkerungsanteil von etwa 79 Prozent. In Deutschland sind die Zahlen ähnlich: Hier lebten 2014 rund 65 Millionen Menschen (80 Prozent der Gesamtbevölkerung) ohne und 16 Millionen mit Migrationshintergrund (20 Prozent der Bevölkerung, elf Prozent mit deutschem und neun Prozent mit ausländischem Pass).

In der Regel sind die europäischen Zuwanderer in den Niederlanden gut integriert. Dies gilt auch für die Menschen vom Balkan, die in der Mehrheit schnell die niederländische Sprache erlernt und eine Arbeit gefunden haben. Als Bevölkerungsgruppen mit den größten Problemen gelten die Marokkaner und die Türken – vor allem, weil die Integration in das niederländische Schulsystem offenbar problematisch ist: Bei beiden Gruppen bleibt ein großer Teil der Jugendlichen ohne Schulabschluss, und das verringert die Möglichkeiten des gesellschaftlichen Aufstiegs.

Eine Reihe von Zuwanderern ist allerdings auch sehr erfolgreich – und zudem sehr sichtbar im öffentlichen Leben: als TV-Moderatoren, als Abgeordnete im Parlament oder in der Kommunalpolitik. Bürgermeister von Rotterdam etwa ist seit 2008 Ahmed Aboutaleb, in Marokko geboren und erst mit 15 Jahren in die Niederlande immigriert. Er besitzt die niederländische und marokkanische Staatsangehörigkeit. Auch Khadija Arib, Mitglied der sozialdemokratischen Partij van de Arbeid (PvdA), ist als Parlamentsvorsitzende, die Parlamentsdebatten moderiert und ständig im Fernsehen auftritt, eine öffentlich sehr sichtbare Marokkanerin. Im Interview mit der *Volkskrant* erklärte sie: »Ich bin die Tochter eines Gastarbeiters. Dass ein Berufsweg wie der meinige möglich ist, zeigt doch, wie gut es hier in den Niederlanden läuft. Ich bin stolz darauf, in einem Land zu leben, dass einem Chancen bietet.«

Ein weiteres Beispiel ist der Rapper und TV-Moderator Ali Bouali, genannt Ali B., den die britische Zeitschrift *Economist* im November 2015 als interessanteste Figur der niederländischen Integrationsdebatte bezeichnete. Nicht ganz zu Unrecht: Ali B. schrieb den Song für die Inthronisierung von König Willem-Alexander 2013, er bringt niederländische Musiker fernsehwirksam mit allochthonen Rappern zusammen – und er reagierte auf Geert Wilders Frage, ob die Menschen weniger Marokkaner wollen, mit der Gegenfrage an sein Publikum, ob es nicht vielleicht weniger Wilders will.

Das lautstarke Klagen versperrt zurzeit oft den Blick auf die erfolgreiche Integration, die das Land in der Vergangenheit geleistet hat. Der Publizist und Niederlande-Experte Bernd Müller konstatierte bereits 2007: »Die Diskussion wird in keiner Weise der großzügigen Aufnahme verfolgter Menschen aus aller Welt und der großartigen Integrationsleistung gerecht, die die Niederlande in ihrer Geschichte vollbracht haben.«

Diese Fehlwahrnehmung hat auch damit zu tun, dass die Migrationsdebatte oft einseitig und unsachlich ist. Matthias Kortmann und Markus Wilp etwa stellen fest, es werde meist völlig außer Acht gelassen, dass viele der Integrationsprobleme eher soziale denn kulturelle Ursachen haben. Sie verweisen darauf, dass sich die Unterschiede in den Zahlen zur Kriminalität von allochthonen und autochthonen Jugendlichen fast aufheben, wenn nur diejenigen Jugendlichen miteinander verglichen werden, bei denen beide Elternteile arbeitslos sind. Das heißt, wenn bei den Jugendlichen mit marokkanischem Hintergrund die Kriminalitätsrate vergleichsweise hoch ist, so liegt das auch daran, dass ihre Eltern keine Arbeit haben.

Auffallend ist auch, dass es in parlamentarischen Debatten, Zeitungs- und Zeitschriftenartikeln und insbesondere in einer endlosen Reihe von Fernsehtalkshows häufig um die provokative Frage geht, ob islamische Kultur überhaupt mit dem Normen- und Wertekanon der westlichen aufgeklärten Welt, insbesondere der niederländischen, vereinbart sei. Da bleibt dann zuweilen jede Nuancierung außen vor. Man hat den Eindruck, dass es hier weniger um das Phänomen der Einwanderung an sich als vielmehr um eine Art Suche nach der niederländischen kulturellen Identität geht.

Diese Identitätssuche ist in den letzten 15 Jahren ein großes Thema in den Niederlanden. Der 2002 bis 2010 amtierende Ministerpräsident Jan Peter Balkenende berief sich immer wieder auf »Normen und Werte«, und 2005/06 wurde ein Kanon der niederländischen Geschichte mit 50 Themen und Epochen entwickelt. »Wenn wir das lernen, haben wir wieder eine gemeinsame Geschichte«, so lautete die allgemeine Hoffnung, wie Wouter Meijer ausführt. In Arnheim sollte sogar ein großes Museum für nationale Geschichte errichtet werden. Doch dann gab man den Plan wieder auf – in erster Linie aus Kostengründen, aber auch, weil die meisten Originale, die dort ausgestellt werden sollten, bereits Publikumsmagneten in Amsterdamer Museen waren und diese ihre guten Stücke nicht hergeben wollten.

Die Sorge um die eigene kulturelle Identität macht es den Populisten natürlich umso leichter, den Islam als identitätsbedrohend hinzustellen. Wie groß die Angst und Verunsicherung in Sachen Identität ist, zeigt sich auch in der Debatte um den *Zwarte Piet*, die seit 2013 landesweit die Gemüter erregt. Traditionell feiert man in den Niederlanden abends am 5. Dezember *Sinterklaas*, in der Bedeutung vergleichbar mit Weihnachten in Deutschland: An diesem Tag trifft sich die Familie und gibt es die Geschenke. Der *Sinterklaas* hat einen Gehilfen, den *Zwarte Piet*, der zunächst eine Art strafender Knecht Ruprecht war, seit Jahrzehnten aber nur noch Süßigkeiten an die Kinder verteilt. Jedes Jahr findet ein feierlicher offizieller Einzug des *Sinterklaas* in die Niederlanden statt, mit Live-Übertragung im Fernsehen, dem sogenannten »Sinterklaasjournaal«.

Inzwischen hat der *Sint* mehrere Gehilfen, also mehrere *Zwarte Pieten*. Das sind in der Regel weiße Niederländer mit schwarz angemalten Gesichtern und Kostümen schwarzer Pagen aus dem 17. Jahrhundert; früher trugen sie oft auch große goldene Ohrringe. Und genau an diesem Outfit entzündete sich der Streit. Eine Aktivistengruppe aus hauptsächlich niederländischen Surinamern und Menschen von den Antillen protestierte gegen das schwarz geschminkte Äußere und die Kostüme – dies erinnere an die Vergangenheit der Sklaverei und wirke diskriminierend.

Diese Ansicht konnten viele Niederländer nicht nachvollziehen. »Das ist doch nicht so gemeint, wir wollen euch doch nicht beleidigen! Stellt euch doch nicht so an, wir haben doch schließlich Gleichberechtigung. Es ist halt unsere Tradition!«, argumentierte das Lager derer, die die Tradition bewahren wollten. Und das waren noch die gemäßigten Reaktionen. Andere hatten überhaupt kein Verständnis, beleidigten die Kritiker und unterstellten ihnen bösen Willen.

Interessant sind die Radikalität der Diskussion und die unversöhnliche Haltung auf beiden Seiten. Die Aktivistengruppe versuchte 2013, eine einstweilige Verfügung zu erreichen und auf diese Weise beim Einzug des *Sinterklaas* die Anwesenheit der *Zwarte Pieten* untersagen zu lassen. Der Streit rief sogar die UNO auf den Plan: Eine Expertengruppe der Vereinten Nationen bezeichnete das Ganze als rassistische Tradition, die aufhören müsse. Das war wiederum eine Steilvorlage für die populistischen Parteien. Sie verglichen die UNO mit der EU, die auch zunehmend über die Köpfe der Menschen hinweg bestimme: »Wieder eine Tradition, die uns genommen wird: erst der Gulden, jetzt der *Zwarte Piet*«, so der Tenor. Wouter Meijer konstatiert: »Auf beiden Seiten haben sich die Positionen verhärtet. Es geht dabei nicht um Sinterklaas, sondern um Rassismus und nationale Identität.« In einer Zeit, die durch die Migrationsdebatte sowieso schon aufgeheizt war, hatte hier offenbar ein Funke genügt, um einen großen Streit entstehen zu lassen.

Inzwischen ist jedoch ein Umdenken zu beobachten, und man findet kreative Lösungen: Die *Pieten* werden einfach in verschiedenen bunten Farben geschminkt.

Seefahrt und Kolonien: Als die Republik eine Weltmacht war

Vielen Deutschen ist nicht bewusst, dass die Niederlande im 17. Jahrhundert die wichtigste Handelsmacht der Welt waren und über mehr Schiffe verfügten als England, Frankreich und Spanien zusammen. In den Niederlanden weiß das jeder, und daher ist gerade die Schifffahrt bis heute ein nationaler Mythos. Das 17. Jahrhundert wird in den Niederlanden auch das »goldene« genannt, *de Gouden Eeuw,* denn es war eine außergewöhnliche Blütezeit von Wirtschaft, Politik, Kunst und Wissenschaft.

Politisch hatten sich die nördlichen Niederlande 1579 vom spanischen Besatzer losgesagt, 1648 wurde die Republik im Rahmen der Verhandlungen des Westfälischen Friedens offiziell von den damaligen Großmächten anerkannt. Basis für die starke Position der Niederlande war die wirtschaftliche Prosperität. Nord- und Ostsee hatten sich zum wichtigsten internationalen Handelsgebiet entwickelt, und die Niederlande spielten eine zentrale Rolle im Welthandel. Durch Bevölkerungswachstum und Urbanisierung hatte in den Niederlanden die Nachfrage nach Massengütern wie Getreide und Holz aus dem Ostseeraum zugenommen. Amsterdam entwickelte sich zu einem wichtigen Zentrum für den Handel mit diesen Waren. Fischerei und Schiffbau stimulierten ihrerseits andere Gewerbezweige, und so wurde Holland sozusagen zur Schiffswerft Europas.

Die Niederländer agierten äußerst innovativ, es gab damals bereits eine starke Differenzierung und regionale Spezifizierung der Wirtschaft: Windmühlen lieferten billige Energie für die Sägewerke, aber auch für andere Gewerbezweige. Mit Hilfe der Mühlen wurden ölhaltige Saaten gepresst, Getreide gemahlen, Hanf geklopft oder Papierbrei für den Druck von Büchern und Zeitungen hergestellt. Die Zaan-Region im Nordwesten Amsterdams entwickelte sich über den Schiffbau hinaus zum wichtigsten Industriegebiet Europas.

Auch im Überseehandel waren die Niederlande führend. 1602 wurde die Ostindien-Kompanie gegründet, auf Niederländisch Vereenigde Oostindische Compagnie, abgekürzt VOC, 1621 die Westindien-Kompanie, abgekürzt WIC. Diese Abkürzungen kennt in den Niederlanden jedes Kind.

Die VOC hatte das Monopol für den niederländischen Handel in Asien, mit Ostindien war das heutige Indonesien gemeint.

Sie war eine halbstaatliche Organisation mit militärischen und gesetzgeberischen Befugnissen und einer enormen finanziellen Ausstattung.

Das lag unter anderem an der bemerkenswerten Organisationsform der VOC: Sie war der erste multinationale Konzern der Welt und finanzierte sich, ebenfalls ein Novum in der Wirtschaftsgeschichte, über die Ausgabe von Aktien. So kam eine große Investitionssumme zusammen, und das geschäftliche Risiko konnte auf viele Schultern verteilt werden. Wenn einmal ein Schiff mit Waren unterging – was häufiger vorkam – bedeutete das also nicht gleich den finanziellen Ruin desjenigen, der die Ladung vorfinanziert hatte.

Gegründet worden war die VOC von niederländischen Kaufleuten, um die gegenseitige Konkurrenz auszuschalten. Auf eine solche Idee muss man erst einmal kommen und sie dann auch noch erfolgreich umsetzen: Das gegenseitige Misstrauen überwinden, sich zusammentun und das Ganze dann so überzeugend bewerben, dass auch andere ihr Geld mit der Aussicht auf eine gute Rendite investieren wollen. Dazu brauchte es ein liberales wirtschaftliches und geistiges Klima – und das war im Amsterdam des 17. Jahrhunderts gegeben.

Man muss sich diese Stadt als großen Schmelztiegel vorstellen. Hier trafen Einwanderer aus den südlichen Niederlanden, oft gut ausgebildete Handwerker und Kaufleute, auf sephardische Juden aus Portugal und französische Hugenotten; hinzu kamen Arbeitsmigranten aus den vom Dreißigjährigen Krieg zerstörten deutschen Gebieten. Alle brachten ihr Wissen und ihre Fertigkeiten mit – und alle trugen ihren Teil zum Erfolg bei. Zudem sammelten sich ein enormes Wissen über die internationalen Märkte und ein großes Netzwerk an Kontakten an, auch dies eine wichtige Grundlage für den Erfolg. Man war also nicht nur weltoffen, sondern auch welterfahren.

Protestanten verschiedener Ausrichtung, Juden, Katholiken, Muslime – es herrschte ein tolerantes Nebeneinander. Duldung und Toleranz hatten in den Niederlanden immer pragmatische Gründe: Dominierende Religion war der Calvinismus, aber jedem war klar, welch zentrale Rolle gerade Juden und Katholiken für den Handel spielten. Man fand Lösungen, mit denen alle leben konnten. Die Katholiken etwa durften ihren Glauben zwar nicht öffentlich leben und mussten versteckte Kirchen nutzen – aber jeder wusste Bescheid, und sie waren zumindest geduldet.

Von dem liberalen Klima profitierten auch Künstler, Schriftsteller und Philosophen, die ihrerseits halfen, die Grundlagen für weltweiten Handel und Kultur zu schaffen. So auch der Gelehrte Hugo Grotius, der als Vater des Völkerrechts gilt und 1609 mit seiner Schrift *De mare libero* eine Art wissenschaftliche Begründung für die Freiheit der Meere lieferte (und damit des für die Niederlande so wichtigen Seehandels). Dem lag die Vorstellung zugrunde, dass die Meere – ihrer Natur nach herrschaftsfrei – Handelsstraßen sind. Es ist kein Zufall, dass gerade ein Niederländer eine solche Schrift verfasste.

Auch Kunst und Malerei prosperierten. Denn nun gab es eine Ober- und sogar eine Mittelschicht, die es sich leisten konnten, Gemälde zu erwerben. Gerade erst war der Gedanke aufgekommen, sich individuell porträtieren zu lassen und damit die eigene Bedeutung für die Nachwelt festzuhalten. Eine Reihe von Malerateliers, etwa das von Rembrandt, bediente diesen Markt.

Im 17. Jahrhundert entstanden in Amsterdam die halbkreisförmigen Grachten mit den eingangs beschriebenen prächtigen Häusern. Prägend für das architektonische Gesicht der Republik waren die reichen Kaufleute mit ihren bis heute zu bewundernden klassizistischen Bauwerken. Die Stadt beeindruckte allerdings nicht nur durch repräsentative Gebäude, sondern auch durch Vorzüge, die allen Einwohnern zugutekamen, wie geordnete Straßenverhältnisse, Bäume an den Grachten sowie Brücken in regelmäßigen Abständen. Hinzu kam eine Reihe von sozialen Einrichtungen, mit denen auch für weniger wohlhabende Bürger gesorgt wurde, wie Waisenhäuser oder Altenheime.

Über die ganze Welt verstreut hatten die VOC und die WIC Handelsposten errichtet, ja, sie gründeten sogar einige Städte, die man bis heute kennt. An der Ostküste Nordamerikas handelten sie den dortigen Ureinwohnern für ganze 60 Gulden eine Insel mit dem Namen Manna-Hata ab und errichteten hier die Stadt Nieuw-Amsterdam. Dicht daneben entstanden Breukelen und Nieuw-Haarlem – heute besser bekannt als New York mit den Ortsteilen Manhattan, Brooklyn und Harlem. Die Niederländer gründeten Kapstadt an der Südspitze Afrikas, Colombo in Sri Lanka und Batavia, das heutige Jakarta, in Indonesien. Außerdem hatten sie mehrere Handelsposten in Südamerika, an der afrikanischen Goldküste, in Taiwan, Malaysia und Japan.

Später erfolgten in einigen Gebieten die Ausweitung der Handelsposten und die Kolonialisierung größerer Regionen, etwa in Sri Lanka, Indonesien und Südafrika (hier war das Gebiet zwar klein und musste 1806 an Großbritannien abgetreten werden, aber die bis heute gesprochene Landessprache Afrikaans basiert auf dem früheren Niederländisch). Einige ihrer Handelsposten gaben die Niederländer jedoch bald wieder ab. So fiel etwa Nieuw-Amsterdam bereits 1664 an die Briten, die Niederländer erhielten im Tausch dafür Suriname an der Nordküste Südamerikas.

Der Historiker Friso Wielenga weist allerdings darauf hin, dass der Anteil des Kolonialhandels am gesamten Handelsvolumen der Republik zwischen 1640 und 1700 nur etwa sechs bis zehn Prozent betrug. Haupteinnahmequelle waren der Ostseehandel, sprich: der Handel mit Holz und Hering, sowie die Industrie in der Region Amsterdam.

Alles stand damals unter dem Primat von Handel und Gewinn, und den Regierenden war klar, dass sich die dafür nötigen Ideen am besten in einem Klima des freien Austauschs entwickeln. Ein solch liberales Arbeits- und Denkklima war in Europa die Ausnahme. Und so wurde Amsterdam zum sicheren Hafen auch für Philosophen, die so fortschrittlich waren, die Menschen dazu aufzufordern, selbst zu denken und ihr Wissen und ihre Normen nicht ausschließlich aus der Bibel abzuleiten. René Descartes und Baruch de Spinoza legten mit dieser Grundauffassung die Basis für die empirischen Wissenschaften. Spinoza wagte sogar zu behaupten, es müsse in einem freien Staatswesen jedem Menschen freistehen zu denken, was er wolle, und auch zu sagen, was er denke.

Der britische Historiker Jonathan Israel legt dar, dass die europäische Aufklärung im 17. Jahrhundert in Amsterdam begann und den Weg für die französische und deutsche Aufklärung im 18. Jahrhundert bahnte. Auch die Wurzeln des wirtschaftlichen und sozialen Liberalismus liegen in Amsterdam, so der US-amerikanische Historiker Russel Shorto. Dabei bezieht sich Shorto auf Toleranz, Marktwirtschaft und die pragmatische demokratische Verwaltung. Er geht sogar so weit zu behaupten, dass keine Stadt so großen Einfluss auf die moderne Welt hatte wie Amsterdam und kein Unternehmen so große Bedeutung wie die VOC.

Tatsächlich kann man die Errungenschaften des 17. Jahrhunderts als das Herzstück der niederländischen kulturellen Identität bezeichnen. Bis heute spielen diese Werte, die sich im 17. Jahrhundert als erfolgreich erwiesen haben, eine große Rolle: Flexibilität statt perfektionistische Planung, denn man musste schnell reagieren können. Personenorientierung und Menschenkenntnis waren damals überlebenswichtig, um einschätzen zu können, ob ein Geschäftspartner vertrauenswürdig ist. Überdies agierte man pragmatisch und ergebnisorientiert: Gesetzgebung und Gestaltung von Vorschriften wurden als technische und praktische Angelegenheit aufgefasst, nicht als in Stein gemeißeltes Prinzip. Teamgeist und Mitspracherecht haben sich bewährt, alle durften und sollten mitdenken. Auch die relativ große Risikobereitschaft hat sich mehr als ausgezahlt. Mit diesen Werten und Fähigkeiten ist das Land groß geworden, sie prägen daher bis heute die niederländische Mentalität und Geschäftskultur.

Es gibt in den Niederlanden eine weit verbreitete Grundhaltung, stolz zu sein auf die Erfolge des 17. Jahrhunderts. Das Land verfügte schließlich kaum über Rohstoffe, ja, es war durch seine Lage am Wasser sogar enorm gefährdet – die niederländischen Pioniere haben sozusagen aus Nichts etwas gemacht. Abenteuer und Leistungen der Seefahrer sind daher Thema zahlreicher niederländischer Jugendbücher, am bekanntesten wohl *Der kleine Kapitän* von Paul Biegel oder *Kapitän Bontekoes Schiffsjungen* von Johan Fabricius. Man darf allerdings nicht vergessen, dass die Besatzungen der VOC-Schiffe zum Teil auch einfach aus armen Schluckern bestanden, die sonst keine Arbeit fanden.

Als der christdemokratische Premierminister Balkenende im September 2006 im Parlament die zupackende »VOC-Mentalität« beschwor, die sein Land sich wieder zu eigen machen müsse, appellierte er damit an Eigenschaften wie Unternehmergeist, Mut, Eigeninitiative, Pragmatismus, Ideenreichtum, Risikobereitschaft. Allerdings wurde er für diese Aufforderung sehr gescholten, denn die VOC war eben auch Teil des nicht gerade zimperlichen Kolonialsystems.

In der Tat bezogen sich Toleranz und Gleichheitsdenken nicht auf alle Menschen. Die WIC war für fünf Prozent des weltweiten Sklavenhandels verantwortlich, das sind 600 000 Menschen. Das riesige Indonesien wurde im 19. Jahrhundert vollständig unterworfen, um die dortigen Rohstoffressourcen und Arbeitskräfte auszubeuten. In dieser Zeit waren die Gewinne sehr groß, und der Anteil der Einkünfte aus dieser Kolonie an den gesamten niederländischen Staatseinnahmen lag zwischen 1830 und 1870 bei 30 bis 55 Prozent. Das Kolonialsystem in Indonesien wird eindrücklich in einem der bekanntesten niederländischen Romane beschrieben: dem *Max Havelaar* von Eduard Douwes Dekker, verfasst unter dem Pseudonym Multatuli (lat. für: »ich habe viel getragen/erlitten«).

Der Zweite Weltkrieg bedeutete das Ende für die niederländische Kolonialherrschaft. Als Japan Niederländisch-Ostindien 1941 besetzte, wurden niederländische Frauen und Kinder jahrelang in Lagern interniert, die Männer mussten Zwangsarbeit leisten. Während des Kriegs erstarkte die indonesische Unabhängigkeitsbewegung, nach Kriegsende kam es zu blutigen Auseinandersetzungen mit der niederländischen Kolonialmacht. Etwa 220 000 niederländische Soldaten kämpften hier. Nach mehreren Jahren Krieg erlangte Indonesien 1949 die Unabhängigkeit. Die niederländischen Tee- und Kaffeebauern wurden enteignet und kehrten mit ihren Familien in ein Heimatland zurück, das sie teilweise noch nie gesehen hatten und das sie recht kühl empfing.

Die Erinnerung an die koloniale Vergangenheit ist bis heute ein sensibles Thema, denn hier treffen Stolz und Schuldbewusstsein aufeinander. In Umfragen wird regelmäßig deutlich, dass vor allem der Sklavenhandel eine späte Scham auslöst. Seit 2002 gibt es in Amsterdam ein Denkmal zur Erinnerung an die Sklaverei, und die Zahl solcher Erinnerungsorte an die koloniale Vergangenheit nimmt stetig zu. Eine Million der gegenwärtigen Einwohner hat koloniale Wurzeln.

Niederländische Literatur

Einer von ihnen ist Thé Tjong-Khing, ein auch in Deutschland populärer Zeichner und Kinderbuchautor (*Die Torte ist weg*). Tjong-Khing hat chinesische Eltern und wurde 1933 im heutigen Indonesien geboren. 1956 ging er zum Studium in die Niederlande, wo er mit mehreren renommierten Kinderbuchpreisen ausgezeichnet wurde. Damit steht er für zwei Phänomene, die kennzeichnend sind für die niederländische Literaturszene: den erfolgreichen Kinder- und Jugendbuchbereich, der durch hoch dotierte Preise gefördert und dessen Werke mit großem Erfolg ins Ausland exportiert werden, sowie die sogenannte Migrantenliteratur.

Ein auch in Deutschland gern gelesenes aktuelles Kinderbuch ist etwa *Das Mäusehaus* von Karina Schaapman, mit Geschichten über die Mäuse Sam und Julia, die in einem von der Autorin selbst gebastelten und für das Buch fotografierten Puppenhaus leben. In Miniaturform gibt es hier über 100 verschiedene Zimmer zu bewundern, mit kleinen Möbeln, vollständig eingerichteten Läden und natürlich vielen anderen Mäusen. Bereits seit den 1960er Jahren bekannt sind die Kinderbuchautorin Annie M. G. Schmidt und ihre Illustratorin Fiep Westendorp, etwa mit ihren Geschichten um *Pluck mit dem Kranwagen*.

Die Zeichnerin Charlotte Dematons ist eigentlich Französin, lebt aber seit 30 Jahren in den Niederlanden und war zuletzt sehr erfolgreich mit ihrem auch in Deutschland publizierten Bilderbuch *Die Niederlande* – eine Art Wimmelbuch, das mit viel Liebe zum Detail ihre Wahlheimat zeigt: von Amsterdam bis Zeeland, vom Abschlussdeich bis zum Freilichtmuseum Zaanse Schans und von Anne Frank bis *Zwarte Piet*. Dass niederländischsprachige Kinderbücher in Deutschland sehr präsent sind, zeigte sich auch beim »internationalen literaturfestival berlin« für Kinder- und Jugendliteratur, auf dem 2016 wie bereits im Jahr zuvor überdurchschnittlich viele Niederländer und Flamen vertreten waren.

Diese Popularität gilt auch im Bereich der Erwachsenenliteratur – niederländische Literatur ist generell in Deutschland sehr erfolgreich. Das war ganz aktuell wieder auf der Frankfurter Buchmesse zu erleben, die 2016 den Schwerpunkt Niederlande/ Flandern hatte und mit der Rekordzahl von über 450 Neuerscheinungen aufwarten konnte. Zu den niederländischen Autoren, die sich seit Jahren in Deutschland gut verkaufen, zählen Cees Nooteboom, Harry Mulisch, Connie Palmen, Margriet de Moor, Leon de Winter oder Maarten 't Hart. In Deutschland weniger bekannt, in den Niederlanden dafür umso mehr, sind Gerard Reve und Willem Frederik Hermans, die ihre Hauptwerke bereits in den 1960er Jahren schrieben. Hermans ist berühmt für seinen auch heute noch lesenswerten Roman *Die Dunkelkammer des Damokles*, der im Zweiten Weltkrieg spielt.

Einen ganz speziellen Einblick in einen ganz speziellen niederländischen Arbeitsalltag bietet J. J. Voskuils Romanzyklus mit dem Titel *Das Büro* – in den Niederlanden mit über 500 000 verkauften Exemplaren ein absoluter Bestseller und inzwischen so gut ins Deutsche übersetzt, dass die Lakonie und der trockene Humor dieses Werks auch den deutschsprachigen Leser unterhalten. Die Handlung spielt in einem Amsterdamer Institut für Volkskunde und beschreibt mit viel Sinn für absurde Details die Skurrilitäten der Wissenschaftler und ihrer Arbeit.

Ein äußerst interessanter Autor ist auch Gerbrand Bakker. Er debütierte erst mit Mitte vierzig, und das Manuskript für seinen Roman *Oben ist es still* wurde zunächst von mehreren Verlagen abgewiesen. In dem gemächlich erzählten Werk geht es um eine Vater-Sohn-Beziehung und das Ringen des Protagonisten mit seiner Vergangenheit. Kurz nach der Veröffentlichung 2006 wurde der Roman, wie zur Entschädigung, mit dem hoch dotierten IMPAC Dublin Literary Award ausgezeichnet, mittlerweile ist er in 35 Sprachen übersetzt und in rund 20 Ländern veröffentlicht.

Ebenso wie andere postkoloniale Nationen kennen auch die Niederländer das Phänomen der sogenannten Migrantenliteratur. Romane wie *Der Weg nach Norden* von Naima El Bezaz oder *Hochzeit am Meer* von Abdelkader Benali verarbeiten aus der Perspektive der zweiten Zuwanderergeneration niederländische und marokkanische Lebenswelten, wobei insbesondere Benali politisch ganz unkorrekt über die Migrantenkultur spottet. Ein geborener Erzähler ist der Iraner Kader Abdolah, der inzwischen eine Reihe erfolgreicher Romane auf Niederländisch publizierte, obwohl er bei seiner Ankunft in den Niederlanden bereits 33 Jahre alt war. Herausragend etwa sein halbautobiografisches Werk *Das Haus an der Moschee* – eine fesselnde Beschreibung seines Heimatlandes und seiner Familie zur Zeit der islamischen Revolution. Abdolah ist in den Niederlanden ein sehr präsenter Intellektueller, etwa als Kolumnist für verschiedene Zeitungen und Zeitschriften oder als Gast in Talkshows.

Das Thema des Kolonialismus und des Alltags der Niederländer in der Kolonie Niederländisch-Ostindien hat nicht nur durch Multatuli, sondern auch durch andere Autoren Eingang in die niederländische Literatur gefunden. Louis Couperus etwa, der manchmal als der niederländische Thomas Mann bezeichnet wird, beschreibt in *Die stille Kraft* das Leben auf Java während der Kolonialzeit – der Roman wurde kürzlich für das Theater adaptiert und während der Ruhrtriennale 2015 in der Inszenierung des Belgiers Ivo van Hove als große Entdeckung gefeiert.

Sehr populär ist in den Niederlanden auch die Autorin Hella Serafia Haasse, die bereits 1945 debütierte und noch 2002 mit ihrem Roman *Das indonesische Geheimnis* hohe Auflagen erzielte. Die koloniale Vergangenheit der Niederlande spiegelt sich somit in der Literatur sehr deutlich wieder, und die Literatur bietet ein gutes Forum für den Austausch über verschiedene Lebenswelten.

Kunst, Architektur, Design, TV

Kunst und Kapital waren in den Niederlanden nie ein Widerspruch, ganz im Gegenteil: Wer etwa im 17. Jahrhundert wirtschaftlich erfolgreich war, konnte sich Gemälde leisten. Künstler fertigten Auftragsarbeiten wie Porträts an – Kunst war von Interesse, bereits damals zeigten die Bürger sich gegenseitig ihre neuesten Erwerbungen. Die niederländische Kunst des 17. Jahrhunderts genoss international hohes Ansehen, viele Maler aus dem Ausland kamen zur Ausbildung hierher.

In den Niederlanden ging man überwiegend pragmatisch mit der Kunst um, und auch im 18. Jahrhundert gab es innerhalb der Künstlerkreise viel weniger als in Deutschland das romantische Ideal des armen Künstlers, der von allen verkannt in seiner zugigen Dachkammer sitzt und prinzipientreu vor sich hin arbeitet.

Dass Kunst in Vergangenheit und Gegenwart eine wichtige Rolle einnimmt, zeigt sich an den zahlreichen Museen im Land.

Von den Glanzzeiten des 17. Jahrhunderts etwa zeugt das Rijksmuseum in Amsterdam, von der großen Rolle der modernen Kunst das nicht weit entfernt liegende Stedelijk Museum oder das Den Haager Gemeentemuseum. Es gibt eine Reihe von niederländischen Künstlern, die über Grenzen hinweg Berühmtheit erlangten – von Rembrandt (1606–1669) über Vincent van Gogh (1853–1890) bis hin zu Piet Mondrian (nl. Mondriaan, 1872–1944), der mit seinen abstrakten Gemälden auch international zu einer Art Symbol für die Moderne wurde.

Charakteristisch für Mondrian sind seine geraden schwarzen Linien und die so entstehenden rechtwinkligen Flächen, häufig ausgemalt in den Grundfarben Blau, Gelb und Rot. Die einfachen Formen wirkten damals revolutionär, sein Werk wird als richtungsweisend für die abstrakte Malerei des 20. Jahrhunderts gesehen. Zusammen mit dem Künstler Theo van Doesburg und dem Architekten J. J. P. Oud gründete Mondrian 1917 die Künstlervereinigung *De Stijl*, die ihre innovativen Ideen in der gleichnamigen Zeitschrift publizierte. Oud war von 1918 bis 1933 Stadtbaumeister in Rotterdam. Durch die modernen Wohnanlagen und Siedlungen, die er in den Zwanzigerjahren dort errichtete, wurde er weltweit einer der bekanntesten Vertreter des sogenannten Internationalen Stils. Oud ist auch in Deutschland kein Unbekannter: Er entwarf einige der modernen Reihenhäuser der Stuttgarter Weißenhof-Siedlung, gebaut ab 1927 unter der Leitung des Architekten Ludwig Mies van der Rohe (der trotz seines niederländisch klingenden Namens ein Deutscher war, allerdings im grenznahen Aachen geboren).

Auch heutzutage sorgen niederländische Architekten über die Grenzen hinweg für Aufsehen, etwa Rem Kohlhaas (geb. 1944), der 1975 das Architekturbüro Office for Metropolitan Architecture (OMA) gründete. Berühmte Gebäude sind die 1992 fertig gestellte Kunsthal Rotterdam, die niederländische Botschaft in Berlin (2002) oder der von Ole Scheeren für OMA entworfene riesige Bogen für das chinesische Staatsfernsehen in Peking (2009). Ein typisches Merkmal dieser Bauten ist ihre collagenartige und oft beinahe labyrinthische Konzeption. Für Aufsehen sorgten auch die 2013 fertig gestellten Hochhäuser De Rotterdam, drei miteinander verbundene Türme von 151 Metern Höhe, mit 44 Stockwerken und 160 000 Quadratmetern Fläche – für Wohnungen, Läden und Büroräume. Von einem »Manhattan an der Maas« ist inzwischen oft die Rede, denn die neuen Türme gesellen sich sozusagen zu den schon vorhandenen der Stadt Rotterdam.

Auch im Bereich des Modedesigns sind viele Niederländer weltweit erfolgreich, etwa der Modeschöpfer Frans Molenaar (1940–2015), der mit 19 Jahren nach Paris ging und dort für Guy Laroche und Nina Ricci arbeitete. Inzwischen gibt es zudem eine ganze Reihe erfolgreicher niederländischer Modelabels, darunter G-Star, Mexx und Oilily, oder im Premiumbereich Denham und Floris van Bommel. Ein erfolgreicher niederländischer Designer ist auch Adrian van Hooydonk (geb. 1964), der als Leiter BMW Group Design einem internationalen Team von rund 700 Personen vorsteht. Er verantwortet Rolls-Royce, MINI und Designworks. Gerade im Bereich Design zeigt sich, dass viele Niederländer offenbar ein gutes Gespür für den Publikumsgeschmack haben, das Talent für die Verbindung von Kunst und Kommerz ist also auch hier sichtbar.

Dies gilt ebenso für einen ganz anderen Bereich, nämlich für erfolgreiche Fernsehformate und Moderatoren. Lou van Burg, Harry Wijnvoord, Rudi Carrell, Marijke Amado, Linda de Mol – sie alle wurden in Deutschland populär durch ihren fröhlichen Charme, ihre Schlagfertigkeit und nicht zuletzt durch ihren als so liebenswerten erfahrenen niederländischen Akzent. Man munkelt ja, diese Leute hätten alle akzentfrei Deutsch gesprochen, aber sie seien schließlich nicht so dumm gewesen, ihr Markenzeichen aufzugeben. Inzwischen werden sie allerdings seltener, was auch daran liegt, dass viele deutsche Sender nicht mehr selbst produzieren und vor allem mehr auf ihre eigenen Stars setzen. »Lieber ein Holländer im Fernsehen als 100 000 auf der Autobahn«, dieser alte Leitsatz von Rudi Carrell gehört nun wohl langsam der Vergangenheit an.

Präsent in Deutschland sind die Niederländer trotzdem, und Geld verdienen sie auch: Etwa mit den zahlreichen Formaten des Endemol-Konzerns, der verantwortlich ist für »Wer wird Millionär?«, »Big Brother«, »Traumhochzeit«, »Nur die Liebe zählt« oder »Bauer sucht Frau«. Endemol, 1994 entstanden durch die Fusion der Produktionsunternehmen Van den Ende Produkties B.V. des Niederländers Joop van den Ende und De Mol Produkties B.V. von John de Mol, dem Bruder von Linda de Mol, ist inzwischen der zweitgrößte Fernsehproduzent der Welt. Auch hier gilt: Man hat einen guten Blick für das, was die Zuschauer wollen, und diese Volksnähe zahlt sich aus.

Oranje boven – das Königshaus

Volksnähe ist kennzeichnend selbst für das niederländische Königshaus. Wilhelm von Oranien (1533–1584) spielte eine entscheidende Rolle im Kampf gegen die spanischen Herrscher, und man sieht die niederländischen Monarchen traditionell als Garanten für Glaubensfreiheit und politische Unabhängigkeit.

Die 1648 gegründete Republik der Niederlande hatte zunächst Statthalter als Regenten, das Königreich der Niederlande seit 1815 einen König. Die Fürstenfamilie ist die gleiche geblieben, das Haus Oranien-Nassau. Markenzeichen ist die Farbe Orange, die auch im Ausland mit den Niederlanden assoziiert wird – wenn etwa bei Fußballspielen die niederländischen Fans ganz in Orange gekleidet sind. Historisch liegt das daran, dass der erste, übrigens im hessischen Dillenburg geborene Statthalter der Republik, Wilhelm von Oranien, auch Fürst des südfranzösischen Orange war. Oranje boven heißt so viel wie »Orange oben« oder, im übertragenen Sinne, etwa bei Fußballspielen: »Orange soll gewinnen!«.

Vom niederländischen Königshaus wird auch heute noch erwartet, dass es sich volksnah präsentiert, und das heißt konkret: Freundlich sein, Fahrrad fahren und Schlittschuh laufen – eben die Dinge, die normale Niederländer auch tun. Als bekannt wurde, dass Prinz Willem-Alexander seiner Máxima den Heiratsantrag beim Schlittschuhlaufen unterbreitet hatte, war klar, dass diese Frau nicht ganz falsch sein konnte. Wegen der Rolle von Máximas Vater als Minister der argentinischen Militärdiktatur in den späten 1970er Jahren war die Verbindung allerdings zunächst umstritten.

Bemerkenswert ist, dass die Niederlande bis 2013, als König Willem-Alexander inthronisiert wurde, 123 Jahre lang von Königinnen regiert wurde: Emma, Wilhelmina, Juliana und Beatrix. Und noch bemerkenswerter ist vielleicht, dass Regentin Emma, die nach dem Tod des Königs die Regierungsgeschäfte so lange führte, bis ihre Tochter Wilhelmina diese übernehmen konnte, eine Deutsche war und dass die drei folgenden Königinnen alle einen deutschen Ehemann hatten.

Königin Beatrix etwa vermählte sich 1966 mit Claus von Amsberg, einem deutschen Diplomaten. Nur 21 Jahre nach dem Ende des Zweiten Weltkriegs sorgte das für einigen Protest in der Bevölkerung. Die Hochzeit fiel allerdings in eine Zeit, in der Proteste gegen Staatsgewalt und Obrigkeit an der Tagesordnung waren, und sie bezogen sich nicht nur auf die deutsche Nationalität des Prinzgemahls.

Die anfänglichen Vorbehalte gegen Claus verflüchtigten sich schnell. Er nahm die niederländische Staatsangehörigkeit an, lernte Niederländisch und wurde sogar zum beliebtesten Mitglied des Königshauses – denn er hatte begriffen, worauf es ankam: Bescheidenheit und Selbstironie. Das zeigte sich etwa, als er öffentlich kundtat: »Mir ist klar, dass ich sehr ernst und langweilig wirke. Damit muss ich leben.« Einmal sorgte er dann aber doch für richtiggehende Heiterkeit, als er während der Verleihung des Prinz-Claus-Preises im Jahre 1998 mitten im Vortrag die Krawatte abnahm und mit großer Geste von sich warf – als Referenz an sein unter anderem afrikanisches Publikum, das andere Kleidungskulturen gewöhnt war.

Am 27. April feiern die Niederländer den Geburtstag des Königs mit dem *Koningsdag*, dann ist das ganze Land ein Meer von Orange. Generell stehen die meisten Niederländer der Monarchie wohlwollend bis gelassen gegenüber, König Willem-Alexander und seine Frau Máxima sind ein beliebtes Königspaar ohne größere Skandale. Und sie haben drei Töchter – das heißt, irgendwann bekommen die Niederländer wieder eine Königin.

Niederländische Spuren in Berlin

Weniger bekannt als der Hang niederländischer Königinnen zu deutschen Ehemännern ist, dass es auch einen umgekehrten Austausch gab: niederländische Prinzessinnen für Preußen! Der spätere Große Kurfürst Friedrich Wilhelm von Brandenburg (1620–1688) wurde von seinen Eltern nach Holland geschickt, um in Leiden zu studieren und am Hof des Regenten Frederik Hendrik zu lernen. 1646 vermählte er sich mit dessen Tochter Louise Henriette, die er bald darauf nach Berlin holte.

Zu ihren Ehren wurde der Ort Bötzow nördlich von Berlin in Oranienburg umbenannt, die durch Berlin-Mitte verlaufende Oranienburger Straße zeugt noch heute davon. Das gilt auch für die Oranienstraße in Kreuzberg oder den dortigen Moritzplatz, der nach Maurits benannt ist, damals Gouverneur des Herzogtums Kleve am Niederrhein und Großneffe Wilhelms von Oranien. Die drei Schwestern Louise Henriettes heirateten übrigens auch alle einen deutschen Fürsten.

Und diese Louise Henriette tat etwas für ihre neue Heimat: Sie errichtete in Oranienburg einen Musterbauernhof, und sie war es auch, die in Brandenburg den Anbau von Kartoffeln und Gurken einführte. Das heißt: Ohne die Niederländer gäbe es heute keine

Spreewaldgurken! Landwirtschaftliche Kenntnisse waren damals bitter nötig. Der Dreißigjährige Krieg hatte das Gebiet entvölkert, 1648 lebten im gesamten Fürstentum Brandenburg nicht mehr als 6000 Einwohner. Friedrich Wilhelm brauchte daher dringend mehr Untertanen, und so holte er Hugenotten, Böhmen, Mähren, Wiener Juden – und eben auch Niederländer – ins Land. Interessiert war der Kurfürst insbesondere am niederländischen Wissen in den Bereichen Architektur, Landwirtschaft und vor allem Wasserbau, denn er wollte die brandenburgischen Sümpfe trockenlegen.

Der Fürst hatte ferner einen niederländischen Leibarzt, und ein Niederländer war es auch, der um 1650 den ersten Stadtplan von Berlin anfertigte, um alsdann neue Festungsanlagen zu planen: Johann Gregor Memhardt, 1607 in Linz an der Donau geboren, 1622 mit seiner Familie nach Holland emigriert, ab 1650 in Berlin tätig. Bis heute ist der Verlauf dieser alten Festungsanlagen in Berlin sichtbar, unter anderem durch die Strecke der S-Bahn, die zwischen den Stationen Alexanderplatz und Hackescher Markt einen kleinen Bogen macht und quasi auf der alten Festungsanlage fährt. Dies gilt auch für die U2, deren Strecke zwischen Alexanderplatz und Spittelmarkt exakt dem Verlauf der alten Festungsmauer folgt.

Der Einfluss der Niederländer ging so weit, dass sie den Kurfürsten davon überzeugen konnten, sich eine eigene Flotte zuzulegen – obwohl Brandenburg ja nicht gerade für seine Meereszugänge bekannt ist. Aber das war kein Nachteil, dann ging es eben über die Flüsse. Der Niederländer Benjamin Raule wurde 1677 Generaldirektor der brandenburgischen Marine. Sogar eine eigene Kolonie wurde gegründet: die Festung Großfriedrichsburg im Westen Afrikas, auf der Höhe des heutigen Guinea. Außerdem gab es eine Afrikanische Kompanie, alles ganz nach niederländischem Vorbild. 1711 war jedoch Schluss mit dem unrentablen Unternehmen, und man verkaufte Flotte und koloniale Besitztümer. An wen wohl? An die niederländische WIC natürlich.

Deutschland ist toll: Wie die Niederländer von Kritikern zu Fans wurden

Bis in die 1990er Jahre war das deutsch-niederländische Verhältnis überschattet vom Zweiten Weltkrieg. 1940 hatte Deutschland das neutrale Nachbarland überfallen, und die Gräuel der Besatzungszeit haben sich tief ins kollektive Gedächtnis eingeprägt. Die wirtschaftlichen und politischen Beziehungen waren zwar schon kurz nach dem Krieg wieder sehr eng, der Blick auf Deutschland in der Öffentlichkeit und den Medien blieb jedoch lange ambivalent: Man fuhr zwar nach Deutschland in Urlaub und schaute deutsche Krimiserien im Fernsehen (»Derrick« zum Beispiel war richtiggehend berühmt in den Niederlanden), gleichzeitig jedoch gehörte es sozusagen zum guten Ton, sich abfällig über Deutschland und die Deutschen zu äußern.

Umfragen zeigten Anfang der 1990er Jahre, dass viele Niederländer ihre östlichen Nachbarn immer noch für dominant und aggressiv hielten. In Folge der Brandanschläge auf ein Asylbewerberheim in Solingen hatten 1993 sogar über eine Million Niederländer eine vorgedruckte Postkarte an den deutschen Bundeskanzler geschickt, mit der Aufschrift: »Ik ben woedend.« (Ich bin wütend.) Die Deutschen ihrerseits nahmen die Niederlande überwiegend kaum zur Kenntnis.

Dieses Bild hat sich unterdessen in sein Gegenteil verkehrt. Heute schreiben die Niederländer den Deutschen ganz überwiegend positive Eigenschaften zu, ja, die Deutschen landen in Umfragen nach den beliebtesten Völkern inzwischen regelmäßig auf dem ersten Platz. Dieser Meinungswandel hat mehrere Gründe. Die Regierungen beider Länder waren sich Mitte der 1990er Jahre einig, dass sich etwas an der gegenseitigen Wahrnehmung ändern müsse, und beschlossen einen ganzen Katalog von Maßnahmen. In der Folge gab es Staatsbesuche in beide Richtungen – und, um das Bild in den Medien zu verbessern, seit 1996 einen jährlich stattfindenden deutsch-niederländischen Journalistenaustausch.

Es wurde ein umfangreiches Bildungs- und Hochschulprogramm aufgelegt, in dessen Rahmen in den Niederlanden drei Deutschland-Institute gegründet wurden und in Deutschland das Zentrum für Niederlande-Studien. Ein weiterer Mosaikstein ist das 1996 initiierte Deutsch-Niederländische Forum, das regelmäßig stattfindet und einen Austausch über Themen wie Integration und Populismus, Metropolregionen, demographischer Wandel oder Fragen medizinischer Ethik ermöglicht. Dies alles sorgte dafür, dass man einander seither wieder stärker wahrnimmt und mehr voneinander weiß.

Positiv wirkte sich zudem aus, dass der Erfolg des niederländischen Poldermodells es 1998 bis auf die Titelseiten von *Spiegel* und *Focus* schaffte. In den Niederlanden nahm man die Bewunderung seitens der deutschen Nachbarn sehr wohlwollend zur Kenntnis. Aber auch das Deutschlandbild in den niederländischen Medien änderte sich. Dafür war unter anderem der Umzug der Bundeshauptstadt von Bonn nach Berlin ausschlaggebend. Eine neue Korrespondentenriege schrieb begeisterte Artikel über das moderne, alternative und aufregende Berlin, und das färbte auf den Rest des Landes ab. Deutschland ist heute das beliebteste Reiseziel der Niederländer, Berlin zählt inzwischen jährlich knapp eine Million Übernachtungen allein von Niederländern.

Ein wichtiger Faktor für das positive Image Deutschlands ist jedoch auch das niederländische Selbstbild. Um es ganz platt zu sagen: Das Deutschlandbild hat sich auch deshalb zum Positiven entwickelt, weil das Selbstbild der Niederländer negativer wurde. Hatten die Niederlande noch bis etwa Anfang der 1990er Jahre den Größenunterschied durch ein Gefühl moralischer Überlegenheit kompensiert, so wuchsen jetzt die Zweifel am eigenen Können und an der eigenen Identität, wie der Politologe Ton Nijhuis deutlich macht. »Dass niederländische Soldaten das Blutbad in Srebrenica 1995 nicht hatten verhindern können, führte nicht nur zu einer politischen Krise, die mit dem Rücktritt der zweiten Regierung Kok im Jahr 2002 endete, sondern stellte auch ein Trauma dar, dass am nationalen Selbstvertrauen nagte. Gleichzeitig wurde die Überzeugung, dass ein Großteil der Niederländer im Zweiten Weltkrieg Widerstand gegen die Deutschen geleistet hatte, als Mythos entlarvt.« Auch die koloniale Vergangenheit wurde immer kritischer gesehen – was zur Folge hatte, dass sich auf die identitätsstiftenden Eigenschaften Offenheit, Liberalität und Toleranz ein Schatten legte.

Hinzu kamen geopolitische Entwicklungen. War Deutschland früher der große Nachbar, von dem man sich abgrenzte, um die eigene Identität zu stärken, rückten durch die EU-Erweiterung 2004 ehemals kommunistische Staaten in die Nähe, denen man sich deutlich fremder fühlte als den Deutschen. Deutschland galt nun nicht länger als »der andere«, sondern als »einer von uns«, wie Nijhuis feststellt.

Verschiedene Studien zeigen, dass heute keine zwei Staaten in der EU auf politischer, wirtschaftlicher und gesellschaftlicher Ebene so eng zusammenarbeiten wie Deutsche und Niederländer. Deutschland ist mit Abstand der wichtigste Handelspartner der Niederlande, das Handelsvolumen zwischen beiden Ländern ist mit etwa 167 Milliarden Euro (2015, Quelle: Statistisches Bundesamt) eines der größten weltweit. Davon entfallen rund 55 Milliarden allein auf Nordrhein-Westfalen, umgekehrt sind für NRW die Niederlande der wichtigste Handelspartner.

Auch die europapolitische Ausrichtung Deutschlands und der Niederlande ist in vielen Punkten ähnlich – etwa in der Schuldenkrise 2010, als die Niederlande mit Forderungen nach Haushaltskonsolidierung und gleichzeitigen Strukturreformen gegenüber Griechenland den deutschen Standpunkt unterstützten.

Ein Meilenstein der Annäherung war auch, dass Bundespräsident Gauck am 5. Mai 2012 als erster Deutscher und als erstes ausländisches Staatsoberhaupt überhaupt die Gedenkrede zum Befreiungstag (Befreiung von der deutschen Besatzung, wohlgemerkt) halten durfte – und einen positiven Eindruck hinterließ.

Und es ging noch weiter: 2015 haben die Niederlande das Gedenken an das Ende des Zweiten Weltkriegs vor 70 Jahren gemeinsam mit Deutschland begangen. Die Hauptveranstaltung in Anwesenheit des niederländischen Königs fand im westfälischen Münster statt.

Auch im Bereich Kultur schaut man auf Deutschland. Im März 2016 etwa war Deutschland Themenland der niederländischen Buchwoche – mit einer Flut an neuen Veröffentlichungen über Deutschland und einem überwältigenden Interesse. Deutschland dient offenbar inzwischen als Vorbild: wirtschaftlich stark und erfolgreich, kulturell führend und außerdem noch selbstkritisch im Umgang mit der eigenen Vergangenheit. Deutschlandexperten sind in den Niederlanden zurzeit sehr gefragt. Der frühere Deutschlandkorrespondent Wouter Meijer erzählt, er werde jetzt ständig gefragt, warum die Deutschen so erfolgreich sind.

Alles bestens also? Im Grunde ja, doch gibt es auch Stolpersteine. Jacco Pekelder, Experte für deutsch-niederländische Beziehungen und Autor der Studie *Neue Nachbarschaft,* verweist auf die Asymmetrie in der Größe beider Länder, die in vielen Bereichen offenkundig sei, etwa in der Wirtschaft: »Für die deutsche Wirtschaft bedeutet die Verbindung zu den Niederlanden viel, das ist wahr, aber für die niederländische Wirtschaft ist die Frage nach dem Stand der Beziehungen zu Deutschland eine Überlebensfrage.«

Ein weiteres Problem ist laut Pekelder, dass die Niederländer den Deutschen in der Europapolitik oft eine gewisse »Schutzfunktion« zuweisen: Es werde von Deutschland eine Schiedsrichterrolle erwartet, für die jedoch in Brüssel (bei der EU) und Frankfurt (bei der EZB) die Entscheidungsstrukturen fehlten. Es ist also fraglich, ob die Deutschen die hohen niederländischen Erwartungen hier erfüllen können.

Auch die in den Niederlanden verbreitete Europa-Skepsis könnte sich als Problem erweisen. Nachdem die Niederländer bereits 2005 die europäische Verfassung abgelehnt hatten, brachte das negative Votum zum Assoziierungsabkommen mit der Ukraine im April 2016 die europäischen und auch die deutschen Partner erneut in Verlegenheit.

Umgekehrt beobachten die Niederländer mit Argusaugen die deutsche Integrations- und Flüchtlingspolitik. Der niederländische Politologe René Cuperus vom Thinktank der sozialdemokratischen Partei der Niederlande (PvdA) schreibt in der *Süddeutschen Zeitung*: »Man bewundert die moralische Führung durch Merkel und die deutsche Willkommenskultur [...] Aber man macht sich auch Sorgen über die Folgen der massenhaften Immigration für die deutsche Gesellschaft.« Klar ist: Wenn Deutschland seine Probleme nicht in den Griff bekommt, wird sich das auch auf die Niederlande negativ auswirken.

Ermutigend klang da die Kolumne des ehemaligen sozialdemokratischen Spitzenpolitikers Wouter Bos in der *Volkskrant*, sicher kein konservatives Blatt, in der Bos im September 2015 zu einer neuen Postkartenaktion aufrief – diesmal mit der anfeuernden Botschaft: *Zet'm op, Angela*, was so viel heißt wie: »Los, gib dein Bestes, du schaffst es!«

Wird jetzt alles gut?

Die Wirtschafts- und Finanzkrise der vergangenen Jahre machte vielen Niederländern schmerzlich klar, wie abhängig ihr Land in Zeiten der Globalisierung vom Weltgeschehen ist. Die Auswirkungen der Krise auf das eigene Leben wurden deutlich spürbar: Bürger aus der Mittelschicht verloren ihren Arbeitsplatz und mussten Haus oder Wohnung verkaufen, weil sie den Immobilienkredit nicht mehr bedienen konnten. Auch die politischen Konflikte der Welt rückten näher, wie der vermutliche Abschuss eines Verkehrsflugzeugs über der Ostukraine mit knapp 200 niederländischen Todesopfern zeigte.

Hinzu kommt eine Art innere Verunsicherung: zunehmender

Rechtspopulismus, Misstrauen gegenüber der politischen Klasse, ein kritischer Blick auf die eigene nationale Geschichte. Viele fragen sich, wie es eigentlich um den Mythos von der niederländischen Toleranz, Liberalität und Wehrhaftigkeit bestellt ist. Generell ist eine zunehmende Suche nach der eigenen kulturellen Identität zu beobachten. Die Integrationsdebatte offenbart, dass der Islam auch deshalb oft als »nicht mit der westlichen Kultur vereinbar« bezeichnet wird, weil man im Bemühen um eine stärker konturierte eigene Identität ein Gegenbild, ein »Außen« sucht, das helfen soll, das »Innen«, also das typisch Niederländische, klarer zu sehen und zu stärken. Das bis in die 1990er Jahre zuweilen auftauchende moralische Überlegenheitsgefühl ist jedenfalls verschwunden.

Oft ist zu lesen, die Niederländer seien aus dem Paradies vertrieben worden oder hätten ihre Unschuld verloren, vor allem seit dem politischen Attentat auf Pim Fortuyn 2002. Das kleine Land am Meer, früher so tolerant und wohlhabend, habe sich um 180 Grad gewendet und die ehemals so stolzen, lockeren Niederländer seien heute ausländerfeindlich und verunsichert.

Bei näherem Hinsehen wird jedoch klar, dass die Veränderungen so groß gar nicht sind. Was sich in der Gegenwart zeigt, ist nichts anderes als die Kehrseite der Werte, die das Land erfolgreich gemacht haben: Das politische Konsensgebot hat eben auch dazu geführt, Problemen auszuweichen, und so wurde die dringend erforderliche Integrationsdebatte jahrelang verschleppt. Als sie dann geführt wurde, negierte man die gelungenen Aspekte der Migrationspolitik weitgehend und vermischte soziale mit kulturellen Problemen. Die Populisten vereinnahmten für sich das Recht der freien Meinungsäußerung, und so kam es zu einer Schlacht der Geschmacklosigkeiten.

In deutschen Medien gab es angesichts der populistischen Parolen in den Niederlanden herbe Kritik, die jedoch teilweise stark überzogen war und sich eher aus den deutschen Erwartungen erklärt. Denn hier herrschte vor allem in links-intellektuellen Kreisen seit den 1970er Jahren die oft unbewusste Überzeugung, dass in den Niederlanden alles besser sei, dass hier ein toleranter und liberaler Staat nahe am Bürger agiere, dass dieser Staat gesellschaftliche Probleme mit Rücksicht auf Minderheiten löse und sich durch eine große Liberalität auszeichne. Wissenschaftler sprechen diesbezüglich von einer deutschen »Holland-Utopie«, die nun durch den Populismus à la Geert Wilders schwer enttäuscht wurde.

Lange Zeit passte der verklärte deutsche Blick auf die Niederlande ausgezeichnet zum niederländischen Selbstbild, denn die Niederländer fühlten sich ja den Deutschen überlegen. Sie pflegten ihrerseits eine Art »Holland-Utopie«. Man könnte es daher auch so sehen: Das niederländische Selbstbild hat Federn gelassen, und man ist in einer Realität angelangt, die eben aus positiven wie auch negativen Gegebenheiten besteht. Aber das Infragestellen der eigenen Werte ist schließlich nicht per se schlecht oder besorgniserregend. Es scheint vielmehr ausgesprochen sinnvoll, alte Werte gelegentlich auf den Prüfstand zu stellen, vor allem wenn man Zweifel daran hat, ob sie noch dazu taugen, die Anforderungen der Gegenwart zu bewältigen. Das zeugt von Flexibilität und Fähigkeit zur Selbstkritik.

Auch wirtschaftlich gibt es eine klare Wende. Die Konjunktur zieht wieder an, das Land findet Schritt für Schritt aus der Rezession. Das Wachstum ist seit 2014 stabil, die Zahl der Arbeitsplätze nimmt zu, Rating-Agenturen vergeben wieder die Bonitäts-Topnote AAA. Wirtschaftsminister Henk Kamp verkündete im Februar 2016, die Chancen der Niederländer lägen in einem Beitrag zur Lösung weltweiter gesellschaftlicher Herausforderungen wie Nahrungsmittelknappheit und Klimawandel. »Wenn wir das schaffen, haben wir einen doppelten Effekt: Wir helfen dabei, die Probleme der Welt zu lösen, und mehren dazu unseren eigenen Verdienst.«

Moral und gleichzeitig Gewinn – diese Kombination klingt vertraut, und man darf davon ausgehen, dass die zupackenden Niederländer sich hier auf der Grundlage ihrer bewährten Kompetenzen neue Bereiche erschließen werden.

Belgien: Ein geteiltes Land

Schiefes Bild in den Medien

Im März 2016 erreichten die Welt verstörende Bilder aus Brüssel: schwere Schäden auf dem Flughafen, Verletzte, die nach dem Anschlag in der Brüsseler U-Bahn mitten im Europaviertel auf der Straße behandelt werden mussten. Schnell und einmütig stellte die Presse in ganz Europa – wieder einmal – fest, dass in Belgien chaotische Zustände herrschten. Nicht nur deutsche Medien berichteten über unkontrolliert gewucherte Strukturen, die die Entstehung gefährlicher Terrornester erst ermöglicht hätten. Jeder Reporter war auf einmal Belgien-Spezialist und wusste zu erklären, warum man in Brüssel mit seinen sechs schlecht vernetzten Polizeizonen nicht in der Lage sei, die Situation in den Griff zu bekommen.

Oftmals wurde dabei mehr oder weniger offen unterstellt, dass Belgien selbst an diesem Terror mit Schuld trage. Die Sicherheitsvorkehrungen am Flughafen Zaventem seien mangelhaft gewesen, Hinweise nicht weitergegeben worden, die Polizei ineffizient. Kurz zuvor hatten bereits politische Vertreter anderer Staaten dem Land die Leviten gelesen: Frankreich etwa erhob nach den Terroranschlägen von Paris im November 2015 schwere Vorwürfe gegen den Nachbarn Belgien, denn dort hatten einige der Pariser Attentäter ihren Wohnsitz. Der Brüsseler Stadtteil Molenbeek war als Brutstätte für Terroristen in aller Munde.

Angesichts der Kritik am vorgeblichen Komplettversagen staatlicher Strukturen sah sich der belgische Ministerpräsident Charles Michel genötigt, eine regelrechte Imagekampagne zu starten und klarzustellen, Belgien sei keineswegs ein *failed state*, ein gescheiterter Staat. Und in der Tat: Untersuchungen, die das Funktionieren von Staaten weltweit beobachten und bewerten, bestätigen Michels Aussage. Der international anerkannte Fragile States Index der US-amerikanischen Denkfabrik Fund for Peace stuft Belgien sogar als einen der weltweit stabilsten Staaten ein – auf Platz 15, gleich nach Deutschland (Kriterien sind hier unter anderem Justiz, Sicherheit, staatliche Strukturen, Pressefreiheit, Korruption). Auf dieser Liste schneidet Belgien besser ab als die USA, Frankreich und Großbritannien.

Auch die Wirtschaftsdaten zeigen ein Bild, das nicht zu einem gescheiterten Staat passt: Im Wettbewerbsfähigkeits-Index des World Economic Forum belegte Belgien 2015/16 den 19. Rang, noch vor Frankreich. Das Bruttoinlandsprodukt (BIP) belief sich 2015 auf 36 500 Euro pro Kopf (Deutschland: 37 099 Euro pro Kopf). Investoren und Unternehmer haben kein Problem mit Belgien, ganz im Gegenteil: Viele deutsche Konzerne bauen ihre dortigen Niederlassungen derzeit sogar aus.

Doris Gau, Verbindungsreferentin des Landes Nordrhein-Westfalen bei der Benelux-Union, hält die harsche Kritik vom Frühjahr 2016 denn auch für übertrieben: »An anderen Orten sind ebenfalls Anschläge verübt worden. Umfassende Sicherheit gibt es nirgendwo auf der Welt.« Auch der Botschafter der Bundesrepublik Deutschland in Belgien, Rüdiger Lüdeking, wandte sich in einem Presseinterview explizit gegen die negative Sicht in deutschen Medien: »Die in dem Vorwurf gipfelnde Kritik, Belgien sei ein *failed state*, ist eindeutig überzogen. Belgien ist – dies belegt für mich bereits die aktuelle innenpolitische Auseinandersetzung wie auch die lebendige Presselandschaft Belgiens – ein freiheitlich-demokratischer Rechtsstaat, der den Vergleich mit anderen Mitgliedsstaaten der Europäischen Union nicht zu scheuen braucht.«

Man fühlt sich nicht als Belgier

Wie kommt es zu dieser Diskrepanz, wie erklärt sich die Kluft zwischen Wahrnehmung und Wirklichkeit? Schaut man sich etwa die deutsche Berichterstattung an, wird sehr schnell klar, dass das Land im Grunde nur mit negativen Schlagzeilen bedacht wird. Über aktuelle politische Themen, Wirtschaft oder Gesellschaft wird kaum berichtet – und so ist Belgien in der medialen Wahrnehmung mehr oder weniger ein unbeschriebenes Blatt oder sogar: reduziert auf den Skandal. Das ist in etwa so, als hörte man zum Thema Deutschland nur von der Großbaustelle Berliner Flughafen, vom VW-Abgas-Skandal und vom Polizeiversagen während der Silvesternacht 2015 in Köln.

Das schiefe Bild Belgiens hat allerdings mehrere Ursachen. Zum einen ist es darauf zurückzuführen, dass es keine kontinuierliche Berichterstattung gibt. Dies liegt wiederum daran, dass zwar in Brüssel über 2000 Journalisten akkreditiert sind, diese aber fast ausschließlich über EU-Politik berichten – und nicht über Belgien. Grund dafür ist nicht unbedingt mangelndes Interesse der in Brüssel ansässigen Medienvertreter. In den Heimatredaktionen ist jedoch das Interesse an Belgien oft gering, und daher haben die Korrespondenten Schwierigkeiten, längere Beiträge über das Land loszuwerden. Denn Belgien ist, man muss es zugeben, ein wenig kompliziert. Um etwa politische Debatten wirklich zu verstehen, muss vorab vieles erklärt werden, etwa die weitreichende Aufteilung des Landes zwischen Flamen, Wallonen, Brüsselern und Deutschsprachigen sowie die damit verbundene komplizierte Staatsarchitektur. Dafür reicht meist der Platz nicht, vom Interesse ganz zu schweigen. Hinzu kommt, dass die Journalisten mit der Brüsseler EU-Politik bereits gut ausgelastet sind und kaum Zeit bleibt, sich auch noch mit Belgien zu beschäftigen.

Zudem sind weniger als zehn Prozent der in Brüssel ansässigen Journalisten in der Lage, Texte auf Niederländisch zu lesen. So bleibt ihnen der nördliche Landesteil Flandern mehr oder weniger verschlossen, und sie sehen das Land in erster Linie durch die Brille der französischsprachigen Medien. Denn: In Flandern wird Niederländisch gesprochen! Oft wird die Sprache auch als Flämisch bezeichnet, doch es handelt sich um die gleiche Hochsprache, nur mit einem etwas anderen Akzent (vergleichbar mit Deutsch in Österreich). In der Wallonie, dem südlichen Landesteil, spricht man Französisch, in Brüssel offiziell beide Sprachen, hauptsächlich aber Französisch und inzwischen auch viel Englisch. Außerdem gibt es im Osten des Landes noch die Gruppe der deutschsprachigen Belgier (77 000 Einwohner).

Aber es liegt auch an Belgien selbst, dass das Land kein wirkliches Image besitzt. Es gibt kaum etwas, das im Land selbst als typisch belgisch wahrgenommen wird und das die verschiedenen Volksgruppen verbindet, außer vielleicht Pommes, Pralinen, Bier, Comics und das Königshaus. Eine weitere Ausnahme ist der Sport: Erfolge in internationalen Sportwettkämpfen werden in der Regel in beiden Landesteilen als belgische Erfolge gefeiert: Man freut sich über einen »belgischen Tag bei der Tour de France«, einen »Belgier im gelben Trikot« wie Eddy Merckx, der in allen Landesteilen gleichermaßen verehrt wird, über Erfolge der Fußball-Nationalmannschaft der »Roten Teufel«, oder über eine »belgische Heldin von Rio« bei den Olympischen Spielen 2016.

Belgien als Staat oder Gesellschaft, mit typischen Symbolen, Traditionen oder wiedererkennbaren Markenzeichen, tritt ansonsten jedoch kaum in Erscheinung. Im Ausland kennt man oft Flandern mit seinen mittelalterlichen Städten, die unberührte Natur der Ardennen im Süden, außerdem Brüssel als Sitz der EU. Belgien als Ganzes hat kein Markenzeichen. Und vor allem: Auch die Belgier selbst verstehen sich in der Regel zunächst einmal als Flamen oder Brüsseler oder Wallonen – und erst dann als Belgier. Politisch verschwindet der Staat oft zwischen den regionalen Anliegen auf der einen Seite und den übergeordneten europäischen Strukturen auf der anderen. Eine schwierige Sandwich-Position.

Es gibt daher keine wirkliche gemeinsame belgische Identität, die wenigsten Einwohner kennen zum Beispiel die belgische Nationalhymne. Während andere Nationen stolz sind auf die Gründungsgeschichte ihres Landes und sich mit großem Selbstbewusstsein auf gewachsene Traditionen berufen – wie zum Beispiel den American Dream, die Erinnerung an vergangene Größe in Großbritannien (Rule Britannia), oder das Bild der Grande Nation in Frankreich, bleibt die Wahrnehmung Belgiens im In- und Ausland konturlos: »Ich weiß nur sehr wenig über Belgien«, hört man oft von Belgiern, Flamen wie Wallonen. Eine 30-jährige Flämin bestätigt: »Dass ich mein eigenes Land so schlecht kenne, fällt mir immer besonders auf, wenn ich im Ausland bin. Die Polen etwa wissen alles über ihre Geschichte und sind stolz auf ihr Land – ein solches Gefühl ist mir völlig fremd. Über belgische Geschichte habe ich in der Schule so gut wie nichts gelernt.«

Hinzu kommt, dass Belgien sich ständig verändert: Das Land hat sich seit 1970 von einem Zentralstaat zu einem föderalen Staat gewandelt, die Regionen erhielten immer mehr Kompetenzen, und dieses Ringen um Zuständigkeiten hält an. Manchmal wird Belgien mit einer ewigen Baustelle verglichen, wo ständig die Straßen aufgebrochen sind.

Aber da ist noch ein weiterer Faktor, der Belgien für Außenstehende nahezu unsichtbar macht: Es gibt zwar eine ganze Reihe von Belgiern, die über die Landesgrenzen hinaus bekannt sind, aber diese Leute werden in der Regel anderen Nationen zugeordnet. Meist den Franzosen, wie der Sänger Jacques Brel, der Schriftsteller Georges Simenon oder der Maler René Magritte. Alles Belgier! Auch Serge Brammertz, Chefankläger des Internationalen Strafgerichtshofs für das ehemalige Jugoslawien in Den Haag und Nachfolger von Carla del Ponte – ein 1962 in Eupen geborener Belgier. Sogar ihre berühmten Comics um Tim und Struppi, Lucky Luke oder die Schlümpfe müssen die Belgier oft verteidigen, denn auch diese werden gern französischen Schöpfern zugeordnet. Das gilt selbst für das belgische Bier, das landesweit für ein urbelgisches Kulturgut gehalten wird. »Ach, Leffe-Bier, ist das belgisch?«, hört man in Deutschland und Frankreich häufiger: »Das wusste ich gar nicht«.

Dynamische Wirtschaft mit großer Vergangenheit

Um Belgien besser in den Blick zu bekommen, bietet es sich daher an, einmal die Perspektive zu wechseln und das Land durch eine andere Brille zu betrachten – etwa durch die eines Unternehmers. Starten wir beim Hafen Antwerpen. Wenn Dieter Lindenblatt, Repräsentant des Hafens in Deutschland, mit deutschen Kunden unterwegs ist, kann er sich schon vorab auf deren Reaktion freuen. Denn technische Ausrüstung, Dimension und Möglichkeiten des Hafens Antwerpen übersteigen regelmäßig alle Erwartungen. »Bereits seit Jahren ist Antwerpen die wichtigste europäische Drehscheibe für Stahl- und Projektladung«, so Lindenblatt. »Im Container-Bereich hat sich der Hafen im vergangenen Jahr mit einem Volumen weit über neun Millionen TEU nach Rotterdam als Nummer zwei in Europa etabliert.«

Der Hafen Antwerpen ist somit ein wichtiger Wirtschaftsmotor und Logistikstandort für Belgien und Europa: Die jährliche Wertschöpfung beträgt 19 Milliarden Euro, das sind fast neun Prozent des flämischen und fünf Prozent des belgischen BIP. Der Hafen bietet zurzeit 150 000 Arbeitsplätze, seine Infrastruktur kann sich sehen lassen: über 12 000 Hektar Fläche, 172 Kilometer Kailänge, über 1000 Kilometer Eisenbahnschienen, 430 Kilometer Straßen, 1000 Kilometer Pipelines. Und bis 2025 will die Hafenbehörde 1,6 Milliarden Euro in die Infrastruktur investieren, um weiterhin ganz vorn mitzuspielen.

Für viele deutsche Unternehmer ist Antwerpen näher als Hamburg, und der Antwerpener Hafen ist inzwischen auch deutlich größer: 2015 hat der Antwerpener Umschlag den des Hafens Hamburg um über 50 Prozent übertroffen. Lindenblatt erklärt:

»Maritimer Umschlag, Lagerlogistik und industrielle Aktivitäten, die drei Grundpfeiler unseres Hafens, haben in den letzten 25 Jahren immer mehr an Bedeutung gewonnen. Der Hafen Antwerpen hat sich so zur größten integrierten maritimen, logistischen und industriellen Plattform in Europa weiterentwickelt.« Das Hafengebiet Antwerpen ist zudem der wichtigste europäische Standort der chemisch-petrochemischen Industrie. Deutsche Konzerne wie Bayer oder Evonik haben sich hier niedergelassen, BASF betreibt auf 600 Hektar seine weltweit zweitgrößte Produktionsstätte.

Für deutsche Investoren ist der Standort auch in anderer Hinsicht attraktiv: »Flamen und Deutsche sind sich in der Geschäftsmentalität sehr ähnlich – da findet man recht schnell zueinander«, sagt Hans-Wolfgang Busch, Hauptgeschäftsführer der Deutsch-Belgisch-Luxemburgischen Handelskammer in Brüssel. Dies bestätigt Simon Van Renterghem, der an der belgischen Botschaft Berlin für die flämische Export- und Investitionsförderungsagentur Flanders Investment and Trade (FIT) tätig ist: »Belgier schätzen an der Zusammenarbeit die Verlässlichkeit der Deutschen: Was einmal besprochen ist, wird auch eingehalten.«

Deutsche Autohersteller nutzen ebenfalls den Produktionsstandort Belgien. Audi etwa hat ein großes Werk in Brüssel und lässt dort seit 2016 das neue Modell S1 (eine Variante des A1) bauen. 2018 startet das Unternehmen zudem die Produktion des ersten Elektro-SUV. 200 Millionen Euro werden in den Standort investiert. »Das Werk Brüssel erhält eine eigene Batteriemontage. Der belgische Standort wird damit zum Schlüsselwerk für Elektromobilität im Audi-Konzern«, teilt Audi mit.

Deutschland ist für Belgien der wichtigste Außenhandelspartner: 2014 betrug der Wert aller belgischen Exporte 355 Milliarden Euro, größte Abnehmer waren Deutschland und die Niederlande. Belgien gilt als attraktives Logistik-Zentrum im Zentrum Europas: Auf dem Logistik-Performance-Index der Weltbank rangiert das Land auf dem dritten Platz, nach den Niederlanden und

Deutschland. Trümpfe sind das dichte Eisenbahn- und Straßennetz, die fünf Häfen, drei Frachtflughäfen und nicht zuletzt die gut ausgebaute digitale Infrastruktur.

Belgien ist also ein durchaus attraktiver Wirtschaftsstandort. Nicht nur das belgische Bruttoinlandsprodukt ist hoch, auch der Kaufkraftindex und die Arbeitsproduktivität sind es. Kritisiert werden allerdings die hohe Staatsverschuldung (106 Prozent des BIP), die komplizierte Staatsstruktur und die hohen Löhne, die zu hohen Produktionskosten führten. Die Regierung ging einige dieser Probleme an, indem sie Sparprogramme auflegte, die automatische Lohn- und Gehaltsanpassung an die Inflation vorläufig aufhob sowie die direkten Steuern und Sozialabgaben herabsetzte. Arbeitskraft wird damit günstiger, und man hofft auf die Entstehung neuer Arbeitsplätze. Dabei ist die Arbeitslosigkeit mit landesweit 8,3 Prozent (2015) nicht einmal sonderlich hoch. Aber sie ist ungleich verteilt: in Brüssel liegt sie bei rund 18 Prozent, in der Wallonie bei acht, in Flandern bei nur fünf Prozent.

In Flandern werden 57 Prozent des belgischen BIP erwirtschaftet, in der Wallonie 24 Prozent, in Brüssel 19. Allerdings: Die Flamen stellen auch etwa 60 Prozent der Bevölkerung des Landes. Und der Brüsseler Anteil liegt deshalb vergleichsweise hoch, weil 250 000 Pendler aus Flandern und 100 000 aus der Wallonie in Brüssel arbeiten. Nachdem die wirtschaftliche Kluft zwischen den Regionen Flanderns und der Wallonie in den vergangenen 20 Jahren stets größer wurde, stagniert sie inzwischen.

Was wenig bekannt ist: Der Süden des Landes kann auf eine große wirtschaftliche Vergangenheit zurückblicken: Hier begann im frühen 19. Jahrhundert die Industrialisierung Kontinentaleuropas. 1910 war Belgien die drittmächtigste Handelsnation der Welt. Das lag neben den Einkünften aus der Kolonie Kongo vor allem an den Bodenschätzen des wallonischen Industriereviers, die sich wie ein breites Band von Lüttich über Charleroi und Mons bis zur französischen Grenze ziehen. Zu den Bodenschätzen kam das technische Know-how der belgischen Ingenieure, die auf der ganzen Welt Brücken, Eisenbahnlinien und Straßenbahnen bauten. In China etwa hat der belgische Ingenieur Jean Jadot 1898 mit Lütticher Stahl die 1200 Kilometer lange Eisenbahnlinie zwischen Wuhan und Peking angelegt, außerdem bauten die Belgier eine Stahlbrücke über den Jangtsekiang. Sie belieferten das Russische Reich mit Stahlrohren und Schienen, sie bauten öffentliche Verkehrsmittel für Barcelona. Kurz, Belgien war damals in aller Munde, und sogar in absoluten Zahlen übertraf die Wirtschaftsleistung zeitweise die des großen Nachbarlandes Frankreich.

Nach dem Zweiten Weltkrieg, in der sogenannten Wiederaufbauphase, lief es noch eine Weile gut für die Wallonie, und so blieben die bewährten traditionellen Strukturen bestehen. Doch dann führte der weltweit einsetzende Strukturwandel in den 1970er Jahren auch hier zu einem enormen Niedergang. Zechen und Stahlwerke schlossen, die Arbeiter wurden nicht mehr gebraucht, und eine ganze Region musste sich neu erfinden.

Hightech, Bier und große Bagger

Heutzutage sind die Wirtschaftsaktivitäten der Wallonie rund um die Industriegebiete und die Universitätszentren in Lüttich, Mons, Namur und Louvain-la-Neuve angesiedelt. Man setzt auf Biotechnologie und Digitalisierung.

Mittlerweile steht die wallonische Biotechnologie mit über 500 vernetzten Unternehmen und Forschungsinstituten an der europäischen Spitze. 2012 belief sich ihr Umsatz auf 4,4 Milliarden Euro, erwirtschaftet von 14 300 direkt und 30 000 indirekt Beschäftigten. Dass Belgien international zum größten Pharmaexporteur gediehen ist (ein Viertel aller verkauften Impfstoffe weltweit kommt aus Belgien) liegt unter anderem an dem Impfstoffhersteller GlaxoSmithKline Vaccines, der seit 40 Jahren im wallonischen Rixensart ansässig ist.

Der Pharmakonzern Baxter, der im Süden Belgiens 2000 Mitarbeiter beschäftigt, lobt als Standortvorteil die gut ausgebildeten belgischen Mitarbeiter. »Infrastruktur und Human Ressources sind unsere größten Pluspunkte«, bestätigt Isabella Profeta, tätig für die wallonische Exportförderungs- und Auslandsinvestitionsagentur Awex in Köln.

Auch im Bereich der Digitalisierung kann die Region einige Erfolge vorweisen. 2015 etwa hat der US-amerikanische Datenriese Google ein weiteres großes Rechenzentrum in St. Ghislain bei Mons eröffnet, direkt neben dem ersten. Europaweit betreibt das Unternehmen nur in drei anderen Ländern vergleichbare Rechenzentren (Irland, Niederlande, Finnland). Die Wahrscheinlichkeit, dass die Antworten auf unsere Google-Suchanfragen oder die über YouTube angeschauten Videos aus der Wallonie kommen, ist also relativ groß.

Die wallonischen Behörden haben diesen Strukturwandel aktiv gefördert: 2005 wurde ein öffentlicher Investitionsplan beschlossen, dessen Ehrgeiz schon im Namen deutlich wurde: Der »Marshall-Plan« stellte 366 Millionen Euro für Investitionen in neue Hightech-Unternehmen bereit und trug so zur Schaffung von über 10 000 neuen Arbeitsplätzen bei. Vor allem junge Leute setzen sich dafür ein, ihre Region wieder nach vorn zu bringen. »Es gibt so etwas wie ein wachsendes Bewusstsein dafür, dass die Wallonie ihr Schicksal selbst in die Hand nehmen muss«, erklärt Béatrice Delvaux, Chefredakteurin der meinungsbildenden Tageszeitung *Le Soir*. Um diese positive Entwicklung weiter zu unterstützen, wurde 2013 der »Marshall-Plan« 2022 aufgelegt, der die Förderung der Aus- und Weiterbildung sowie die Energiewende zum Ziel hat.

Derzeit profitiert die Wallonie noch von erheblicher Unterstützung durch den Finanzausgleich zwischen den Regionen. Wenn Flandern allerdings wie geplant seine Transferzahlungen von zurzeit jährlich mehr als sechs Milliarden Euro ab 2025 schrittweise abbaut, muss die Wallonie vorbereitet sein.

Blicken wir noch einmal in den Norden, denn wer in Belgien zu tun hat, lernt schnell, dass beide Landesteile in ausgewogener Weise betrachtet werden wollen. Und nach flämischen Erfolgsmeldungen muss man nicht lange suchen: Jeder kennt die riesigen Bildschirme, die bei Rockkonzerten oder beim Public Viewing zum Einsatz kommen – viele davon werden vom flämischen Unternehmen Barco hergestellt, zu dessen festen Kunden Madonna und die Rolling Stones zählen, jedenfalls so lange sie noch auf Tour gehen. Ziemlich bekannt ist auch die künstliche Insel vor der Küste Dubais in Form einer riesigen Palme. Dieser Kraftakt wurde von Baggerschiffen der flämischen Unternehmen Jan de Nul und DEME/Dredging ausgeführt, die sich auf derartige Großprojekte spezialisiert haben. Auch im wachsenden Segment der Bioprodukte ist Flandern präsent, etwa mit Reinigungsmitteln von Ecover oder Sojamilch von Alpro, dem europäischen Marktführer für Lebensmittel auf Sojabasis.

Die wirtschaftliche Hauptstadt Flanderns ist Antwerpen, und diese hat nicht nur den Hafen zu bieten – Antwerpen gilt auch als wichtigster Diamantenhandelsplatz der Welt. Neben vier Diamantenbörsen haben sich etwa 1600 Diamantenfirmen hier angesiedelt. Rund 60 Prozent aller Rohdiamanten werden in Antwerpen gehandelt, bis vor einigen Jahren waren es sogar 80 Prozent. In den letzten Jahren hat allerdings eine gewaltige Veränderung des Diamantenhandels stattgefunden: Während zuvor ein halbes Jahrtausend lang traditionell vor allem jüdische Händler den Markt bestimmten, haben inzwischen jainistische Inder 55 Prozent des weltweiten Diamantengeschäfts übernommen, und der Handelsort Dubai macht Antwerpen durch einen extrem niedrigen Steuersatz Konkurrenz.

In der belgischen – und zugleich flämischen – Hauptstadt Brüssel hat auch das Getränkeimperium Anheuser-Busch-InBev seinen juristischen Firmensitz (die Brauereien befinden sich in Löwen, Jupille, Hoegaarden und Sint-Pieters-Leeuw). Und wenn Bier sicherlich eines der bekannteren Exportgüter Belgiens ist, geht es hier doch nicht nur um belgisches Bier, sondern um Marken wie Beck's, Hasseröder, Franziskaner, Spaten oder Diebels. Sie alle gehören zu dem belgisch-brasilianischen Konzern, der – gemessen am Absatzvolumen – die größte Brauereigruppe der Welt ist. Das Unternehmen beschäftigt 155 000 Mitarbeiter und ist mit über 200 Marken in 140 Ländern vertreten. Im November 2015 übernahm es für sagenhafte 100 Milliarden Euro den Konkurrenten SAB Miller – man darf gespannt sein, was da noch kommt.

Belgien ist zudem ein guter Testmarkt für neue Produkte, denn auf kleinem Raum steht hier ein Querschnitt durch die europäische Bevölkerung zur Verfügung. So testet das Modeunternehmen H&M seine neuen Kollektionen zunächst in Brüssel – und nur was sich hier gut verkauft, hängt später auch in anderen europäischen Ländern im Laden. Der Coca-Cola-Konzern baute in der Hauptstadt Brüssel sogar das größte Entwicklungszentrum außerhalb seines Konzernsitzes in Atlanta. Das Konzept von Fanta World, die Limonade mit verschiedenen Geschmacksrichtungen aus aller Welt anzubieten, kommt aus Brüssel.

Belgien wird geschätzt als ausgesprochen attraktiver Unternehmensstandort, der über eine diversifizierte und dynamische Wirtschaft verfügt – ganz das Gegenteil also von einem *failed state*. Bis 2020 erwartet das föderale belgische Planungsbüro in beiden Landesteilen ein weiteres Wachstum: 1,6 Prozent jährlich in Flandern und 1,4 Prozent in der Wallonie.

Fleißige Weltbürger: Ausbildung und Schulsystem

Um wirtschaftlich erfolgreich zu sein, braucht es gut ausgebildete Mitarbeiter. Wie ist also das Lernen in Belgien organisiert, und vor allem: Wie spiegelt sich die Mehrsprachigkeit des Landes im Schulunterricht wider?

Zunächst einmal muss man wissen, dass die drei Sprachgemeinschaften (die französische, niederländische und deutsche) jeweils selbst für ihre Schulen und Universitäten zuständig sind – unabhängig von der Region. So kommt es, dass es in der Region Brüssel beispielsweise sowohl französischsprachige als auch niederländischsprachige Schulen gibt.

Es gibt allerdings einen für alle verbindlichen Rahmen, der besagt, dass in ganz Belgien vom 6. bis zum 18. Lebensjahr Schulpflicht herrscht. Der Grundschulunterricht umfasst die Klassen 1–6, dann folgt die Sekundarstufe mit den Klassen 7–12. Die Schule bietet überwiegend Ganztagsunterricht, nur der Mittwochnachmittag ist frei. In allen Landesteilen gibt es konfessionelle (katholische) Schulen und nicht-konfessionelle, die Gewichtung ist etwa 50 zu 50. Die katholischen Schulen gelten traditionell als etwas anspruchsvoller.

Der Spracherwerb verläuft allerdings je nach Sprachzugehörigkeit unterschiedlich. Die kleine Gruppe der deutschsprachigen Belgier im östlichen Landesteil (die Deutsch als Muttersprache hat) lernt bereits im Kindergarten und dann ab der ersten Klasse der Grundschule Französisch. Einige Unterrichtsstunden werden auch in der Fremdsprache Französisch erteilt, so dass die Kinder diese Sprache schriftlich wie mündlich fließend beherrschen. Dies setzt sich auf der weiterführenden Schule fort: Je nach Schule findet die Hälfte des Unterrichts auf Französisch statt. Ab Klasse 7 kommt als zweite Fremdsprache Englisch oder wahlweise Niederländisch hinzu.

Auch an den frankophonen Schulen in der Wallonie und Brüssel ist Niederländisch überwiegend kein Pflichtfach, was die Flamen seit jeher kritisieren. Viele Wallonen und Brüsseler lernen als erste Fremdsprache Englisch, die Mehrzahl lernt nur wenig Niederländisch – und so kommt es, dass die Französischsprachigen die Landessprache Niederländisch kaum beherrschen, ja nicht einmal niederländische Texte lesen können, geschweige denn eine Unterhaltung auf Niederländisch führen oder eine Nachrichtensendung verstehen.

Allerdings legen zunehmend mehr frankophone Eltern Wert

darauf, dass ihre Kinder die Sprache des nördlichen Landesteils erlernen – denn das erhöht die Chancen auf dem Arbeitsmarkt. Zudem gibt es in der Wallonie seit einiger Zeit die sogenannten *écoles d'immersion*, das sind Schulen, an denen der Unterricht ganz oder zumindest in mehreren Fächern auf Niederländisch stattfindet. *Immersion* bedeutet so viel wie Eintauchen oder Einbetten. Über 100 Schulen gehen bereits nach dieser Methode vor, dass eine Fremdsprache durch den Gebrauch vermittelt wird, nicht durch Erklärung. Der Unterricht findet zunächst ausschließlich auf Niederländisch statt, erst später folgt die Muttersprache Französisch.

Flämische Schüler haben normalerweise ab der 5. Klasse Französisch als Pflichtfach, ab der 8. Klasse Englisch, früher war auch Deutsch vorgeschrieben. Jeder Flame lernt also auf der Schule die Landessprache Französisch. Das Interesse am Erwerb von Fremdsprachen ist in Flandern generell sehr groß – allerdings sprechen viele Flamen zwar sehr gut Englisch, vernachlässigen aber, trotz des Schulunterrichts, das Französische. »Viele meiner Klassenkameraden hatten keine große Lust, Französisch zu lernen«, so Janneke Diepeveen, die in Flandern aufwuchs und dort in den 1990er Jahren die Schule besuchte.

Generell ist in Flandern zu beobachten, dass die Sprachkenntnisse im Französischen in den letzten 20 Jahren trotz des frühen Pflichtunterrichts stark nachgelassen haben. Simon Van Renterghem von der Flanders Investment and Trade erklärt: »Das geht nicht ganz in die richtige Richtung, wir Flamen müssten wieder besser Französisch lernen. Denn spätestens wenn man anfängt zu arbeiten, braucht man die Sprache unbedingt!«

Selbst wenn inzwischen einige Eltern Wert darauf legen, dass ihre Sprösslinge auch die anderen Landessprachen beherrschen, ist die Mehrheit der Belgier weit von diesem Ideal entfernt. Die Trennung der belgischen Lebenswelten wird durch den Schulunterricht somit nicht geringer. Spracherwerb spielt in der Schule zwar eine wichtige Rolle, aber es werden nicht unbedingt die

Sprachen des eigenen Landes erlernt. »Ich bedauere das sehr«, sagt Janneke Diepeveen, die heute mit einer Privatlehrerin Französisch lernt, »man hätte das so gut nutzen können, diese Zweisprachigkeit oder sogar Dreisprachigkeit des Landes.« Junge Flamen und Wallonen unterhalten sich oft auf Englisch, weil sie keine gemeinsame Sprache haben. Aber dies ist kein rezentes Phänomen, das Ausweichen auf Englisch war schon in den 1990er Jahren zu beobachten.

Ein positives Vorbild ist hingegen die Königsfamilie: Die Prinzessin und Thronfolgerin Elisabeth von Belgien besucht eine niederländischsprachige Schule in Brüssel und ist perfekt zweisprachig – damit hat Belgien womöglich in Zukunft nicht nur zum ersten Mal eine Frau als Staatsoberhaupt, sondern auch noch eine Königin, die akzentfrei Niederländisch spricht. Über die frühere Königin Paola, allerdings auch eine Italienerin, wurde in Flandern oft gespottet, weil sie Niederländisch im wallonischen Spa lernte – als hätte sie sich nicht auf flämisches Gebiet getraut.

Was die verschiedenen Sprachgemeinschaften miteinander verbindet, das sind allerdings die hohen Anforderungen an die Schüler. Der Unterrichtsstil lässt sich als konservativ-streng bezeichnen, es wird viel auswendig gelernt und geprüft. Pro Schuljahr gibt es, zusätzlich zu Klassenarbeiten und wöchentlichen Tests, drei Prüfungsperioden von zwei Wochen, während derer der Lehrstoff schriftlich abgefragt wird. Man hört öfter von belgischen Eltern, dass sie froh seien, wenn die Kinder es endlich geschafft hätten, die Schule sei doch enorm hart. Eltern bringen ihren Kindern oft richtiggehend Mitgefühl entgegen, weil diese so viel für die Schule tun müssen.

Bildung hat in Belgien einen hohen Stellenwert, und das setzt sich an der Hochschule fort. Auch hier liegt der Akzent auf Wissensvermittlung. Traditionell ist an belgischen Universitäten alles gut durchstrukturiert, und so wurde die Umstellung auf das Bachelor-/Master-Modell Mitte der 2000er Jahre in Belgien eher als

Lockerung empfunden – im Gegensatz zu Deutschland, wo vor allem die Studenten der Geisteswissenschaften darüber klagten, alles sei nun sehr verschult, und es gebe keine Freiheiten mehr.

Auch das Studium an einer belgischen Universität ist in der Regel von intensiver Arbeit geprägt. Viele Studenten haben ein Zimmer in einem Wohnheim und kommen am Wochenende nach Hause, wo sie sich von der Familie dann wieder aufpäppeln lassen. Oft ist die Bindung ans Elternhaus während des Studiums noch recht eng, viele Studenten wählen eine Uni in der Nähe ihres Wohnortes. Die jungen Belgier sind früh mit dem Studium fertig und haben oft schon mit 22 Jahren ihren Master in der Tasche. Dann vielleicht noch ein Jahr ins Ausland, und los geht's mit dem ersten Job.

In Studien und Universitäts-Rankings schneiden die belgischen Bildungseinrichtungen sehr gut ab, in der Pisa-Bewertung etwa liegt Belgien regelmäßig vor Deutschland und im weltweiten OECD-Bildungsranking von September 2016 sogar auf dem dritten Platz. Innerhalb des Landes gibt es allerdings ein Gefälle, denn Flandern liegt regelmäßig sehr viel weiter vorn als die wallonischen Universitäten. Der nördliche Landesteil kann für den Bildungssektor allerdings auch erheblich mehr Geld ausgeben als der südliche.

Die vorschulische Kinderbetreuung ist hingegen in allen Landesteilen sehr gut ausgebaut: Für Frauen ist es daher völlig normal, keine langen Babypausen einzulegen, sondern schnell in den Job zurückzukehren. Ergebnis: Das Verdienstgefälle zwischen Männern und Frauen liegt in Belgien unter zehn Prozent (in Deutschland bei 21 Prozent). Außerdem gibt es da noch die Großeltern, die meist nicht weit entfernt wohnen und bei der Kinderbetreuung einspringen können. Aber das gehört schon zum nächsten Thema.

Romanische Mentalität: Familie, Haus, Staat und Kirche

Für viele Belgier spielt die Familie eine sehr große Rolle – dies gilt für Flamen ebenso wie für Wallonen und Brüsseler. Junge Eltern besuchen am Wochenende oft die Großeltern, Cousins und Cousinen wachsen manchmal wie Geschwister auf. Die Abstände zwischen den Wohnorten sind meist nur gering, denn es ist eher unüblich, in mehr als 50 Kilometer entfernte Städte umzuziehen. Und wenn es etwas zu feiern gibt, trifft sich gleich der ganze Clan. Hochzeit, Taufe, Erstkommunion, Firmung – es gibt regelmäßig Gelegenheiten, zu denen im katholisch geprägten Belgien die ganze Familie eingeladen wird. Aber man feiert nicht nur miteinander – auch im Alltag ist der Kontakt innerhalb der Verwandtschaft oft sehr eng, vor allem in ländlich geprägten Gegenden: Man hilft einander, kauft in den Geschäften der anderen ein, fährt zusammen in Urlaub, und die Großeltern helfen im Haushalt der jungen Familien.

Dieser Zusammenhalt äußert sich auch darin, dass man Probleme nicht gern nach außen dringen lässt. Im Kontakt mit Freunden, selbst wenn man einander seit Jahren kennt, bleiben schwierige Themen oft ausgeklammert. Diskretion ist ein wichtiger Wert, und das gilt für alle Landesteile. Wer in Belgien allzu offen ist, wird schnell als aufdringlich oder distanzlos wahrgenommen. Heikle Themen wie etwa Krankheiten werden generell nicht angesprochen. »Es könnte ja sein, dass der andere darüber gerade nicht sprechen möchte, und daher möchte man ihn oder sie nicht in Verlegenheit bringen«, erklärt Janneke Diepeveen.

Belgier in Nord und Süd legen außerdem großen Wert auf Wohneigentum. Erst wenn man in den »eigenen vier Wänden« lebt, fühlt man sich offenbar richtig wohl. Die Zahlen sprechen für sich: 72 Prozent aller Belgier leben im eigenen Einfamilienhaus, 80 Prozent in Flandern, 82 Prozent in der Wallonie – nur die in Wohnungen lebenden Brüsseler senken den Schnitt. »Jeder Belgier wird mit einem Backstein im Bauch geboren«, heißt es daher oft. Man hat denn auch Mitleid mit den armen Landsleuten, die in einer Wohnung oder gar in einer Mietwohnung leben. Wer Miete zahlen muss, hat sein Leben in den Augen der meisten Belgier nicht wirklich im Griff.

Trotz großer Nachfrage ist Wohneigentum einigermaßen bezahlbar: Für ein Einfamilienhaus in Flandern in einer mittleren Gegend muss man mit 200 000 bis 250 000 Euro rechnen, in der Wallonie ist es etwas günstiger. Viele Belgier sind schon mit Ende 20 Hausbesitzer, meist greifen die Eltern den jungen Leuten finanziell unter die Arme. Und wenn das Haus dann gekauft ist, wird mit großem Engagement umgebaut. Bauen, basteln und renovieren sind beliebte Freizeitaktivitäten, davon zeugen auch die vielen Bau- und Heimwerkermärkte. »Einfach so einziehen, das käme nicht in Frage«, sagt Janneke Diepeveen, deren Freunde einer nach dem anderen zu Hausbesitzern geworden sind. »Hier eine Wand herausreißen, da ein Zimmer teilen, und natürlich muss eine neue Küche her – so ein Haus wird erst einmal passend gemacht.« Beim Hausbau oder Umbau hilft oft die gesamte Familie. Jeder kann etwas Bestimmtes, Fliesen legen, malern oder Wasserhähne anschließen, auch handwerklich begabte Kollegen und Nachbarn sind willkommen.

Und das Haus wächst mit seinen Bewohnern. Oft sind die Grundstücke schmal und lang, mit Fassaden an der Straßenseite, die aneinander anschließen, und viel Platz auf der Rückseite – so dass man eine Terrasse anbauen kann, eine kleine Werkstatt oder einen Schuppen. So ein Anbau wird »Kott« (*kot*) genannt, das Wort ist in allen Landessprachen gleich und heißt so viel wie Schuppen. Fährt man mit dem Zug durch Belgien, sieht man die Rückseiten der Häuser, an die zahlreiche dieser verschachtelten Schuppen angebaut wurden – in den allermeisten Fällen an der Bauaufsicht vorbei.

Hier beim Hausbau oder -umbau kann jeder seine Vorstellungen verwirklichen, vor allem die zahlreichen nicht genehmigten Anbauten werden gern als Symbol für einen als typisch belgischen Non-Konformismus gesehen. Man lasse sich eben nicht gern etwas vorschreiben. Und bis 1995 gab es tatsächlich keine verbindlichen Bebauungspläne in Belgien – was man dem Land heute deutlich ansieht. Darüber machen die Belgier auch selbst oft Witze – es gibt Facebook-Seiten wie *Ugly belgian houses*, die ein paar Höhepunkte schlechten Geschmacks zeigen. Es gibt allerdings auch sehr viele andere Beispiele, gelungene Kombinationen von traditionellem und modernem Stil, pfiffige Ideen und stilvolle Anwesen.

Mit fehlenden Genehmigungen hat in der Regel niemand ein Problem, nicht nur beim Hausbau. Ganz im Gegenteil: Es gibt eine weit verbreitete Grundhaltung, mit Regeln flexibel umzugehen. »Der Staat ist weit weg und wird nicht sonderlich geschätzt«, stellt die deutsche Journalistin Marion Schmitz-Reiners fest, die seit Jahrzehnten in Belgien lebt und eine Reihe von Büchern über den belgischen Lebensalltag veröffentlichte. »Denen da oben« traue man nicht wirklich über den Weg, Schlagzeilen über Korruption in Politik und Verwaltung seien an der Tagesordnung und wunderten daher niemanden mehr.

Daraus leiten viele Bürger offenbar eine gewisse persönliche Freiheit ab, nach dem Motto: »Wenn der Staat macht, was er will, dann tue ich es auch.« Das heißt konkret: Es ist gang und gäbe, Gesetze zu umgehen und Genehmigungen nicht einzuholen. Steuerbetrug etwa gilt als eine Art Kavaliersdelikt. Diese Haltung wird oft als das Ergebnis der über Jahrhunderte andauernden Besatzung des Landes gesehen. Es habe sich eine Art innere Opposition und damit der Reflex entwickelt, Regeln und Vorgaben zu umgehen, so der belgische Autor Geert van Istendael, der zahlreiche Texte über die Mentalität seiner Landsleute publizierte. Belgier bezeichnen ihre Mentalität oft als ein wenig romanisch: Wichtig sind Familie und Grundbesitz, dem Staat misstraut man, und die katholische Kirche fungiert als der eigentliche Ordnungshüter.

Der Bezug zur katholischen Kirche ist allerdings gerade in Belgien bemerkenswert. Immer noch gehören 75 Prozent der belgischen Gesamtbevölkerung der römisch-katholischen Glaubensgemeinschaft an, traditionell ist das Land katholisch geprägt. Belgien hat jedoch trotzdem eine sehr fortschrittliche Gesetzgebung in Sachen Sterbehilfe oder Homoehe, die gesellschaftlich weitgehend akzeptiert ist.

Die Haltung der Kirche gegenüber ist ambivalent, und interessanterweise verhält sich auch die Kirche selbst in Belgien ausgesprochen ambivalent – was die erwähnten Themen Homoehe und Sterbehilfe angeht, aber auch in Bezug auf Schwangerschaftsabbruch oder die Funktion von Frauen in der Gemeinde. Der ehemalige Erzbischof von Mechelen-Brüssel und spätere Kardinal Godfried Daneels etwa vertrat bereits in den 1980er und 1990er Jahren sehr progressive Ansichten zu diesen Themen. Katholisch ist in Belgien also nicht zwangsläufig gleichzusetzen mit konservativ. Daneels' 2010 ernannter Nachfolger André Léonard allerdings tendierte genau in die entgegengesetzte Richtung und brachte damit viele Belgier gegen sich auf. Léonard bezeichnete die Verbreitung von HIV als »eine Art von immanenter Gerechtigkeit« für den Missbrauch der Liebe und plädierte für Milde in der Verurteilung älterer Priester, die der Pädophilie beschuldigt werden. Inzwischen ist auch er emeritiert. Eine automatisch vom Gehalt abgezogene Kirchensteuer gibt es übrigens nicht, was ein Grund dafür sein mag, dass nur wenige Belgier aus der Kirche austreten, selbst wenn sie sich mental weit vom katholischen Glauben entfernt haben.

Genuss gehört zum Leben

Die meisten Belgier, und dies gilt für alle Landesteile, gehen gern aus. Man verabredet sich im Café oder geht zusammen essen. Auf Essen wird generell großer Wert gelegt: Es soll gut sein, es soll genug sein, und es darf auch etwas kosten – da ist man nicht kleinlich.

Mit einer belgischen Familie essen zu gehen, etwa am Samstagabend, wenn alle Zeit haben, ist ein großes Vergnügen. Das Publikum ist sehr gemischt, da sitzen alte und junge Leute, Paare ebenso wie große Familien. Dabei geht es laut und fröhlich zu. Die Auswahl des Essens kostet Zeit, denn es ist schließlich nicht einerlei, was da auf den Teller kommt. Das sieht auch die Bedienung so, die gern Auskunft gibt und geduldig wartet, bis sich alle entschieden haben.

Auch die Kinder dürfen viel und gut bestellen: Hier noch eine Beilage, da ein besonderes Gemüse oder noch ein weiteres Getränk – es wird mit Freude konsumiert. Ein großes Thema ist dann der Nachtisch. Auch dabei wird nicht gespart, man hört den Kindern gegenüber keine Sätze wie: »Das ist doch nicht nötig, ihr habt genug gegessen!«, »Das ist ungesund!« oder »Wir wollen nicht noch mehr Geld ausgeben.« Und so wählen die Kinder mit Freude aus und diskutieren dann beim genussvollen Verzehr die Qualität des warmen Schokoladenkuchens. Er ist zwar ganz köstlich, aber war er vor zwei Wochen nicht vielleicht doch noch ein klitzekleines bisschen besser? Man ist sich nicht ganz einig. Klar ist allerdings: Hier sind selbst Halbwüchsige und ansonsten eher wortfaule Jugendliche mit dem Herzen dabei!

Restaurants sind auch unter der Woche eine Oase im täglichen Stress. Vor allem in den Städten geht man mittags essen, oft gibt es ein dreigängiges Menü und selbstverständlich ein Glas Wein dazu. Das ist ein völlig anderes Lebensgefühl als in den meisten Gegenden Deutschlands und der Niederlande. Häufig ist die Rede von einem romanischen oder mediterranen Lebensgefühl, das man in Belgien antreffe – die Belgier selbst verwenden dafür auch oft den Begriff burgundisch. Burgundisch ist positiv konnotiert und meint alles, was mit Genuss zu tun hat: Ein burgundischer Mensch ist jemand, der das Leben genießt und gern gut isst. Essen ist in Belgien Teil der Kultur, auch der Geschäftskultur – wichtige Entscheidungen werden regelmäßig beim Essen getroffen, oder zumindest an einem Esstisch.

Dabei wird außerordentlich großen Wert auf die Qualität des Essens gelegt. Belgien hat, gemessen an seiner Einwohnerzahl, ebenso viele Michelin-Sterne wie Frankreich. Und es sind beileibe nicht nur Brüsseler Spesenritter, die diese Lokale frequentieren. Man könnte zusammenfassen: »Genuss gehört zum täglichen Leben in Belgien. Komme, was wolle, wir lassen uns das Leben nicht vermiesen!« Alexander Homann, Leiter der Vertretung der Deutschsprachigen Gemeinschaft in Brüssel, erklärt: »Lebensqualität spielt einfach eine große Rolle in Belgien. Man ist gelassen und lässt sich nicht verrückt machen.«

Diese Gelassenheit zeigt sich auch im Alltag, etwa im Brüsseler Verkehr, für den man manchmal wirklich gute Nerven braucht. Die Tram fährt nicht? Wo gestern noch der Weg ins Büro war, ist heute eine lärmende Baustelle? Es gibt nur weite Umwege? Kein Problem. Ausländer sind regelmäßig erstaunt, wie duldsam viele Belgier die Situation hinnehmen. Keiner beschwert sich, keiner murrt, alle zuckeln brav ihres kurvenreichen Weges.

Bildende Kunst, Film, Literatur, Musik

Auch die Kultur ist in Belgien ein wichtiger Bestandteil des Alltags, und es gibt ein großes Angebot von Theatern, Museen und Konzerthäusern. Belgische Künstler zählen weltweit zur Avantgarde, auch im Ausland sind sie begehrte Gäste: etwa der 2014 verstorbene Kurator Jan Hoet, der 1992 als künstlerischer Leiter der documenta in Kassel einen großen Erfolg feierte, die Choreographen Alain Platel und Anne Teresa de Keersmaeker, die den modernen Tanz revolutionierten, Annemie Vanackere, seit 2012 Intendantin des Berliner Theaters Hebbel am Ufer, außerdem der für seine historischen Interpretationen klassischer Musik bekannte Dirigent Philippe Herreweghe sowie die Jazzmusiker Philip Catherine und der 2016 verstorbene »Toots« Thielemans.

Auch Chris Dercon ist in Deutschland kein Unbekannter: Von Mai 2003 bis März 2011 war er Direktor am Haus der Kunst in München, bis 2016 an der Londoner Tate Modern, im Sommer 2017 soll er Intendant der Berliner Volksbühne werden.

Und ständig tut sich etwas: So war das wallonische Mons 2015 Kulturhauptstadt Europas und eröffnete aus diesem Anlass gleich fünf neue Museen und ein Konzerthaus. Ganz zu schweigen von Brüssel mit seinen zahlreichen Museen für alte und moderne Kunst. Gerade die bildende Kunst hat in Belgien Tradition – man denke an die alten flämischen Meister, aber auch an den Surrealismus eines James Ensor (auch hier kommt wieder niemand auf den Gedanken, dass dieser Künstler Belgier ist), an den für seine futuristischen Flugobjekte berühmten Panamarenko oder an René Magritte.

Enge Verbindungen gibt es zwischen Kunst und Architektur. Bereits Ende des 19. Jahrhunderts baute der Architekt Victor Horta in Brüssel seine bis heute berühmten Jugendstil-Häuser, zur gleichen Zeit war der Maler und Architekt Henry van de Velde in Deutschland tätig. Van de Velde wurde Mitglied des 1903 gegründeten Deutschen Künstlerbundes und Leiter der Kunstgewerbeschule Weimar, die später in die Bauhaus-Schule überging.

Ein belgischer Stardesigner unserer Zeit ist der 1974 geborene Flame Lowie Vermeersch, der in Italien Karriere machte. Bereits mit 33 Jahren übernahm er eine Führungsposition im Designstudio und Karrosseriebau-Unternehmen Pininfarina, das unter anderem für Alfa Romeo, Ferrari und Maserati arbeitet. Vermeersch ist in der Autowelt bekannt für seine fließenden Linien, zu sehen etwa bei den von ihm entworfenen Modellen Ferrari California oder Maserati Birdcage.

Auch belgische Schauspieler und Regisseure kennt man über die Grenzen hinweg, etwa Matthias Schoenaerts, den das Magazin *Grazia* 2016 um seinen »Beneluxus-Körper« beneidete, oder Bouli Lanners und Benoît Poelvoorde, die im vielbeachteten Film

»Das brandneue Testament« unter Regie des Brüsselers Jaco Van Dormael mitspielten (bekannt auch durch »Toto der Held«). Ein feste Größe in der Filmwelt sind die Dardenne-Brüder aus Lüttich, die für ihren Film »Rosetta« 1999 in Cannes die Goldene Palme erhielten. 2014 war ihr Film »Zwei Tage, eine Nacht« mit Marion Cotillard auch in Deutschland ein großer Erfolg. Und Cécile de France, bekannt aus »L'auberge espagnole«, ist, anders als ihr Name suggeriert und zum Leidwesen vieler Franzosen, eindeutig belgischer Nationalität.

Ein auch im Ausland sehr beliebtes belgisches Kulturgut ist der Comic. Neben *Tim und Struppi* und *Lucky Luke* gibt es noch zahlreiche weitere, die meist nicht mit Belgien in Verbindung gebracht werden: die *Schlümpfe*, *Spirou*, *Gaston* und das *Marsupilami*. Es soll sogar Belgier geben, die selbst nicht wissen, dass Lucky Luke eine belgische Erfindung ist! Aber hier kann Abhilfe geschaffen werden, etwa durch das große Brüsseler Comic-Museum, das in einem Jugendstilgebäude untergebracht ist und Jahr für Jahr Tausende von Besuchern anlockt. Im Hauptbahnhof von Antwerpen wird zudem 2017 ein weiteres Comic-Museum eröffnet, das in sechs Erlebnisräumen die Welt der wichtigsten Comic-Helden zeigt.

Auch bei den neuesten Entwicklungen des Comic-Genres wie der Graphic Novel sind die Belgier vorne dabei, etwa die Flämin Judith Vanistendael. Sie illustriert auch die Geschichten der Buchreihe des Autors Michael De Cock um Rosie und Moussa. Eigentlich für Kinder ab sieben Jahren gedacht, bieten die Geschichten jedoch auch für erwachsene Leser einen interessanten Einblick in das multikulturelle Brüssel unserer Tage (etwa: *Rosie und Moussa. Der Brief von Papa*).

Ein bekannter Vertreter der niederländischsprachigen Kinder- und Jugendliteratur ist der Flame Bart Moeyaert, der für seinen Roman *Bloße Hände* mit dem deutschen Jugendliteraturpreis ausgezeichnet wurde. Im Herbst 2016 koordinierte Moyaert den gemeinsamen Auftritt Flanderns und der Niederlande bei der

Frankfurter Buchmesse. In Deutschland erfolgreich ist auch der Romancier und Theaterautor Tom Lanoye, der in seinen Stücken oft sehr aktuelle Fragen thematisiert: In *Gas* etwa geht es um den Terrorangriff auf eine U-Bahn, beschrieben aus der Perspektive der Mutter des Terroristen.

Dimitri Verhulst wurde durch *Die Beschissenheit der Dinge* bekannt, und der Titel verspricht nicht zu viel: Verhulst beschreibt hier halbautobiografisch sein schwieriges Aufwachsen unter Trinkern in einer Dorfkneipe. Das ist trotz der Tragik sehr unterhaltsam zu lesen und voller kauziger Charaktere. Die plastische Schilderung solcher Charaktere und Szenarien ist in der flämischen Literatur nichts Neues. Bereits Louis Paul Boon (*Mein kleiner Krieg*) und Hugo Claus (*Der Kummer von Belgien*) sind berühmt geworden durch ihre eindringlichen Darstellungen von Kriegserfahrungen und Dorfalltag.

Unter den französischsprachigen Autoren Belgiens ist zweifellos Georges Simenon (1903–1989) der bekannteste. Der in Lüttich aufgewachsene Autor war zunächst als Journalist tätig und verfasste in den 1930er Jahren die ersten Romane um die Figur des Kommissar Maigret. Es sollten insgesamt 75 werden. Simenon zählt zu den weltweit am häufigsten übersetzten und meistgelesenen Autoren.

Aber auch in der zeitgenössischen französischsprachigen Literatur machen einige Belgier von sich reden, etwa François Weyergans, der 2005 für den Roman *Trois jours chez ma mère* (*Drei Tage bei meiner Mutter*) den berühmtesten französischen Literaturpreis erhielt, den Prix Goncourt. Vom Feuilleton gefeiert wird auch Jean-Philippe Toussaint, etwa für den autobiografischen Roman *Fußball*, einer 2016 auch auf Deutsch erschienenen Liebeserklärung des Autors an eine der wenigen Leidenschaften, die für ihn neben der Literatur Bestand hat – den Fußball. An die Tradition Simenons anknüpfen konnte die französischsprachige Belgierin Amélie Nothomb, deren Kriminalromane sich auch in Deutschland gut verkaufen.

Der Sommer wäre für viele Einwohner Belgiens nur halb so schön ohne die zahlreichen Musikfestivals. Die belgische Festivalkultur ist etwas Besonderes: Erstens sind es sehr viele verschiedene Events, zweitens treffen sich hier Jung und Alt, und drittens ziehen die Festivals ein Publikum aus allen Landesteilen an. Das merkt man etwa daran, dass in den Zeitungen des jeweils anderen Landesteils ausführlich berichtet wird: Kurz vor dem berühmten Rock Werchter in der Nähe der flämischen Stadt Löwen etwa finden sich auf der Website von *Le Soir* nicht nur konkrete Angaben darüber, wann welcher Bus vom Bahnhof zum Festival fährt – es gibt danach auch ausführliche Rezensionen. Die Festivalkultur ist damit wirklich regionenübergreifend.

Hinzu kommt, dass die Festivals keineswegs klein sind: Rock Werchter zieht jährlich 350 000 Besucher an, auch die anderen Festivals sind groß, etwa Les Ardentes in Lüttich, Gent Jazz Festival, Cactusfestival in Brügge, Dour bei Mons, Tomorrowland bei Antwerpen und nicht zu vergessen Pukkelpop in Hasselt. Und doch geht es völlig entspannt zu. Oft kommen ganze Familien, so dass die Großeltern die Kleinkinder hüten, während die Eltern an einer der Bühnen stehen. Danach trifft man sich wieder zu Bier und Pommes, oder sitzt einfach nur gemütlich zusammen auf der Wiese.

Auch Musik ist heute, lange nach Jacques Brel, ein beliebtes belgisches Exportprodukt. Die Brüsseler Philharmoniker spielten 2011 die Musik zum oscarprämierten Film »The Artist« ein, die flämische Indie-Rockband dEUS füllt auch in Deutschland große Hallen. Außerdem wären da noch Hooverphonic, Soulwax, Ozark Henry oder der Singer-Songwriter Milow. Ein besonderer Musiker und Produzent unserer Zeit ist Stromae, 1985 im Brüsseler Stadtteil Etterbeek geboren, als Sohn einer belgischen Mutter und eines ruandischen Vaters. Stromae (sein Künstlername sind die vertauschten Silben von Maestro) produziert New Beat, Hip-Hop und Electro. Großen Erfolg feierte er über die Grenzen hinweg mit seinem Song »Alors on danse«, der 2010 auch in den deutschen Single-Charts auf den ersten Platz stieg. Das Album *Racine carrée* erschien im August 2013, konnte sich in Frankreich über 25 Wochen an der Spitze der Album-Charts halten und spielte in vier Ländern Platin ein.

Das Besondere an Stromae ist, dass er in Belgien in allen Landesteilen gleichermaßen beliebt ist und 2014 den offiziellen belgischen Song zur Fußball-WM einspielte. In Flandern wurden bereits mehrfach seine Videos persifliert und neu gedreht, etwa 2013 mit einem Double des neuen Königs Philipp, der sich kurz vor der Inthronisierung zur Musik der Single »Formidable« durch Brüssel bewegt und dabei auf Niederländisch von seinem Lampenfieber erzählt. Oder 2016, als das Gerücht ging, einer der Molenbeeker Terroristen sei in einem Kleiderschrank entkommen, wurde der Song »Papaoutai« (»Papa, wo bist du?«) zu »Salahoutai«, in Anspielung auf den gesuchten Salah Abdeslam und das vermutete Polizeiversagen.

Eine völlig andere Geschäftskultur

Belgier, egal ob Flamen oder Wallonen, gehen im geschäftlichen Kontakt oft anders miteinander um als Deutsche. Wenn man sich ansieht, welche Umgangsformen und ungeschriebenen Regeln in Belgien für die Geschäftskultur gelten, bekommt man einen recht guten Zugang zu diesem Land.

Zunächst einmal spielt der persönliche Kontakt eine ganz entscheidende Rolle: Um Vertrauen aufzubauen, möchte man einander erst einmal kennenlernen, bevor man zusammenarbeitet – und zwar nicht nur bei zehn Minuten Small Talk im Büro. Lieber wählt man dafür ein Restaurant und nimmt sich Zeit. Deutsche sind oft erstaunt, dass bei einem solchen Erstkontakt manchmal nur wenig über das Geschäft – immerhin der Grund des Zusammentreffens – gesprochen wird, sondern vor allem über private Dinge wie Hobbys, Familie, Urlaub.

Das liegt daran, dass persönliches Vertrauen in Belgien eine äußerst wichtige Geschäftsgrundlage ist. Man will den anderen erst einmal abtasten und wissen, mit was für einem Menschen man es zu tun hat. Es gibt keine strenge Trennung der Lebenswelten, und daher spielt das Privatleben im Job durchaus eine Rolle. Das ist gerade für Deutsche oft ungewohnt, zählt doch hierzulande im Beruf vorwiegend die Sachebene. Viele Deutsche können sich daher gar nicht vorstellen, wie wichtig in Belgien das erste Kennenlernen ist, und wie viele Punkte man sammeln kann, wenn man sich dafür Zeit nimmt, offen auftritt und etwas von sich selbst preisgibt.

Anders ist auch die Art, wie man sich selbst präsentiert und was man tut, um jemanden für sich einzunehmen. Zunächst einmal: Wenn sich zwei Belgier das erste Mal begegnen, fangen sie sofort an zu plaudern. Es ist üblich, sich beim ersten Kontakt locker und vor allem humorvoll zu geben. Die Lockerheit zeigt sich auch darin, dass man sich, zumindest in Flandern, sehr schnell duzt, oft schon bei einem zweiten Treffen. In der Wallonie dauert das manchmal etwas länger, je nach Branche und Alter.

Understatement ist hier wie in den Niederlanden die Maßgabe, man gibt sich nahbar und zugänglich. Und dazu eignet sich hervorragend eine scherzhafte Bemerkung, mit der man sich selbst kleiner macht, als man ist – etwa über eine Ungeschicklichkeit, die den anderen amüsiert, oder eine kleine Niederlage. So signalisiert man: Ich will hier nicht mein Revier markieren, sondern als normaler Mensch wahrgenommen werden. Humor hat dabei eine wichtige Funktion: Den Gesprächspartner zum Lachen zu bringen und die Situation aufzulockern, das ist eine Kunst, die sowohl von Flamen als auch von Wallonen sehr geschätzt wird.

Die Gespräche bleiben dabei relativ belanglos, man würde nie über heikle Themen wie Politik oder Religion reden. In diesem Bereich sind Witze ein absolutes Tabu! Untertreibung zeigt sich auch im Umgang mit Vermögen: »Wer mit Reichtum protzt, wird schief angesehen«, erklärt der flämische Wissenschaftler Bart Soethaert. »Dahinter steckt meist, dass man ein wenig den Neid der anderen fürchtet, wenn man es zu Geld gebracht hat.« Auch die nüchterne Germany Trade & Invest, die Gesellschaft der Bundesrepublik Deutschland für Außenwirtschaft und Standortmarketing, schreibt in ihrem Ratgebertext zu Belgien, man solle Wohlstand nicht offen zur Schau stellen. Ein Blick in die Regenbogenpresse bestätigt: Selbst die belgische High Society lebt relativ diskret. Es gibt wenig Berichte – und dass ein erfolgreicher Unternehmer vielleicht ein Weingut in Frankreich besitzt, spricht sich zwar herum, wird aber nicht an die große Glocke gehängt.

Zu einem einnehmenden Auftreten gehört auch, bei einem Treffen stets die Gesamtsituation im Blick zu haben und sich möglichst höflich zu zeigen. Das heißt, nicht als Erster durch die Tür gehen, nicht nur sich selbst Kaffee oder Wasser nachschenken, sondern zunächst anderen davon anbieten. Das alles gilt zwar auch in Deutschland als gutes Benehmen – aber der Unterschied ist, dass es in Belgien notwendige Bedingung für einen Deal sein kann.

Auch wenn es dann zum Geschäftlichen kommt, ist selbstbewusste Zurückhaltung üblich. Man lässt dem anderen immer Raum, selbst entscheiden zu können. Ein zu forsches Auftreten, das den Partner unter Druck setzen könnte, wirkt kontraproduktiv. Man sagt daher Dinge wie: »Ich habe da ein Angebot für Sie; danke, dass Sie sich Zeit nehmen, schauen Sie es in Ruhe an, wir können gern noch Dinge verändern« anstatt: »Ich habe hier etwas Besonderes für Sie. Das ist ein Angebot, das Sie unmöglich ablehnen können!« Es ist einfach nicht üblich, die eigenen Vorzüge zu sehr zu betonen.

Die Unterschiede gehen aber noch weiter. Auch der Ablauf von Besprechungen oder Verhandlungen ist meist anders als in Deutschland oder in den Niederlanden, viel weniger direkt und deutlich langsamer. Kornee van der Haven, niederländischer Wissenschaftler an der Universität Gent, musste sich an diese Art erst gewöhnen: »Man ist sehr zurückhaltend hier, vor allem wenn es um wichtige Entscheidungen geht. Bevor man in einer Besprechung einen Vorschlag macht, redet man oft erst einmal mit allen Kollegen einzeln. Erst dann sagt man etwas in großer Runde. Aber auch nach allgemeiner Zustimmung wird immer noch dreimal bei allen nachgefragt, ob sie auch wirklich einverstanden sind.«

Ist das nicht etwas umständlich und zeitraubend? »Das sehe ich nicht so«, sagt van der Haven, »Ziel ist immer der Kompromiss. Das dauert zwar etwas länger, aber dann läuft es auch. In meinen Augen ist das sogar sehr nachhaltig, denn es sorgt für Ruhe und Stabilität. In den Niederlanden gibt es oft eine Veränderung nach der anderen – so etwas kennt man hier nicht.« Der Standardsatz in Flandern lautet denn auch: »Laten we het niet overhaast doen«, auf Deutsch: Lieber nichts überstürzen. Dies gilt auch für die Wallonie. Hier ist die Beschlussfassung zwar von der Tendenz her etwas weniger partizipativ als in Flandern, das heißt, es entscheidet eher der Vorgesetzte. Aber die vorsichtige, bedächtige Beschlussfassung ist vergleichbar.

Interessant ist, und das gilt nun wieder für alle belgischen Landesteile, dass die Kommunikation in der Regel sehr indirekt ist. Dies gilt vor allem für Ablehnung, die in der Regel kaum einmal direkt geäußert wird, sondern nur sehr abgeschwächt: als eine Art Zweifel oder im Nachhinein unter vier Augen. Dies führt oft zu großen Verwirrungen bei deutsch-belgischen Verhandlungen. Ein deutscher Beamter, der viel mit Belgien zu tun hat, berichtet von einem der ersten Treffen für ein deutsch-belgisches Projekt: »Weil niemand Einwände vorbrachte, sind wir davon ausgegangen, dass alle mit unserem Vorschlag einverstanden waren. Zwei Monate später sind wir dann aus allen Wolken gefallen, als herauskam, dass dies keineswegs der Fall war.«

In der Tat ist dieses Schweigen oft die größte Falle, wenn Deutsche und Belgier zusammenarbeiten, hier entstehen viele Missverständnisse und Irritationen. Denn in Belgien gibt es einfach kein klares Nein. Der im Logistikbereich tätige Thomas Wegner erklärt: »Schweigen ist die härteste Art, Nein zu sagen. Daran musste ich mich auch erst gewöhnen. Man sollte in Belgien viel mehr zwischen den Zeilen lesen und Gesprächspausen oder Zögern zu interpretieren wissen.«

Einmal mehr zeigt sich hier also eine oft als romanisch bezeichnete, einfühlsame Art der Kommunikation: Persönlicher Kontakt und Kontext spielen manchmal eine größere Rolle als das, was inhaltlich gesagt wird. Hintergrund ist, dass man das Gegenüber nicht vor den Kopf stoßen möchte. Es ist von absolut entscheidender Bedeutung, dass jeder sein Gesicht wahren kann – und eine direkte Ablehnung wird nun einmal als kränkend empfunden. Man kann sich leicht vorstellen, welch schlechten Eindruck es in Belgien macht, wenn deutsche Geschäftspartner Einladungen zum Essen ohne wirklichen Grund ausschlagen oder Vorschläge der Belgier vor versammelter Runde argumentativ zerlegen.

Das mag nun delikat und schwierig klingen – dennoch wird die Zusammenarbeit zwischen Deutschen und Belgiern in den allermeisten Fällen als unkompliziert angesehen. Wenn man sich einmal kennt und die Sache läuft, geht in der Regel alles sehr schnell und problemlos. Belgier gelten als pragmatisch, effizient und lösungsorientiert: Wenn es ein Problem gibt, wird es mit großem Einsatz und Ideenreichtum gelöst. Und die vielen deutschen Unternehmen in Belgien würden ja nicht ihre Kapazitäten ausweiten, wenn sie dort unzufrieden wären.

Hinzu kommt: Belgier sind in der Regel keine Pfennigfuchser. Wenn man einmal miteinander im Geschäft ist und alles gut läuft, wird man nicht so schnell den Lieferanten wechseln, nur weil ein anderer ein wenig billiger oder ein wenig schneller ist. Vertrauen und Verlässlichkeit zählen mehr als der Preis. Viele Deutsche beschreiben die Zusammenarbeit mit belgischen Partnern nicht nur als gut, sondern auch als angenehm und beinahe freundschaftlich. Das passt zur belgischen Kultur: Man ist effizient und vom Lebensstil her eher konservativ und pflichtbewusst, aber nicht verbissen pflichtbewusst. Bei einem Deal wird nicht der letzte Cent herausgeholt, und als Zeichen der Wertschätzung lädt man den Geschäftspartner ab und zu in ein gutes Restaurant ein. Genuss gehört zum Leben, und Leben gehört zum Job.

Mehr als nur Flamen und Wallonen: Regionale Unterschiede

Das am deutlichsten sichtbare Merkmal der regionalen Aufteilung Belgiens ist wohl, dass die Lebenswelten von Flamen und Französischsprachigen völlig voneinander getrennt sind. Die Gruppen haben nicht nur eigene Schulen, sondern auch eigene Fernsehsender, Zeitungen und Websites. Man nimmt im Ergebnis kaum zur Kenntnis, was sich im anderen Landesteil abspielt. »Ich schaue keine Nachrichten aus dem Süden, und ich kenne auch kaum Wallonen«, sagt Marieke Reynders, die in der Nähe von Brügge wohnt. »Klar, wir sind mal in die Ardennen gefahren, aber das war für uns wie Ausland.«

Auch für die meisten Wallonen ist Flandern weit weg. *Le Soir*-Chefredakteurin Beatrice Delvaux, 1960 im wallonischen Namur geboren, erklärt, dass sie und ihre Klassenkameradinnen während der Schulzeit alles über Frankreich wussten – aber nichts über Flandern und schon gar nichts über die Niederlande. Diese starke Orientierung in Richtung Frankreich hat sich nicht geändert: Viele Wallonen geben auch heute noch die Auskunft, für sie sei Frankreich vom Gefühl her beinahe Inland. Dies spiegelt sich in den wallonischen Medien, die sehr viel über französische Innenpolitik berichten.

Hinzu kommt, dass auch die Hauptstadt Brüssel mental weit weg ist – und zwar für Wallonen und Flamen gleichermaßen. Obwohl Brüssel die Hauptstadt Flanderns ist und im flämischen Gebiet liegt (es ist quasi eine Insel in Flandern), wird sie von den meisten Flamen gemieden: Hier spricht fast niemand Niederländisch in den Geschäften, die Stadt wird daher als fremd empfunden. Noch vor 10 bis 15 Jahren haben sich viele Flamen darüber geärgert, inzwischen herrscht jedoch eher Gleichgültigkeit. Nach Brüssel fährt man zur Arbeit, nicht in der Freizeit – es sei denn zum Konzert einer Band, die nur dort auftritt. Aber ein Mittelklasse-Bürger aus Gent oder Brügge würde nicht so schnell auf die Idee kommen, nach Brüssel ins Theater zu gehen.

Der Flame Stefaan Vinke, der in Brüssel wohnt und in Gent arbeitet, stößt regelmäßig auf großes Unverständnis bei seinen Genter Kollegen: Er könnte doch im schönen Gent wohnen, und stattdessen kehrt er allabendlich in den Moloch Brüssel zurück. Es sind zwar nur 30 Minuten Fahrt, aber dazwischen liegen Welten. Normalerweise pendeln die Flamen in die umgekehrte Richtung, 250 000 sind es jeden Tag: Man wohnt in Gent, Antwerpen oder Brügge – und fährt nur zum Arbeiten nach Brüssel. Es gibt nur wenige Flamen, die in der Stadt wohnen und sich in Brüssel wohlfühlen. Das sind oft Wissenschaftler, Künstler oder Journalisten, denen die nördlichen Städte vielleicht zu eng oder provinziell sind und die daher das internationale Flair Brüssels vorziehen.

Aber auch die Wallonen sehen Brüssel ganz überwiegend nicht als »ihre Stadt« an – nur weil hier vielleicht ein paar Landsleute wohnen, die Französisch sprechen. Nein, man betrachtet Brüssel aus wallonischer Sicht zumeist als fremdes Terrain, auf dem Brüsseler, Ausländer und vielleicht ein paar Flamen wohnen. Denn die französischsprachigen Brüsseler sind eben keine Wallonen, sondern schlicht Brüsseler. 100 000 Wallonen fahren täglich morgens in die Stadt hinein und abends wieder nach Hause.

Das Gefühl der Fremdheit gilt übrigens umgekehrt ebenso: Französischsprachige Brüsseler kennen die südliche Region nur schlecht. Der Journalist François de Brigode von *Le Soir* erklärt: »Für einige Brüsseler ist selbst die Wallonie Ausland, für sie hört die Welt hinter Waterloo auf.« Waterloo liegt 20 Kilometer südlich von Brüssel. Und niederländischsprachige Brüsseler verstehen sich nicht unbedingt als Flamen. Insbesondere flämische Politiker zeigen sich von diesen niederländischsprachigen Brüsselern manchmal öffentlich enttäuscht, da sie zwar von flämischen Geldern profitieren, zum Beispiel im Schulsystem, sich aber nicht für Flandern stark machen.

Und die Differenzierung geht noch weiter: Selbst innerhalb Flanderns und der Wallonie fühlen sich die Menschen meist sehr stark mit ihrer Heimatstadt verbunden, weniger mit dem jeweiligen Landesteil. Dann erst kommt Belgien, sozusagen als Dach. »Wir nennen das manchmal scherzhaft Lasagne-Identität, denn es gibt verschiedene Schichten der Zugehörigkeit«, erklärt Wissenschaftler Bart Soethaert.

Die regionale oder sogar örtliche Identität wird sehr stark wahrgenommen und kultiviert. Man pflegt mit Vergnügen die gegenseitigen Vorurteile, jede Region hat ihr eigenes Label, und es gibt verschiedene Sendungen etwa im flämischen Fernsehen, in denen Westflamen, Antwerpener und Limburger einander in breitester Mundart durch den Kakao ziehen. Westflamen gelten dabei als fleißige, erfolgreiche Unternehmer – aber auch als Menschen, die alles an der Hierarchie vorbei tun, generell einen anarchistischen Zug haben, die gern feiern und trinken, dabei aber meist unter sich bleiben und einen für andere Flamen unverständlichen Dialekt sprechen. Tatsächlich ist der westflämische Dialekt so besonders, dass Westflamen im Fernsehen meist untertitelt werden, sehr zur Gaudi der übrigen flämischen Gebiete.

»Flandern ist sehr heterogen«, bestätigt Kornee van der Haven von der Genter Universität: »Westflämische Studenten sind meist bescheiden und beinahe schüchtern, sie fühlen sich in Gent fremd. Die Antwerpener dagegen sind oft sehr direkt und selbstsicher.« Der Antwerpener Akzent dominiert inzwischen immer häufiger, unter anderem weil viele Schauspieler und Talkmaster aus dieser Region stammen und ihre Aussprache großen Einfluss vor allem auf jüngere Menschen hat. »In Antwerpen werden die Babys mit einem Mikro in der Hand geboren«, heißt es manchmal scherzhaft. Dazu passt, dass Antwerpener im Ruf stehen, sich und ihre Stadt als den Nabel der Welt zu sehen. Wegen ihrer angeblich so großen Klappe und Besserwisserei werden sie zuweilen sogar als »Niederländer light« bezeichnet. Und wer die kritische Sicht der Belgier auf ihre nördlichen Nachbarn kennt, der weiß, dass dies keineswegs ein Kompliment ist.

Auch in der Wallonie gibt es ein starkes Herkunftsbewusstsein und regionale Mentalitätsunterschiede. Hier sind die Lütticher die Selbstbewussten, stolz auf ihre Geschichte als freies, einflussreiches Fürstbistum im Mittelalter und reiches Industriegebiet im 19. Jahrhundert. Es gibt eine alte Rivalität mit dem westlich gelegenen Charleroi, das früher ebenfalls ein Zentrum der Kohle- und Stahlindustrie war. Zwischen diesen beiden Schwergewichten liegt das hübsche Städtchen Namur. Dass gerade Namur Regierungssitz der Region Wallonie wurde, gilt als typisch belgischer Kompromiss, denn so brauchte man sich nicht zwischen Lüttich und Charleroi zu entscheiden.

Auch in der Wallonie gibt es unterschiedliche Akzente: So wird in der Gegend von Namur und Mons ein »reineres« Französisch gesprochen als etwa in Brüssel, wo viele flämische Ausdrücke benutzt werden, oder in Lüttich, wo sich eine besondere Aussprache entwickelt hat. Das wallonische Französisch gleicht insgesamt dem Französisch im Norden Frankreichs – und wer den Film »Willkommen bei den Sch'tis« (»Bienvenue chez les Ch'tis«) aus dem Jahr 2008 gesehen hat, weiß, dass es hier auch um eine besondere Mentalität geht. Tenor: Die da oben im Norden sind etwas langsamer, traditioneller und eigenwilliger, aber dabei wahnsinnig sympathisch und irgendwie auch sehr lebensklug.

Die starke Orientierung an der unmittelbaren Heimatregion relativiert daher die Vorstellung einer strikten Zweiteilung zwischen Flamen und Wallonen. Außerdem gibt es im Osten des Landes noch die kleine Deutschsprachige Gemeinschaft. Diese heute 77 000 Einwohner zählende Gruppe ist ein Phänomen. Nach dem Ersten Weltkrieg von Deutschland abgetrennt, zählt das Gebiet im Südwesten von Aachen erst seit 1919 offiziell zu Belgien. Die Einwohner haben ihre Muttersprache beibehalten und sprechen zu Hause, bei der Arbeit und in der Schule Deutsch – fühlen sich aber eindeutig als Belgier!

Diese Gruppe gilt im flämisch-wallonischen Streit oft als der lachende Dritte. Sie gehört zwar zur wallonischen Region, ist aber eine eigenständige Sprachgemeinschaft, mit den gleichen Rechten wie die großen Gemeinschaften der Flamen und Französischsprachigen. Sie kann daher selbst über ihre Schulen und Bildungseinrichtungen bestimmen. Viele der Deutschbelgier sprechen fließend alle drei Landessprachen und behaupten daher manchmal scherzhaft, sie seien die einzigen wahren Belgier. Zudem fungieren sie als Vermittler und Verbindungsglied zwischen Belgien und Deutschland. Auch innerbelgisch können sie manchmal ausgleichen, etwa wenn eine Regierungsbildung problematisch ist und es einen Vermittler braucht.

Was Sprache mit Politik zu tun hat: Die Vorgeschichte

Bevor das heutige politische System erörtert wird, werden zunächst die wichtigsten Meilensteine des Sprachenkonflikts in den Blick genommen. Denn vor diesem historischen Hintergrund lässt sich die gegenwärtige Situation besser verstehen. Die belgische Politik wird häufig auch deshalb als kompliziert und verworren wahrgenommen, weil sie Kompromisse widerspiegelt, die ohne die dahinter liegenden Bruchlinien kaum nachzuvollziehen sind.

Die heute quer durch Belgien verlaufende Sprachgrenze geht schon auf die Römerzeit zurück: Zwischen den Städten Köln und dem heute in Frankreich gelegenen Boulogne gab es damals eine Heerstraße, auf deren südlicher Seite die Römer herrschten und lateinische Dialekte dominierten. Auf der nördlichen Seite hingegen lebten Stämme, die germanische Dialekte sprachen. Bis heute ist man in Belgien übrigens stolz darauf, dass der römische

Feldherr Cäsar die Belger in seiner berühmten Schrift *Der Galli-sche Krieg* als den tapfersten aller gallischen Stämme beschreibt. Nachlesen kann man das auch in *Asterix bei den Belgiern* – hier ist der gallische Häuptling Majestix über Cäsars Aussage zutiefst empört und sucht ein Kräftemessen mit den Belgiern.

Die Provinzen des heutigen Belgien gehörten über Jahrhunderte zu verschiedenen großen Reichen: zu den Spaniern, den Habsburgern, den Franzosen. Oft ist von einer Jahrhunderte währenden Fremdherrschaft die Rede. Das sei jedoch nur bedingt korrekt, merkt der flämische Politologe Jacobus Delwaide an, denn die Herrscher und Statthalter seien überwiegend durchaus als legitime Machthaber gesehen worden. Es habe zwar einige Aufstände gegeben, dabei sei es aber in erster Linie um Steuern und Religionsfreiheit gegangen.

1830 erlangte das Land die Unabhängigkeit (vgl. auch den Abschnitt »Das Vereinigte Königreich der Niederlande« im Kapitel »Benelux«). Nun waren es zwar die eigenen Eliten, die an den Schalthebeln der Macht saßen, aber erst jetzt wurde es wirklich schwierig. Denn der neue Staat bestand aus niederländisch-sprachigen Provinzen im Norden und französischsprachigen im Süden. Allerdings sprach auch in Flandern die Oberschicht Französisch. Der belgische Sprachenkonflikt ist daher auch ein sozialer Konflikt, denn Französisch war im ganzen Land die Sprache der gebildeten Elite. Niederländisch hingegen wurde von ebendieser Oberschicht als Sprache der Bauern und Dienstboten gesehen – auch in Flandern selbst.

Das Problem des neuen Staates war, dass die französische Sprache sehr stark auch den Alltag prägte und damit die Flamen, die kein Französisch verstanden, außen vor ließ. Die Verfassung etwa, die ausdrücklich Zweisprachigkeit garantierte, existierte selbst nur auf Französisch, Standesämter stellten keine Urkunden auf Niederländisch aus, die Richter an flämischen Gerichtshöfen sprachen kein Niederländisch – und unter den Staatsbeamten gab es kaum Flamen. Der Unterricht an Gymnasien wurde ausschließlich auf Französisch gehalten, und so war der soziale Aufstieg für Flamen so gut wie unmöglich.

Diese Ungleichheit hatte tiefgreifende Folgen für die Bildung eines nationalstaatlichen Bewusstseins in Belgien. Die flämische Politologin Els Witte erläutert in ihrem Standardwerk *Sprache und Politik*, dass die Sprache eine wichtige Rolle für die nationale Identität spiele. Sprachliche Homogenität fördert laut Witte die Loyalität dem Staat gegenüber, während verschiedene Sprachen mit unterschiedlichem Status dazu führten, dass sich die Sprachgruppe mit dem niedrigeren Status weniger mit dem Staat identifiziere. Und genau das ist in Belgien bis heute der Fall: Viele Flamen identifizieren sich nur wenig mit Belgien.

Das kulturelle und soziale Ungleichgewicht wurde durch die wirtschaftliche Situation im 19. Jahrhundert noch dramatisch verschärft: Im Süden florierte die Kohle- und Stahlindustrie, der Norden blieb landwirtschaftlich geprägt und arm. Etwa 300 000 Flamen gingen im 19. Jahrhundert in den Süden, als billige Arbeitskräfte für die dortige Industrie. Die Arbeits- und Lebensbedingungen dieser Binnenmigranten waren ausgesprochen schlecht. Ihre wallonischen Kollegen wurden zwar in gleichem Maße ausgebeutet, aber der Sprachkonflikt spielte dennoch eine Rolle. Denn hier waren die Chefs eben immer die Französischsprachigen. Dass Belgien kein Paradies für Arbeiter war, stellte übrigens auch Karl Marx fest, der 1845 von Frankreich aus ins liberalere Belgien flüchtete und gerade hier gemeinsam mit Friedrich Engels *Das Kapital* verfasste.

Die Binnenmigration trug übrigens dazu bei, dass der Familienname eines Belgiers wenig darüber aussagt, aus welchem Landesteil er oder sie stammt. Eine Martine Fournier, ein Lionel Bajart oder eine Sabine de Bethune können Flamen sein, während ein Jean-Luc Crucke, ein Philippe Knaepen oder eine Mathilde Vandorpe Wallonen sind.

Im neu gegründeten Staat Belgien gab es neben dem wirtschaftlichen Gefälle auch große Unterschiede, was die Gesinnung betrifft: Der flämische Norden war traditionell katholisch geprägt, der Süden eher antiklerikal eingestellt. Im Süden mit seiner Industrie dominierte durch das Aufkommen der Arbeiterbewegung eine starke sozialistische Ausrichtung – bedingt durch das Wahlrecht, das den vielen Arbeitern ab 1919 dann auch eine Stimme gab (zumindest den Männern, die Frauen mussten bis 1949 warten). Diese Unterschiede sind bis heute sichtbar: Flandern ist eher liberal-katholisch geprägt, die Wallonie progressiv-sozialistisch.

Mitte des 19. Jahrhunderts entstand die Flämische Bewegung, die sich für sprachliche Gleichberechtigung einsetzte. Es kam vermehrt zu Auseinandersetzungen, und 1873 führte Belgien tatsächlich das Niederländische als Unterrichts- und Verwaltungssprache ein. 1898 wurde bestimmt, dass alle offiziellen Dokumente in zwei Sprachen abgefasst sein müssen. Dennoch unterrichteten die Universitäten immer noch ausschließlich auf Französisch, und es sollte bis 1930 dauern, bis der Vorlesungsbetrieb an der Universität Gent endgültig auf Niederländisch umgestellt wurde. Das war ein großer Erfolg für die Flämische Bewegung, die sich für Bildung, sozialen Aufstieg und damit für die Emanzipation der flämischen Arbeiter einsetzte.

Trennend wirkte allerdings auch die bittere Erfahrung des Ersten Weltkriegs. Belgien, obwohl neutral, wurde 1914 von Deutschland überrannt, blieb vier Jahre lang besetzt und zählte zu den blutigsten und schlimmsten Schlachtfeldern des gesamten Kriegs. Zahlreiche Flamen kämpften als einfache belgische Soldaten im Stellungskrieg in Westflandern. Da die Offiziere durchweg französischsprachig waren, wird in Belgien bis heute diskutiert, inwieweit Sprachschwierigkeiten zum Tod flämischer Soldaten führten, weil diese die französischen Befehle nicht verstanden. Einen eindrucksvollen Roman über diese Zeit hat Stefan Hertmans verfasst, auf Deutsch lautet der Titel *Der Himmel meines Großvaters*.

Die deutschen Besatzer versuchten zudem, die Flämische Bewegung auf ihre Seite zu ziehen und versprachen Hilfe gegen die vermeintliche Unterdrückung der Flamen durch den belgischen Staat. Unter deutschem Einfluss radikalisierte sich die Flämische Bewegung. Waren bislang sprachliche Gleichberechtigung und sozialer Aufstieg die Ziele, richtete man sich nunmehr explizit gegen den belgischen Staat. Die flämischen Aktivisten, die sich hier anschlossen, wurden nach dem Krieg gerichtlich verfolgt. Deutschland spielt im belgischen Sprachkonflikt somit eine unrühmliche Rolle – denn es fachte das flämische Gefühl der Entfremdung von der belgischen Heimat noch weiter an.

Dies gilt auch für den Zweiten Weltkrieg. 1940 wurde Belgien wiederum von deutschen Truppen überfallen und zerstört, erneut schürten die Deutschen das flämische Ressentiment gegenüber dem belgischen Staat, den sie als den eigentlichen Besatzer Flanderns hinstellten. Viele flämische Gruppen kollaborierten offen mit den Deutschen, einige stellten sich überdies freiwillig als Soldaten für das deutsche Heer zur Verfügung. Nach dem Krieg wurden, oft nach Standgerichten oder Schnellverfahren, ausgesprochen harte Urteile gegen die Kollaborateure verhängt. 53 000 Menschen wurden verurteilt. Wegen dieser Härte sprach man von einer Repression. Strafverfolgung der Kollaborateure und Forderungen nach Amnestie waren nach dem Krieg über Jahrzehnte ein heikles Thema im Land. Allerdings: Auf der wallonischen Seite gab es durch die Gruppe der Rexisten unter Léon Degrelle ein vergleichbares Maß an Kollaboration – und so kam es, dass Flamen und Wallonen einander nach dem Krieg ihre jeweilige Zusammenarbeit mit den Besatzern vorwarfen.

Auf diese Weise trugen die Weltkriege und die deutsche Besatzung dazu bei, dass sich – neben unzähligen Toten, zerstörten Städten und einer daniederliegenden Wirtschaft – Flamen und Wallonen weiter nachhaltig voneinander entfremdet hatten. Bis heute ist dieses historische Kapitel nicht wirklich aufgearbeitet.

Doppelter Föderalismus: Die Lösung?

Soweit zur Ausgangslage: Ein Staat mit unterschiedlichen Volks-gruppen und Sprachen – die eine Gruppe dominiert sprachlich, sozial, politisch und wirtschaftlich, die andere wird über 100 Jahre lang benachteiligt; ein fremder Staat gießt Öl ins Feuer und hetzt die bis dato unterlegene Gruppe auf. Und nun bitte eine prakti-sche Lösung, mit der alle zufrieden sind, möglichst schnell und natürlich möglichst billig.

Was also haben die Belgier gemacht? Zunächst einmal ent-schied man sich für einen größeren Abstand zueinander und die Aufteilung von politischen Zuständigkeiten. Der Gedanke dahin-ter war: Wenn jeder seine Sachen selbst regelt, gibt es weniger Probleme.

Um mehr Klarheit in der territorialen Zuordnung zu gewin-nen, legte man 1962 eine offizielle Sprachgrenze fest. Das heißt, jeder Ort wurde einer der großen Sprachen zugeordnet, Brüs-sel war zweisprachig, im Siedlungsgebiet der deutschsprachi-gen Belgier war die Sprache Deutsch. Obwohl, grob gesagt, in den nördlichen Provinzen Niederländisch und in den südlichen Französisch gesprochen wurde, war die Zuordnung, die erstmalig vorgenommen wurde, teilweise sehr schwierig. Denn es gab Ge-meinden in der Nähe der Sprachgrenze, die zweisprachig waren, oder kleine Sprachinseln jenseits der Trennungslinie.

Und es blieb nicht bei der Sprachgrenze. Zunehmend for-derten insbesondere die Flamen eine größere Eigenständigkeit, vor allem auch, um eine eigene Wirtschaftspolitik verfolgen zu können. Dazu hatten sie allen Grund, denn in den 1950er und 1960er Jahren ging es mit der flämischen Wirtschaft steil bergauf. Kleine und mittelständische Unternehmen florierten, der Hafen Antwerpen wurde ausgebaut. 1966 erreichte Flandern das Brutto-inlandsprodukt der Wallonie, und die Wirtschaftsleistung wuchs weiter, während sie in der Wallonie stagnierte und schließlich abnahm. Die wirtschaftspolitische Ausrichtung beider Landesteile passte schlecht zusammen: Flandern mit seinen kleinen und mittleren Unternehmen wollte weniger Handelsbeschränkungen, die Wallonie mit ihren großen Industriebetrieben eher staatliche Protektion und finanzielle Hilfe für den nötigen Strukturwandel. Der flämisch-wallonische Konflikt, der zunächst in erster Linie sprachlich-institutioneller Natur war, erhielt durch diesen Interessengegensatz noch eine wirtschaftspolitische Komponente.

Damit unterschiedliche Interessen verfolgt werden konnten, wurde der belgische Staat in den folgenden Jahrzehnten von Grund auf umstrukturiert. Zwischen 1970 und 2003 einigte man sich auf nicht weniger als fünf Staatsreformen, und Belgien wurde zum Föderalstaat. Da aber Brüssel zweisprachig war, konnte man das Land nicht einfach in Bundesländer aufteilen. So entwickelte sich das Modell eines doppelten Föderalismus, bestehend aus drei Sprachgemeinschaften und drei Regionen. Dazu als Dach die übergeordnete föderale Regierung.

Die territorial definierten Regionen (Flandern, Wallonie, Brüssel-Hauptstadt) kümmern sich um gebietsbezogene Aufgaben wie Wirtschaft, Außenhandel, Verkehr, Bodennutzung, Städte- und Straßenbau. So kann jede Region die für sie passende Wirtschaftspolitik festlegen. Die Gemeinschaften (flämische, französisch- und deutschsprachige) sind dagegen für personenbezogene Angelegenheiten zuständig, das heißt konkret für Gesundheit, Kultur, Schul- und Hochschulwesen. Da Brüssel zweisprachig ist, wird das Territorium Brüssel von der Region Brüssel-Hauptstadt verwaltet, die dort lebenden Einwohner können jedoch je nach sprachlicher Zugehörigkeit ihre Schule wählen, denn hierfür sind die Gemeinschaften zuständig.

Der übergeordneten Föderalregierung mit Sitz in Brüssel obliegen die nationalen Angelegenheiten, also Außenpolitik, Verteidigung, Justiz, Finanzen, Sozialsysteme und innere Sicherheit. Sowohl Regionen als auch Gemeinschaften verfügen über eigene Parlamente bzw. Räte und verwalten sich weitgehend selbständig.

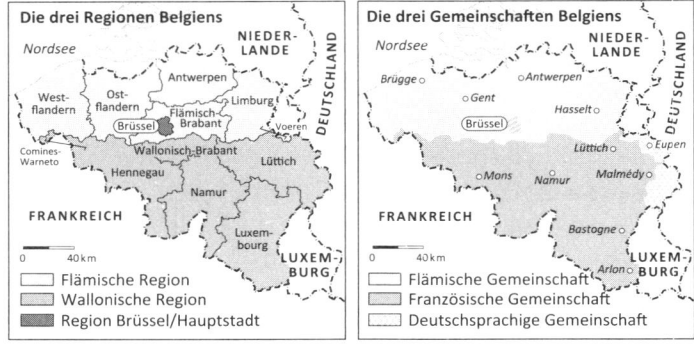

Die flämische Gemeinschaft und (territorial definierte) Region sind zusammengefasst, Sitz von Regierung und Parlament ist in Brüssel. Die wallonische Region hat ihren Sitz in Namur, die Region Brüssel-Hauptstadt in Brüssel. Die französische Gemeinschaft, zu der auch die französischsprachigen Brüsseler gehören, hat ihren Sitz ebenfalls in Brüssel. Sitz von Regierung und Parlament der Deutschsprachigen Gemeinschaft ist Eupen. Um es etwas zu vereinfachen: In Flandern sind Region und Gemeinschaft fast deckungsgleich, die Region Wallonie schließt das Gebiet der Deutschsprachigen Gemeinschaft ein, aber nicht das regional eigenständige Brüssel.

Wenn von der Unübersichtlichkeit der belgischen Politik die Rede ist, wird oft der schwierige historische und soziale Hintergrund übersehen. Außenstehende werten die Strukturen allzu schnell als unnötig kompliziert oder teuer ab und verkennen dabei, dass es sich um den Versuch einer pragmatischen Lösung für tiefgreifende Interessensgegensätze handelt. Die Belgier selbst würden sich oft ein wenig mehr Verständnis wünschen – schließlich gibt es eine Reihe von Völkern, die wegen weniger in einen Bürgerkrieg gerieten oder auseinanderbrachen. Allerdings ist die Macht der Regionen inzwischen sehr stark. Wenn etwa Brüssel-Hauptstadt und die Wallonie das kanadisch-europäische Handelsabkommen Ceta ablehnen, wie zunächst im Oktober

2016, dann hat der Premierminister kein Mandat, einen solchen Vertrag für sein Land zu unterzeichnen – und so können die belgischen Regionen Verträge für die gesamte EU blockieren.

Staatskrise 2010/11: Weitere Kompetenzen für die Regionen

Mit den Staatsreformen waren jedoch längst nicht alle Probleme gelöst, zumal Politik ja Menschen betrifft – Menschen, die sich einerseits bewegen und die umziehen, die aber andererseits auch bequem sind und bestimmte Erwartungen haben.

Als Belgien nach den Parlamentswahlen im Juni 2010 anderthalb Jahre ohne Regierung blieb, lag das unter anderem auch an Brüssel, genauer gesagt an den Randgemeinden auf flämischem Gebiet. Hier sehr kurz und vereinfacht: Um Brüssel herum gibt es einige flämische Gemeinden, deren Bürger, wenn es mehr als 20 Prozent französischsprachige Bewohner gab, ursprünglich das Recht eingeräumt worden war, mit den Behörden auf Französisch zu kommunizieren und ihre Kinder auf eigene französischsprachige Kindergärten und Grundschulen zu schicken.

Zunächst von flämischer Seite als eine Art Zugeständnis für den Anfang gemeint, das langsam abgebaut werden sollte, sobald die Französischsprachigen sich in die Region Flandern integriert hätten, verfestigte sich dieser Zustand jedoch: Immer mehr Französischsprachige und auch Expats, die etwa als EU-Beamte Französisch sprechen, zogen in diese »Randgemeinden mit Spracherleichterung«, und diese Bewohner wollten ihre Rechte nicht aufgeben, zumal sie in einigen Gemeinden durch weiteren Zuzug mit der Zeit 80 Prozent der Bevölkerung ausmachten. Die Flamen monierten, das ursprünglich begrenzte Zugeständnis wachse sich zum handfesten Privileg der Französischsprachigen aus – zumal es auch noch um Wählerstimmen ging: Die Französischsprachigen wollten in Brüssel wählen und dort für ihre eigenen Parteien stimmen, obwohl sie doch auf flämischem Gebiet wohnten.

Dazu muss man wissen, dass auch die Parteienlandschaft in Belgien geteilt ist und jede Region ihre eigenen Parteien hat. Sozialdemokraten, Christliche, Liberale und Grüne gibt es in Belgien in jeweils mehreren regionalen Ausführungen, ein wenig vergleichbar der CDU, die in Bayern keinen eigenen Landesverband unterhält, und ihrer Schwesterpartei CSU, die nur in Bayern zur Wahl antritt. Insofern spielt es eine große Rolle, welche Parteien auf dem Wahlzettel stehen, zumal die Ausrichtung der Parteien derselben Couleur je nach Landesteil oft sehr stark variiert.

Im Dezember 2011 gelang es schließlich dem wallonischen Sozialisten Elio Di Rupo, eine Koalition zu bilden, und im Juli 2012 beschloss das Parlament eine weitere Staatsreform, die unter anderem das Problem der Brüsseler Randgemeinden löste. In einem typisch belgischen Kompromiss wurde der Wahlkreis geteilt, und für frankophone Bürger in bestimmten flämischen Kommunen mit Spracherleichterungen besteht seither die Möglichkeit, wahlweise in Flandern oder aber in Brüssel abzustimmen. Um den Flamen entgegenzukommen, wurde im Gegenzug beschlossen, weitere Zuständigkeiten in den Bereichen Gesundheit, Justiz, Arbeitsmarkt, Kindergeld und Verkehr vom Föderalstaat auf die Regionen und Sprachgemeinschaften zu übertragen.

Die anderthalb Jahre ohne Regierung verliefen übrigens sehr geräuschlos und ohne größere Probleme. Ein wallonischer Beamter erklärt mit einem Schmunzeln, das sei keine schlechte Zeit gewesen, weil die Beamten endlich einmal in Ruhe ihre Arbeit hätten tun können, ohne Einmischung von oben.

Stichwort föderale bzw. nationale Regierung: Hier gibt es eine Vereinbarung, dass die Flamen, obwohl sie 60 Prozent der Einwohner Belgiens ausmachen, in der föderalen Regierung nicht mehr Ministerposten erhalten als die Französischsprachigen. Andererseits ist garantiert, dass Brüssel eine zweisprachige Stadt bleibt, obwohl dort überwiegend Französisch gesprochen wird.

Daher gibt es in Brüssel zwei Amtssprachen, das heißt, alle Straßenschilder sind zweisprachig, genau wie die U-Bahn-Stationen und alle öffentlichen Bekanntmachungen. Und wer im öffentlichen Dienst arbeiten will, muss Sprachkenntnisse in den beiden großen Landessprachen nachweisen.

Phänomen Brüssel: Eine Stadt, mehrere Lebenswelten

Brüssel ist jedoch nicht nur Wohnort für Niederländisch- und Französischsprachige. Die Stadt beherbergt überdies ein Heer von EU-Beamten aus allen Mitgliedsstaaten und eine Reihe anderer Expats und deren Familien. Zudem leben hier zahlreiche Migranten, überwiegend aus Marokko und der Türkei. Es handelt sich allerdings eher um ein Nebeneinander als um ein Miteinander, genau genommen gibt es in Brüssel mindestens drei völlig getrennte Lebenswelten: die belgischen Brüsseler, die EU-Ausländer plus Umfeld und die nicht-westlichen Migranten. Brüssel hat mittlerweile einen Ausländeranteil von 46 Prozent. Damit stellen selbst die belgischen Französischsprachigen nicht länger die Mehrheit, sondern nur noch die größte Gruppe.

Die EU-Ausländer bleiben meist unter sich. Franziska Achterberg, die seit 2001 in Brüssel lebt, mit einem Flamen verheiratet ist und für Greenpeace arbeitet, erklärt: »Die Expats haben Brüssel nicht gewählt, viele ziehen bald wieder weg. Sie bleiben unter sich, sprechen in der Regel kein Niederländisch und oft nur so viel Französisch, dass es zum Einkaufen reicht.« Am Arbeitsplatz wird Englisch gesprochen, und auch privat ist Englisch die Lingua franca, bestätigen andere EU-Beschäftigte. Da gibt es wenig Berührungspunkte mit den übrigen Einwohnern der Stadt. Diese sehen die EU mit ihren futuristischen Gebäuden daher oft als eine Art Raumschiff an, das irgendwie in ihrer Stadt gelandet ist.

Die Migranten, die nicht aus der EU stammen, leben meist eng beieinander und sind oft stark mit ihrem jeweiligen Heimatland verbunden. Es gibt Viertel mit einem sehr hohen Anteil an Menschen mit marokkanischen und türkischen Wurzeln, wie das inzwischen so bekannte Molenbeek, aber auch St. Gilles/Sint Gillis, das auch einige sehr schicke Ecken hat, in denen allerdings die finanziell besser gestellten Belgier oder EU-Angehörigen wohnen. Sonntags gibt es hier einen eher normalen Markt, dann in der Nähe, an der Brüsseler Gare du Midi (Südbahnhof), einen Markt, der einem riesigen Basar gleicht und Waren aus der ganzen Welt im Angebot hat. Im Brüsseler Stadtteil Anderlecht findet man einen weiteren Basar, der ebenfalls eine Mischung der unterschiedlichsten Kulturen (flämisch, osteuropäisch, maghrebinisch) bietet.

Der berühmt-berüchtigte Stadtteil Molenbeek grenzt übrigens direkt an die Brüsseler Innenstadt und ist keineswegs eine No-go-Area. Es gibt hier zum Beispiel eine freie Schule, die auch für Schüler aus anderen Stadtvierteln attraktiv ist – jeden Morgen bringen daher selbst gut situierte Eltern ihre Kinder nach Molenbeek zur Schule. Auch kulturell wird in diesem Stadtteil einiges geboten, im April 2016 etwa hat ein neues Museum für Moderne Kunst eröffnet. Mit seinen dreistöckigen Häusern, Cafés und Läden ist Molenbeek nicht vergleichbar mit beispielsweise den gesichtslosen Pariser Vorstädten und ihrer einförmigen Hochhaustristesse. »Das Problem in Molenbeek war, dass der langjährige Bürgermeister Philippe Moureaux den Migranten Wahlgeschenke machte, aber nicht aktiv in die Radikalisierung eingriff«, erklärt der Brüsseler Journalist Kris Hendrickx.

Das heißt im Klartext, dass hier einfach Klientelpolitik betrieben wurde, nach dem Motto: »Du gibst mir deine Stimme, und ich gebe dir ein Kulturzentrum, eine Turnhalle, einen Job für deinen Neffen.« Diese Art von Politik als Kundenbindung ist allerdings nicht auf Molenbeek beschränkt, sondern – wie verschiedene Studien über das belgische politische System feststellen – vielerorts Teil der politischen Kultur. Die regionale und kommunale Verankerung der Politiker ist in allen Landesteilen sehr stark, und von den einzelnen Abgeordneten wird erwartet, dass sie die unmittelbaren Interessen ihrer Wähler ganz real und greifbar bedienen.

Flämische Nationalisten in der Regierung

Trotz Aufteilung der Kompetenzen und einer sehr weitgehenden Entflechtung beider Landesteile gibt es einen politischen Dauerbrenner, der immer wieder für Streitigkeiten sorgt – und das sind die Transferzahlungen für die sozialen Sicherungssysteme, die landesweit, das heißt föderal organisiert sind. Flandern zahlt pro Jahr ca. 6,4 Milliarden Euro an Brüssel und die Wallonie, davon sind etwa 3,5 Milliarden Euro Sozialleistungen für Einwohner der Wallonie. Diese Zahlungen sind vielen Flamen ein Dorn im Auge, sie würden auch die Sozialleistungen gern regional aufteilen.

Dafür gibt es verschiedene Gründe: Zunächst einmal bliebe schlicht mehr Geld für eigene Belange wie Rente, Schulen oder Pflegeheime. Als ärgerlich empfinden viele Flamen aber auch die fehlenden niederländischen Sprachkenntnisse der Wallonen, woraus oft ein generelles Desinteresse an Flandern abgeleitet wird. »Wenn Ihr noch nicht einmal bereit seid, unsere Sprache zu lernen und nichts von unserer Lebenswelt wissen wollt, warum sollen wir dann weiter für Euch zahlen?«, ist in Flandern oft zu hören. Man attestiert den Wallonen Arroganz und mangelnden Respekt. Oft wird ihnen auch unterstellt, sie blickten auf die Flamen herab, quasi als Überbleibsel der langen Dominanz der Französischsprachigen in der belgischen Gesellschaft.

Und die wallonische Haltung? Viele Wallonen fühlen sich inzwischen von den Flamen abgehängt und in die Ecke gestellt. »Wir leben nicht am Tropf der Flamen«, stellte im Frühjahr 2016 noch der wallonische Ministerpräsident Paul Magnette klar. Inzwischen halten auch viele Wallonen die Flamen für arrogant. »Die denken, wir sind alle faule Südländer, die zu lange an der Bar stehen und nur vom Staat leben«, lautet eine verbreitete wallonische Wahrnehmung. Man fürchtet den flämischen Separatismus und eine weitere Auflösung Belgiens.

Es ist also nicht ganz einfach, solch ein gespaltenes Land politisch zu einen und zu regieren. Aber es scheint möglich zu sein, und nach der langen Hängepartie 2010/11 vollzog sich die nächste Regierungsbildung 2014 in nur wenigen Monaten. Dabei war die Ausgangslage alles andere als einfach – denn die flämischen Nationalisten der Nieuw-Vlaamse Alliantie (Neu-Flämische Allianz, N-VA) wurden mit 33 Sitzen (von insgesamt 150) landesweit stärkste Kraft. Erklärtes Ziel dieser Partei ist allerdings die graduelle Auflösung Belgiens und die Eingliederung Flanderns in ein Europa der Regionen. Die N-VA sieht Belgien als ein Land mit zwei Demokratien, die nicht zusammenpassen: Flandern als liberal-konservativ und die Wallonie als sozialdemokratisch-links, mit jeweils unterschiedlichen Bedürfnissen. Das Motiv der meisten N-VA-Wähler ist allerdings nicht die Trennung – Umfragen machen immer wieder deutlich, dass sie zwar eine stärkere Föderalisierung und weniger Transferzahlungen wollen, aber keineswegs eine Spaltung.

Nun stellte sich natürlich die Frage, wie mit einer solchen, eine weitere Trennung der Landesteile anstrebenden Kraft als stärkster Partei die Bildung einer stabilen Regierung auf Bundesebene gelingen sollte – ein typisch belgisches Paradoxon, das nach einer typisch belgischen Kompromisslösung verlangte.

Man kam im Ergebnis zu einer Mitte-rechts-Regierung unter Beteiligung der flämischen Parteien N-VA, Christdemokraten und Liberale sowie der wallonischen Liberalen. Letztere stellen mit Charles Michel den Premierminister. Die wallonischen Sozialisten, immerhin zweitstärkste Partei, gingen in die Opposition, und erstmals hatte eine Föderalregierung keine Mehrheit in der Wallonie.

Der Kitt der Koalition ist: Der Vorsitzende der N-VA, Bart De Wever, der seit 2013 Bürgermeister von Antwerpen ist, wurde, obwohl die N-VA stärkste Partei war, nicht Ministerpräsident (denn das wäre in den anderen Landesteilen nicht akzeptabel gewesen). Zugleich einigten sich die Koalitionäre darauf, das Thema der Übertragung weiterer Kompetenzen auf die Gemeinschaften und Regionen für die gesamte Legislaturperiode auf Eis zu legen.

Bart De Wever übernahm nicht einmal ein Ministeramt in der neuen Regierung, sondern blieb Bürgermeister von Antwerpen. Allerdings erhielt die N-VA in der Föderalregierung wichtige Ressorts wie Inneres, Finanzen, Verteidigung und Migration. Ministerpräsident Michel sah sich jedoch in der Wallonie einer starken sozialistischen Opposition ausgesetzt, seine Regierung wurde daher zunächst als Kamikaze-Koalition bezeichnet. Aber sie hält, und Beobachter bescheinigen ihr eine gute Arbeit. Auch viele Flamen sind der Ansicht, dass der Wallone Michel seine Sache gut mache: Der Ministerpräsident ist ausgesprochen respektiert, seine Umfragewerte lagen in Flandern im September 2016 sogar höher als die De Wevers.

Natürlich wird auch gescherzt, sehr beliebt etwa sind die Karikaturen der flämischen Zeitung *Het Laatste Nieuws*, die von täglichen Gesprächen zwischen Michel und De Wever berichten – und damit herausarbeiten, dass Bart De Wever der eigentliche starke Mann der Regierung ist, der im Hintergrund die Fäden zieht. Dass einflussreiche Politiker im Hintergrund bleiben, ist in der belgischen Politik nichts Ungewöhnliches. Man hält sich gern aus der Schusslinie. Der Politikwissenschaftler Wolfgang Ismayr spricht in Bezug auf Belgien von einer »Parteikratie«, denn es gebe eine sehr starke Außensteuerung durch die Parteien: »Die eigentliche politische Kontrolle erfolgt nicht so sehr im Parlament, sondern vielmehr durch die Parteien, deren Vorsitzende bewusst nicht Mitglieder der Regierung werden, um aus einer unabhängigen Position heraus besser wirken zu können.«

Dass jedenfalls De Wever (und die Vorsitzende der Flämischen Liberalen, Gwendolyn Rutten) ihren Einfluss durchaus offensiv bis in die föderale Regierung hinein geltend machen und sich dabei wie die Chefs eines Familienclans benehmen, wurde im Dezember 2014 offenkundig, als der christdemokratische Wirtschaftsminister und Vizepremier Kris Peeters öffentlich erklärte, er habe keine Schwiegermütter nötig, und wer mitbestimmen wolle, solle sich doch bitte an der Regierung beteiligen.

Nur am Rande: Familiäre Beteiligung, wenn auch nicht gerade durch Schwiegermütter, ist in der belgischen Politik nichts Ungewöhnliches – es gibt zahlreiche Politikerfamilien. So ist Charles Michel der Sohn von Louis Michel, des ehemaligen Außenministers. Andere bekannte Politikerdynastien sind die Familien De Croo, Simonet, Claes, Van den Bossche oder Tobback.

Zur Parteienlandschaft noch einige abschließende Bemerkungen: In Flandern existieren verschiedene rechtspopulistische Parteien, bekannt ist vor allem der radikal fremdenfeindliche und antieuropäische Vlaams Belang (deutsch ungefähr: Flämische Interessen, früher Vlaams Blok), der aufgrund einer Absprache der anderen Parteien (*cordon sanitaire*) jedoch nie in eine Regierungskoalition aufgenommen wurde und zuletzt viele Stimmen an die N-VA verlor. Die nationalistisch-populistische N-VA hingegen ist gemäßigter und vor allem proeuropäisch, zumindest in dem Sinne, dass sie für eine eigene Stimme Flanderns innerhalb der EU eintritt.

Die N-VA hat unterdessen eine sehr breite Anhängerschaft, die sich klar zu ihr bekennt, zudem stellt die Allianz in Flandern den Ministerpräsidenten. »Die N-VA ist inzwischen zum Mainstream geworden«, erklärt Walter Moens, bis 2015 Generaldelegierter der flämischen Regierung in Berlin, »sie wird allerdings oft von den frankophonen Sozialisten dämonisiert.« Ein flämischer Wissenschaftler stellt fest, dass seine Studienfreunde, ehemals eher links orientiert, inzwischen N-VA wählen und dazu auch offen stehen. Der Partei hat es auf jeden Fall genutzt, in die flämische und in die föderale Regierung zu gehen, denn durch die Übernahme von Verantwortung hat sie ihre Wählerschaft noch weiter überzeugt.

Die Wallonen können das nicht nachvollziehen – für sie ist De Wever schlichtweg ein »Faschist«, und der Aufstieg der N-VA wird mit großer Sorge verfolgt. Im Süden gibt es im Übrigen keine bedeutende politische Kraft, die den belgischen Staat in Frage stellt: Die Partei Rassemblement Wallonie-France, die einen Anschluss der französischsprachigen Teile Belgiens an Frankreich zum Ziel hat, erhält bei Wahlen regelmäßig einen Stimmenanteil von lediglich ein bis zwei Prozent.

Die politische Ausrichtung der Parteien ist etwas anders als in Deutschland. So sind die Christdemokraten weniger konservativ, dafür die Sozialisten aber weiter links anzusiedeln. Das liegt am Gesamtbild des politischen Spektrums: Rechts der Christdemokraten gibt es in Belgien noch andere große Parteien, aber links der Sozialisten besteht außer den Grünen bisher keine bedeutende Fraktion. Allerdings sorgt die kleine linksextreme Parti du Travail de Belgique (Belgische Arbeitspartei, PTB) seit der letzten Regierungsbildung zunehmend für Probleme in der Wallonie, denn sie hat die sozialistischen Gewerkschaften unterwandert und blockierte etwa während der Streikwelle 2016 jede Einigung mit der Regierung. Die vielen Streiks, vor allem im Süden des Landes, sind ein Problem, und die Position der Sozialisten ist geschwächt, da sie nicht in der Regierung vertreten sind. In Umfragen konnte die PTB zuletzt stetig zulegen.

Eine weitere wichtige Entwicklung der letzten 20 Jahre besteht darin, dass die politischen Vertreter der verschiedenen Regionen und Gemeinschaften einander oftmals nicht mehr persönlich vertraut sind. »Man kennt einander nicht mehr, und das macht die Kluft größer«, sagt Alexander Homann, der das Ganze als deutschsprachiger Belgier betrachtet. »Dadurch wird die Vertrauensbasis kleiner, und das erschwert wiederum die Lösungsfindung.« Diese Tendenz gilt nicht nur für die Politik: Viele Flamen und Wallonen geben generell die Auskunft, dass für sie subjektiv der Graben in den letzten 20 Jahren größer geworden sei.

Das Königshaus und die koloniale Vergangenheit

So viel Politik und noch kein Wort über den König. Dabei ist er doch der einzige echte Belgier, wie oft gescherzt wird, denn er gehört schließlich keiner Volksgruppe an. Außerdem ist er nicht *König von Belgien*, sondern *König der Belgier* – Legitimationsgrundlage ist also nicht das Territorium, sondern das Volk.

Politisch steht der König an der Spitze des Staates, in seinem Namen wird Recht gesprochen, er ernennt Minister und unterzeichnet Gesetze. Gleichwohl ist er nicht Regierungschef und spielt bei der Steuerung der täglichen Regierungsgeschäfte keine Rolle. Die eigentliche Aufgabe des Königs im Regierungssystem ist die Einsetzung eines *Formateurs* bei der Regierungsbildung, d.h. die Benennung einer Person, die Koalitionsgespräche in die Wege leitet und die Spitzen der Parteien an einen Tisch bringt. Außerdem empfängt der König wöchentlich den Premierminister zu einem Gespräch. Der König darf sich allerdings nicht politisch äußern.

Das Königshaus unterstützt zwar auch die belgische Wirtschaft, etwa wenn das Königspaar mit Wirtschaftsdelegationen in ferne Länder reist und der königliche Beistand den Geschäftsleuten als Türöffner dient, aber es hat vor allem eine gesellschaftliche Funktion: »Der König hält das Land zusammen«, sagt Journalist Kris Hendrickx, »selbst Leute, die früher gegen das Königshaus waren, erkennen heute den Bindungsfaktor an.«

Nicht zuletzt ist da natürlich auch der Glamourfaktor, den jedes ordentliche Königshaus mitbringen sollte. Und da können die Belgier mit ihrer attraktiven und klugen Königin Mathilde wahrlich nicht klagen. Mathilde d'Udekem d'Acoz wuchs im Schloss Losange in der südlichen Provinz Luxemburg auf, ihr

Vater war einer der reichsten Großgrundbesitzer des Landes, ihre Mutter eine polnischstämmige Gräfin. Mathilde absolvierte ein Studium und arbeitete von 1995 bis 1999 als Logopädin in einer eigenen Praxis in Brüssel. Nebenbei studierte sie an der Katholischen Universität Löwen Psychologie und beendete ihr Studium mit Bestnoten. 1999 heiratete sie den Kronprinzen Philipp, 2013 bestieg er den Thron, und sie wurde zur Königin Mathilde. Das Paar hat vier Kinder – so ist zum einen für die Thronfolge und zum anderen für immer neue Fotos gesorgt.

Der Start der belgischen Monarchie war allerdings nicht ganz so unproblematisch. Als der deutsche Prinz Leopold von Sachsen-Coburg und Gotha 1831 erster König der Belgier wurde, erhielt er eine Königskrone, die deutlich weniger glänzte als andere Kronen. Denn der neugegründete Staat Belgien war eine parlamentarische Monarchie und die Rechte des Königs somit im Vergleich zu anderen Monarchen stark eingeschränkt. Das junge Belgien hatte damals die fortschrittlichste Verfassung Europas – gut für das Mitspracherecht der Bevölkerung, schlecht für die Machtfülle des Königs.

Sein Sohn und Nachfolger Leopold II. glich dieses Machtdefizit jedoch aus, indem er sich zum Herrscher des Kongo machte, den er durch seine Privatarmee erobern ließ. 1885 wurde die Kolonie auf der Kongo-Konferenz in Berlin offiziell nicht etwa als belgische Kolonie anerkannt, sondern als Privatbesitz des belgischen Königs. Leopold II. wurde damit zum absolutistischen Fürsten eines riesigen Gebiets in Zentralafrika, etwa halb so groß wie Europa. Die heutige Hauptstadt Kinshasa hieß bis zur Unabhängigkeit des Landes 1960 Léopoldville.

Große Teile der kongolesischen Bevölkerung wurden zur Zwangsarbeit herangezogen, für den Kautschukabbau und in den Minen des im Osten des Landes gelegenen Katanga. Durch die Erfindung des Gummireifens für Automobile stieg Ende des 19. Jahrhunderts die Nachfrage nach Kautschuk enorm an, und Belgien hatte weltweit quasi ein Kautschukmonopol. Schätzungen zufolge kostete das brutale System Leopolds etwa acht bis zehn Millionen Menschen das Leben. Joseph Conrads berühmter Roman *Das Herz der Finsternis* spielt in Belgisch-Kongo. Eine ausgezeichnete Darstellung des Kongo bis in die Gegenwart hat David Van Reybrouck 2010 vorgelegt, unter dem Titel *Kongo. Eine Geschichte,* die 2012 auf Deutsch erschien.

Leopold II. nutzte seine Einnahmen aus der Kolonie, um Belgien mit zahlreichen Prachtbauten auszustatten: In Brüssel entstanden das Jubelparkmuseum und ein neuer Königspalast, in Tervuren ein riesiges Kolonialmuseum im Stile von Versailles und in Ostende die Venezianischen Galerien. Im Kongo investierte Leopold so gut wie nichts. 1908 ging die Kolonie in den Besitz des belgischen Staates über. Leopold selbst, der 1909 starb, hat bis zu seinem Tod nie einen Fuß in seine Kolonie gesetzt.

Bis heute ist die Auseinandersetzung mit der kolonialen Vergangenheit in Belgien ein schwieriges Thema. Das Afrika-Museum in Tervuren etwa ist zurzeit geschlossen und erhält nun eine neue, kritische Ausrichtung. »Der Kongo ist für die Belgier bis heute ein sehr emotionales Thema«, erklärt Museumsdirektor Guido Gryseels. »In jeder Familie gibt es mindestens einen Großvater, Vater oder Onkel, der als Arzt, Lehrer oder Missionar dort gearbeitet hat.« Umstritten ist auch, wie man mit den zahlreichen Denkmälern umgehen soll, die König Leopold als Helden zeigen, etwa in Ostende oder am Brüsseler Platz Troon/Trône. An den Schulen wird inzwischen sehr kritisch über die Kolonialzeit unterrichtet, und es gibt ein wachsendes Bewusstsein für das Unrecht, das im Namen des belgischen Königs geschehen ist.

Heute leben knapp 45000 Menschen mit kongolesischem Migrationshintergrund in Belgien, die meisten davon in der Hauptstadt Brüssel. Das innerstädtische Matongé-Viertel im Stadtteil Ixelles/Elsene, nur einen Kilometer vom EU-Raumschiff in der Rue de la Loi entfernt, ist stark kongolesisch geprägt, und so findet afrikanische Politik manchmal auch hier statt, wenn etwa Demonstrationen gegen den Autokraten Joseph Kabila durch Matongé ziehen und die belgische Regierung auffordern, dieses Regime nicht länger zu unterstützen.

Blick auf Deutschland: Wirtschaftlich interessant, kulturell weit weg

Die Beziehungen Belgiens zu Deutschland sind ausgezeichnet. Wirtschaftlich läuft alles bestens, Deutschland ist größter Handelspartner, auch politisch ist die Zusammenarbeit seit den 1950er Jahren sehr eng.

Nach dem Krieg gab es trotz Besatzung und Holocaust nur wenig Ressentiments gegenüber Deutschland, dafür umso mehr zwischen den Flamen und Wallonen. Darin unterscheidet sich Belgien sehr stark von den Niederlanden, für die der große Nachbar Deutschland immer eine feste (wenn auch über lange Zeit hinweg negative) Bezugsgröße war, über die man die eigene kulturelle Identität definieren konnte.

In Belgien jedoch haben beide Landesteile andere kulturelle Bezugsgrößen, und das ist Frankreich für die Wallonie und die Niederlande für Flandern. Vor allem in der Wallonie weiß man über Deutschland daher nur sehr wenig. Das östliche Nachbarland ist weit weg, die Sprache gilt als kompliziert, das Essen als mittelmäßig. »Die spielen gut Fußball und verdienen viel Geld«, so eine verbreitete Ansicht. Teilweise ist das Bild auch stark veraltet, man setzt Deutschland oft noch mit der alten Bundesrepublik gleich.

In Flandern hingegen wächst das Interesse an Deutschland. Die wirtschaftliche und politische Zusammenarbeit, vor allem auch mit dem angrenzenden Bundesland Nordrhein-Westfalen, ist sehr eng. »Gut wäre, wenn auch das Interesse an der deutschen Sprache noch ein bisschen mehr würde«, sagt Koen Haverbeke, der Generaldelegierte der Regierung Flanderns in Berlin. »Zu

meiner Zeit war in Flandern Deutsch an der Schule noch Pflichtfach, das hat sich inzwischen geändert.« Für die Deutschsprachige Gemeinschaft ist Deutschland logischerweise ein wichtiger
Referenzpunkt und Partner. Hier werden deutsche Medien stark
genutzt, und es gibt in vielen Bereichen eine enge Zusammenarbeit, etwa was Sicherheit und Gesundheit betrifft.

»Sehr positiv wurde in Belgien der Staatsbesuch von Bundespräsident Gauck im März 2016 wahrgenommen«, erklärt
Alexander Homann von der Deutschsprachigen Gemeinschaft,
»Deutschland hat Belgien die Hand gereicht, und solche Gesten
haben eine große Bedeutung für uns, gerade in den schwierigen
Zeiten nach den Anschlägen von Paris, als in Brüssel wochenlang
die höchste Alarmstufe herrschte.«

Acht Tage nach Gaucks Abreise kam es allerdings zu den Anschlägen in Brüssel selbst, und die deutschen Medien fielen über
Belgien her. »Dieses Belgien-Bashing und der erhobene Zeigefin-
ger haben sich sehr negativ auf das Bild von Deutschland ausge-
wirkt«, sagt eine Mitarbeiterin der belgischen Botschaft in Berlin.
»Gerade lief es nach dem Gauck-Besuch und der großen Wertschätzung des Präsidenten so gut, und dann das.«

Es wird zwar im gesamten Land genau registriert, wie deutsche
Medien über Belgien berichten. Aber manchmal begegnet man
dem auch nur noch mit einem müden Achselzucken oder ironischen Seufzer, nach dem Motto: »Ach, das sind wir ja gewöhnt,
und so kommen wir wenigstens mal in die Presse!«

Wie es weitergeht

Oft wird gefragt, ob das Land nun immer weiter auseinanderdrif-
te und es womöglich irgendwann zu einer Trennung komme. Die
N-VA musste zwar zusagen, ihre Pläne zur weiteren Dezentrali-
sierung bis zu den nächsten Wahlen 2019 auf Eis zu legen, aber
das hindert die Partei nicht daran, weiterhin kräftig auf die Wal-

lonie zu schimpfen. So entfuhr dem flämischen Ministerpräsidenten Geert Bourgeois von der N-VA aus Anlass des flämischen Nationalfeiertags 2016 in einem TV-Interview die Feststellung, die flämisch-wallonische Grenze habe sich zu einer Streikgrenze entwickelt, auf die die Flamen spucken würden.

Und nun das Interessante: In der Wallonie wurde die Bemerkung nur am Rande kommentiert, aber in Flandern selbst gab es große Empörung, sogar seitens der eigenen Koalitionspartner. Die Liberalen verurteilten die Polarisierung, warnten vor der Schaffung eines Feindbildes und einem einseitigen Wir-und-Die-Diskurs. Der christdemokratische Koalitionspartner und ehemalige flämische Ministerpräsident Kris Peeters mahnte, dies sei eine unwürdige Sprache. Die Episode macht deutlich, dass es bei aller Polemik auch in Flandern Grenzen im Umgang mit den Landsleuten im Süden gibt und derartige Ansichten nicht allgemein akzeptiert sind.

In der Wallonie ist schon seit längerer Zeit ein Bedauern über die flämischen Trennungswünsche zu vernehmen. So beklagt etwa der wallonische Autor Jacques De Decker, dass ihm im Falle einer Trennung eine Hälfte seines Landes weggenommen würde, in der er sich doch auch zu Hause gefühlt habe.

Aktuell ist zu beobachten, dass es zum Teil sogar den Wunsch nach einer Stärkung Belgiens, also einer Reföderalisierung bzw. Rückübertragung von Kompetenzen an die föderale Regierung, gibt – oder zumindest eine Art Nostalgie in Bezug auf die alten Zeiten, als beide Landesteile noch nicht so stark auseinanderdividiert waren. Man hat Angst davor, eine Art Briefkastenstaat zu werden, der gar keine übergeordneten Kompetenzen mehr hat, weil sie alle bei den Regionen und auf der europäischen Ebene liegen.

Andererseits gibt es tatsächlich Gedankenspiele für ein Belgien der vier Regionen. Dieses Modell geht davon aus, dass Flandern sich langsam von Brüssel löst, das dann einen neutralen, unabhängigen Status erhielte. Die vier Regionen wären somit Flandern, die Wallonie, Brüssel und die Deutschsprachige Gemeinschaft mit noch weiter reichenden Kompetenzen als bisher.

Wie lassen sich diese Widersprüche erklären? Man muss hier zwischen administrativen Strukturen und kultureller Identität trennen. Flamen und Wallonen sind sich, was ihre Werte und ihre Mentalität betrifft, sehr ähnlich – aber die Strukturen führen zu einem zunehmenden Auseinanderdriften. Der Föderalismus mit seiner Entflechtung wirkt in einer Weise trennend, die dem Gefühl der Zugehörigkeit und der Identität gar nicht entspricht. Die deutschbelgische Politologin Marieke Gillessen erklärt: »Der voranschreitende, zentrifugale Föderalismus basiert nicht auf existentiellen kulturellen Unterschieden zwischen Flamen und Wallonen, sondern vielmehr auf institutionalisierten binären Strukturen.« Die fortdauernde Debatte darüber, wer wie viel bekommt und wer was entscheiden darf, führt zu Zwietracht und Konkurrenzdenken. So ist eine Eigendynamik entstanden, die das Trennende immer weiter verstärkt.

»Diese Divergenz kann als mangelnde Kollektividentität trotz gemeinsamer Wertebasis bezeichnet werden«, stellt Gillessen fest. Etwas einfacher gesagt: mangelndes Gemeinschaftsgefühl trotz gemeinsamer Werte. Der flämische Politologe Dirk Rochtus bestätigt, dass zwei unterschiedliche *cultural networks* entstanden seien, die jedoch nicht auf unterschiedlichen kulturellen Annahmen basierten.

Dies lässt sich auch im Alltag feststellen: Viele Flamen sagen, sie hätten eine ähnliche Mentalität wie die Wallonen. Deutlich wurde das 2001, als ein niederländisches Nachrichtenmagazin als eine Art Gedankenspiel die Fusion von Flandern und den Niederlanden vorschlug und wirtschaftlich durchrechnete. Der flämische Politiker Herman De Croo, übrigens Vater des heutigen Ministers für Entwicklungszusammenarbeit, Alexander De Croo, wies diesen Vorschlag vehement zurück: Dann ziehe er doch lieber in die Wallonie, denn mit den Niederländern verbinde ihn nichts. »Aus der Entfernung bewundere ich zwar den calvinistischen Erfindungs- und Kaufmannsgeist, und ich habe auch ein paar Freunde in den Niederlanden. Aber mit ihnen zusammenzuleben, das bleibe mir doch bitte erspart.«

Luxemburg: Für Europa ein Glücksfall

Das reichste Land der Welt oder die Wunder der Statistik

Der ehemalige luxemburgische Premierminister Jean-Claude Juncker musste im Ausland ab und zu auf seinen Status pochen. »Wir sind zwar klein, aber souverän«, pflegte er dann zu sagen. Im Inland hingegen erklärte er: »Wir sind zwar souverän, aber klein.« Ersteres sollte die anderen Staatschefs daran erinnern, dass sie mit Luxemburg ein gleichberechtigtes Mitglied der Europäischen Union vor sich hatten, letzteres den Einwohnern klarmachen, dass die Einflussmöglichkeiten ihres Staates manchmal eben doch begrenzt sind.

Die Bezeichnung als »klein« ist dabei relativ. Das Land ist keineswegs ein Stadtstaat, sondern rund 57 Kilometer breit und 82 Kilometer lang. Es grenzt an Belgien, Deutschland und Frankreich. Die nördliche Hälfte ist Teil der Ardennen und sehr dünn besiedelt, die meisten Menschen leben im Süden: in der Stadt Luxemburg, dem Gutland mit dem Moseltal im Südosten oder der einstigen Bergbauregion im Südwesten.

Und wenn man schon über Größe redet, hier zunächst einige Zahlen als Grundlage. Bemerkenswert ist die für einen Nationalstaat geringe Einwohnerzahl von 576 000 Menschen (2016), bei einem Ausländeranteil von 47 Prozent. Dabei ist die Bevölkerungszahl in den vergangenen 25 Jahren rasant angestiegen, 1990 lag sie noch bei 375 000. Dieser Anstieg ist vor allem durch Zuzug aus dem Ausland bedingt, der Anteil der Luxemburger an der Gesamtbevölkerung liegt konstant bei etwa 280 000.

Arbeitsmigration hat in Luxemburg Tradition. Bereits Ende des 19. Jahrhunderts kamen viele Einwanderer aus Italien, in der 1960er Jahren dann vor allem aus Portugal. Die Portugiesen machen heute 16 Prozent der Gesamtbevölkerung aus, das sind immerhin 93 000 Menschen. Größere Gruppen bilden auch die Franzosen mit 41 000, die Italiener mit 20 000 und die Belgier mit 19 000 Einwohnern. Außerdem leben in Luxemburg 13 000 Deutsche. Ein sehr internationaler Staat also.

Damit nicht genug: Hinzu kommen noch 170 000 Grenzgänger, die in Luxemburg arbeiten und in Deutschland, Belgien oder Frankreich wohnen. Das heißt konkret, dass Ausländer auf dem luxemburgischen Arbeitsmarkt klar in der Mehrheit sind: Die Luxemburger selbst machen lediglich 29 Prozent der Arbeitnehmer aus, die Grenzgänger stellen etwa 44 Prozent, niedergelassene EU-Bürger 24 Prozent und Nicht-EU-Bürger drei Prozent.

Insgesamt beträgt das Bruttoinlandsprodukt (BIP) Luxemburgs laut Germany Trade & Invest 52,1 Milliarden Euro (2015), das sind sagenhafte 91 900 Euro pro Kopf. Pro Kopf der Einwohner allerdings – die Grenzgänger, die das BIP zu 44 Prozent mit erwirtschaften, sind hier nicht herausgerechnet. So kommt es regelmäßig zu groben statistischen Verzerrungen, wenn etwa Luxemburg als reichstes Land der Welt eingestuft wird, noch vor dem Ölstaat Katar. Zählt man die Grenzgänger mit, gehört Luxemburg zwar immer noch zu den reichsten Staaten Europas, aber die Zahlen sind nicht mehr so absurd hoch.

Luxemburg ist ein prosperierender Staat im Zentrum Europas, mit der Einwohnerzahl einer mittleren Großstadt und einem Ausländeranteil von fast 50 Prozent. Das ist mehr als ungewöhnlich. Und so stellt sich die Frage, wie es den Luxemburgern gelingt, die komplexen Anforderungen und Aufgaben eines souveränen Staates – wie soziale Sicherungssysteme, Justiz, Verwaltung, Schulsystem und dazu die Integration – erfolgreich zu meistern.

Hinzu kommen die grenzüberschreitenden Verpflichtungen Luxemburgs durch seine Mitgliedschaft in internationalen Organisationen, etwa 2015 die EU-Ratspräsidentschaft oder 2014 der zeitweilige Vorsitz im Sicherheitsrat der UNO. Auch diese Aufgaben meisterte Luxemburg zur allseitigen Zufriedenheit, alles lief bestens. Da fragt man sich: Wie schaffen die das?

Am erstaunlichsten aber ist wohl, wie ein so kleines Gebiet im europäischen Machtgefüge überhaupt unabhängig werden – und bleiben – konnte. Zunächst steht daher die Entwicklung Luxemburgs zu einem souveränen Staat im Mittelpunkt.

Schritt für Schritt in die Unabhängigkeit

Im Jahre 963 erwarb Graf Siegfried I. einen kleinen Felsen im Alzettetal mit der Burg Lucilinburhuc. Damit legte er den Grundstein für das Land und das Adelsgeschlecht der Luxemburger. Noch heute ist den Luxemburgern wichtig, dass sie ihre Geschichte sehr weit zurückverfolgen können und dass es eine alte Tradition mit einem Bezugspunkt – der Burg – gibt, die bis heute den Mittelpunkt des Landes darstellt.

Sehr einflussreich war die Luxemburger Dynastie dann im Mittelalter, als Luxemburg zum Heiligen Römischen Reich Deutscher Nation gehörte und das Fürstenhaus sogar vier deutsche Kaiser stellte. Das Gebiet war zeitweise viermal so groß wie heute, und unter Karl IV. gehörte sogar das Königreich Böhmen dazu. So kommt es, dass die berühmte Karlsbrücke in Prag nach einem luxemburgischen Kaiser benannt ist.

Nach dieser glänzenden Epoche fiel das luxemburgische Gebiet 1443 gemeinsam mit dem heutigen Belgien an die Habsburger, und die Stadt Luxemburg wurde im Zuge kriegerischer Auseinandersetzungen zunehmend zur Festung ausgebaut. 1795 schließlich annektierte Napoleon das Herzogtum, und es sah zunächst so aus, als würde Luxemburg fortan zu Frankreich gehören.

Der Sturz Napoleons eröffnete jedoch unerwartete Perspektiven, und 1815 wurde Luxemburg zum unabhängigen Großher-

zogtum, mit dem niederländischen König Wilhelm I. als Großherzog – der somit gleichzeitig Herrscher über die Vereinigten
Niederlande und Luxemburg war. Das Großherzogtum war hier
Spielball und Verhandlungsmasse im Streit der Großmächte: Der
niederländische König sollte für andere Gebiete (er hätte gern
noch einiges an Grund im Linksrheinischen gehabt) entschädigt
werden und erhielt dafür das auch von anderen begehrte Luxemburg. Die luxemburgische Bevölkerung hatte darauf, wie damals
üblich, keinen Einfluss.

Nun begann eine Zeit der Allianzen, die später so prägend
werden sollten für das Land. Denn trotz des niederländischen
Großherzogs war Luxemburg Mitglied im Deutschen Bund, in
dem 40 unabhängige deutsche Staaten zusammengeschlossen
waren. Die Stadt Luxemburg wurde, als Bollwerk gegen Frankreich, zu einer Bundesfestung mit preußischer Besatzung ausgebaut. Dies führte 1848 zu der bemerkenswerten Situation,
dass niederländische Beamte Luxemburg in der Frankfurter
Paulskirche vertraten – obwohl man hier ein unabhängiges
vereintes Deutschland anstrebte, was ja wiederum keineswegs im
Interesse des niederländischen Fürsten lag.

1830 löste sich Belgien vom niederländischen König Wilhelm I.,
und die Großmächte akzeptierten die belgische Unabhängigkeit
(vgl. Kap. 1). Unklar war nur, was mit Luxemburg geschehen sollte, denn sowohl die Belgier als auch die Niederländer meldeten
Ansprüche an. Ergebnis: Luxemburg wurde geteilt, der französischsprachige westliche Teil Belgien zugeschlagen (in etwa die
heutige Provinz Luxembourg) und der deutschsprachige östliche
Teil, in etwa die heutige Ausdehnung des Landes umfassend,
blieb mit seinem niederländischen Herrscher weiterhin als Großherzogtum bestehen. 1839 wurde dies im Vertrag von London
besiegelt.

Im Grunde ist die Souveränität Luxemburgs also ein Resul-
tat der Begehrlichkeiten der Nachbarn. Alle wollten es besitzen,
aber keiner bekam es – denn was man selbst nicht haben konnte,

gönnte man dem Nachbarn auch nicht. Kurz zusammengefasst: 1795-1815 war das Land annektiert von Frankreich, dann wollte es Preußen, bekam aber nur die Möglichkeit einer Bundesfestung – und Luxemburg wurde 1815 unabhängig, allerdings mit einem Niederländer als Oberhaupt. 1830 wollten es Belgien und die Niederlande – und als Ergebnis wurde 1839 die Unabhängigkeit, wenn auch auf kleinerem Gebiet, bestätigt.

1867 war es kurz noch einmal spannend, als der Deutsche Bund sich aufgelöst hatte und der niederländische Großherzog bereit war, Luxemburg an Frankreich zu verkaufen. Dagegen konnte Preußen erfolgreich intervenieren, allerdings um den Preis, seine Garnisonen abzuziehen und die Festung zu schleifen. Denn es wurde vereinbart, dass Luxemburg fortan neutral sein sollte. Zudem gab es eine starke Protestbewegung in der Bevölkerung, die in einer Petition an den König-Großherzog Wilhelm III. für den Status Quo plädierte und nicht zu Frankreich gehören wollte. Aus dieser Zeit stammt der luxemburgische Wahlspruch »Mir wëlle bleiwe, wat mir sin« (Wir wollen bleiben, was wir sind). Ein weiterer Schritt in die Unabhängigkeit war geschafft.

Langsam kam es auch zu einer Loslösung von der niederländischen Herrschaft, indem der Staat nämlich eine Verfassung beschloss, die dem Volk mehr Mitspracherecht einräumte und den Monarchen dadurch ein Stück weit entmachtete. Außerdem duften die Luxemburger seit 1841 ihre Steuereinnahmen selbst verwalten und diese in die eigene Infrastruktur und Bildung investieren. 1890 kam es zur vollständigen Trennung, denn mangels eines männlichen Nachkommens in der niederländischen Fürstenfamilie (in Luxemburg waren zur dieser Zeit nur männliche Vertreter zugelassen) ging das Großherzogtum an einen Nebenzweig über, das Haus Nassau-Weilburg. Jetzt hatte das Land wieder seine eigene Dynastie.

Einender Faktor Sprache: Ein Dialekt macht Karriere

Von großer Bedeutung für das spätere Miteinander und den gesellschaftlichen Zusammenhalt ist die Sprachenfrage. Seit dem Mittelalter wurde im luxemburgischen Gebiet Deutsch und Französisch gesprochen, genau genommen deutsche und französische Dialekte. Trotz der Abtrennung des westlichen, französischsprachigen Teils 1839 blieb diese Sprache präsent, denn Französisch war die Sprache der Verwaltung, der Justiz und der politischen Institutionen. Seit 1843 wird in Luxemburg ab der Grundschule verpflichtend Französisch und Deutsch unterrichtet. Man verlangte also von der einen deutschen Dialekt sprechenden Bevölkerung das intensive Erlernen sowohl des Hochdeutschen als auch der Fremdsprache Französisch – und dadurch konnte, anders als etwa in Belgien, ein Bruch zwischen der weiterhin französischsprachigen Elite und der übrigen Bevölkerung vermieden werden.

Der in Luxemburg gesprochene deutsche Dialekt blieb zunächst Sprache der mündlichen Verständigung, doch er machte eine erstaunliche Karriere. »Den Luxemburgern war immer bewusst, dass Lëtzebuergesch ein deutscher (moselfränkischer) Dialekt ist. Lange Zeit sahen sie deshalb in der deutschen Sprache ihre Muttersprache«, erklärt der Historiker Gilbert Trausch. Dementsprechend habe man sich auch als zweisprachiges Volk gesehen.

Zu einer Wendung kam es laut Trausch zu Beginn des 20. Jahrhunderts. »Da sich die Luxemburger immer mehr mit ihrem Staat identifizierten und mit der Zeit ein echtes Nationalgefühl entwickelten, waren sie zunehmend der Ansicht, dass sowohl Deutsch als auch Französisch Fremdsprachen seien, das Luxemburgische hingegen die Muttersprache.« Dies wurde, allerdings erst 1984, durch ein Gesetz bekräftigt, das Luxemburgisch als die Nationalsprache des Landes bezeichnet. Somit hat das Land heute drei Amtssprachen, die nebeneinander existieren: Die Bürger können Eingaben auf Luxemburgisch, Französisch oder Deutsch verfassen und erhalten dann in der jeweiligen Sprache Antwort.

Das Ergebnis dieser Sprachpolitik ist hochinteressant, denn hier ist es gelungen, das Luxemburgische als verbindendes Element zu etablieren. Luxemburgisch ist die einende Sprache, die von allen Gesellschaftsschichten gesprochen wird. Untereinander sprechen die Luxemburger Luxemburgisch. Französisch und Deutsch hingegen sind Fremdsprachen mit verschiedenen Funktionen: Französisch für die Verwaltung und Justiz, Deutsch lange Zeit als Sprache der Presse und der Kirche. Inzwischen werden jedoch auch die Parlamentsdebatten meist auf Luxemburgisch geführt, und gepredigt wird schon lange auf Luxemburgisch. Das gilt ebenso für die sozialen Medien: Selbst Ministerpräsident Xavier Bettel twittert auf Luxemburgisch.

Als Deutscher, der nicht aus einer an Luxemburg angrenzenden Region stammt, kann man übrigens nur schwer folgen, wenn Luxemburger sich unterhalten. Auch das geschriebene Luxemburgisch erschließt sich dem unkundigen Leser nicht so leicht – etwa in der Zeitung, oder in den luxemburgischen Online-Kommentaren zu deutschsprachigen Artikeln. Wenn man sich sehr konzentriert, dann geht es einigermaßen, allerdings nur für den großen Zusammenhang.

Luxemburgs Rolle in Europa: Vom Spielball zum Mediator

Dass die Popularität der deutschen Sprache in der ersten Hälfte des 20. Jahrhunderts abnahm, hatte auch mit den beiden Weltkriegen zu tun. In Bezug auf das Deutsche stellt der Historiker Michel Pauly fest: »Die deutsche Besatzung Luxemburgs während des Ersten Weltkriegs und die anschließende wirtschaftliche Abkoppelung hatten auch kulturelle Folgen: Die luxemburgische

Sprache wurde verstärkt als von der deutschen (häufig als »preußisch« apostrophierten) verschieden aufgefasst.«

Als 1914 der Erste Weltkrieg ausbrach, überfiel Deutschland das neutrale Luxemburg und plante, es später zu annektieren. Diese Gefahr war mit der Niederlage Deutschlands 1918 abgewendet, aber nun meldete wiederum Belgien Ansprüche auf Luxemburg an. Frankreich intervenierte, und Luxemburg konnte wieder einmal seine Unabhängigkeit bewahren. Nach dem Ersten Weltkrieg und der Auflösung des Zollvereins ging Luxemburg 1921 eine Zoll- und Währungsunion mit Belgien ein, denn es brauchte einen neuen Wirtschaftspartner. Diese Währungsunion blieb bis 2002 bestehen, als die Währung im Euro aufging.

Der Erste Weltkrieg hatte gezeigt, dass das Großherzogtum in Gefahr war, zwischen den beiden großen Nachbarn Deutschland und Frankreich zerrieben zu werden. Und so entwickelte sich Luxemburg mit der Zeit zum Vermittler zwischen den beiden Großmächten. Mit dem Ziel, sich selbst zu schützen, aber auch im Interesse eben dieser Großmächte – denn ohne eigenen Vorteil hätten diese keinen Grund gehabt, sich zu einigen.

Bemerkenswert ist hier die Rolle des luxemburgischen Stahlproduzenten und Großindustriellen Emil Mayrisch, der deutsche und französische Stahlbarone an einen Tisch brachte. Der Erste Weltkrieg und seine Folgen waren auch für die Stahlindustrie verheerend. Mayrisch suchte daher den Kontakt zu deutschen, französischen und belgischen Industriellen und begründete 1926 die Internationale Rohstahlgemeinschaft, der er bis zu seinem plötzlichen Tod 1928 durch einen Autounfall vorstand.

Umstritten ist, ob Mayrischs Ziel die Völkerverständigung war und er also als Vordenker Europas gelten kann oder ob er in erster Linie aus Eigeninteresse handelte. Seine Strategie ist in jedem Fall interessant: Er brachte die Wirtschaftsvertreter der Großmächte zu einer Einigung, um luxemburgische Interessen zu sichern – und stand damit am Anfang einer Reihe von Luxemburgern, die sich sehr erfolgreich um Versöhnung und Ausgleich zwischen

Frankreich und Deutschland bemühten. Das war möglich, weil man in Luxemburg beide Sprachen spricht, und zwar auch im übertragenen Sinne, das heißt man versteht beide Kulturen.

Dies galt in besonderem Maße auch für Aline Mayrisch-de Saint-Hubert, die Ehefrau Emil Mayrischs. Sie war eine Kunstkennerin und Intellektuelle, die in engem Kontakt zu französischen, belgischen und deutschen Künstlern und Intellektuellen stand – darunter André Gide, Jacques Rivière, Ernst Robert Curtius, Karl Jaspers und nicht zuletzt der spätere deutsche Außenminister Walter Rathenau. Diese waren regelmäßig zu Besuch auf dem Anwesen der Mayrischs in Colpach und tauschten sich über die politischen und gesellschaftlichen Unterschiede zwischen ihren Ländern aus – sehr eindrucksvoll beschrieben von der luxemburgischen Germanistin Germaine Goetzinger. Später förderte Mayrisch-de Saint Hubert viele deutsche Künstler auch finanziell, etwa Thomas Mann und Annette Kolb, und half ihnen vor allem, Nazi-Deutschland zu verlassen.

Auch vom Zweiten Weltkrieg blieb Luxemburg nicht verschont: 1940 marschierten die deutschen Truppen zum zweiten Mal in das neutrale Luxemburg ein. Ziel war die Germanisierung Luxemburgs. Ab 1942 wurde die luxemburgische Jugend in die Wehrmacht gezwungen. Gilbert Trausch beschreibt, dass die Bevölkerung sich dem von außen aufgezwungenen totalitären Regime gegenüber unterschiedlich verhielt: Auf der einen Seite habe es Kollaboration gegeben, auf der anderen Seite einen aktiven Widerstand und eine Bevölkerung, die sich mehr und mehr gegen die Besatzer wandte. Die von den Nationalsozialisten betriebene Heim-ins-Reich-Politik überzeugte die Luxemburger jedenfalls nicht: Im Oktober 1941 fand eine Volkszählung statt, die nach völkisch-ideologischen Kategorien wie Stammeszugehörigkeit, Volkszugehörigkeit und Muttersprache fragte – und statt des vorgeschriebenen Deutsch antwortete ein so großer Teil der Einwohner mit Lëtzebuergesch, dass die Befragung abgebrochen wurde. Die Luxemburger wollten keine Deutschen sein.

Das deutsche Besatzungsregime war ausgesprochen grausam, und die Todesrate unter Berücksichtigung der Opfer in der Zivilbevölkerung eine der höchsten im Vergleich zu anderen westeuropäischen Ländern. Im Ergebnis stimulierte der Zweite Weltkrieg die weitere Herausbildung eines luxemburgischen Nationalempfindens. Dazu trug auch bei, dass die Großherzogin Charlotte sich in ihren Radioansprachen aus dem englischen Exil erstmals auf Luxemburgisch an ihr Volk wandte – um sich von den Deutschen abzugrenzen.

Der Zweite Weltkrieg hatte wiederum gezeigt, wie gefährdet das Land war. Ressentiments konnte man sich nicht leisten. Nach dem Krieg gab es daher schon bald Initiativen für eine neue Zusammenarbeit, und in gewissem Sinne stand der Stahlverband Mayrischs Pate für die 1951 gegründete Europäische Gemeinschaft für Kohle und Stahl (EGKS). Deren Ziel war es, durch Zusammenarbeit eine Verstärkung der gegenseitigen wirtschaftlichen Abhängigkeiten zu erreichen und so die Wahrscheinlichkeit künftiger Kriege zwischen den teilnehmenden Staaten, insbesondere Frankreich und Deutschland, zu verringern. Federführend war hier wiederum ein Luxemburger: der damalige Außenminister Joseph Bech.

Luxemburg wurde 1952 Sitz der Hohen Behörde, des Führungsgremiums der EGKS. Bereits 1957 wurden die Römischen Verträge unterschrieben, die Grundlage der späteren Europäischen Union. Auch in diesen Verhandlungen war Luxemburg ein wichtiger Mediator zwischen den größeren Ländern (vgl. Kap. 1). Außerdem war das Land Gründungsmitglied der UNO, der Benelux-Wirtschaftsunion, der OECD (Organisation für wirtschaftliche Zusammenarbeit und Entwicklung) und der Nato.

Die Beteiligung Luxemburgs am europäischen Integrationsprozess war laut Michel Pauly nie Gegenstand öffentlicher Debatten oder parteipolitischer Auseinandersetzungen. Denn für Luxemburgs Politiker und Bürger war immer klar: Wenn wir als kleines Land Einfluss auf die Geschicke Europas nehmen wollen (und dies müssen wir, wenn wir unsere Unabhängigkeit bewahren und neue Konflikte verhindern wollen), dann können wir das nur durch Stärkung internationaler, auf Interessenausgleich gerichteter Institutionen. Wenn wir unserer Stimme Gehör verschaffen wollen, geht dies nicht als zwischen Großen eingekeilter Kleinstaat, sondern nur als gleichberechtigter Akteur in internationalen Organisationen.

Es ist daher kein Zufall, dass Luxemburg heute Sitz zahlreicher EU-Organisationen ist: Angesiedelt sind hier unter anderem der Europäische Rechnungshof, der Europäische Gerichtshof, die Europäische Investitionsbank und das Generalsekretariat des Europaparlaments.

Das Schlüsselprojekt für Luxemburgs Streben nach Stabilität und Ausgleich zwischen seinen Nachbarn und in Europa insgesamt war die europäische Integration, zunächst in der EG und später in der EU. Es gibt eine Reihe von luxemburgischen Politikern, die zu Vorreitern dieses Einigungsprozesses wurden: Ein wichtiger Protagonist war neben Joseph Bech auch Pierre Werner, von 1959 bis 1974 und 1979 bis 1984 Ministerpräsident des Großherzogtums, der bereits sehr früh den Plan für eine europäische Währungsunion entwickelte, die dann später wieder aufgegriffen und 2002 tatsächlich umgesetzt wurde. Das Land stellte auch bereits dreimal den EU-Kommissionspräsidenten: Gaston Thorn (1981 bis 1985), Jacques Santer (1995 bis 1999) und den gegenwärtig amtierenden Jean-Claude Juncker.

Auch bei den entscheidenden Verhandlungen um den Euro-Stabilitätspakt 1996 war es der damalige luxemburgische Ministerpräsident, der den Gipfel als Held von Dublin verließ, weil er erfolgreich zwischen Deutschland und Frankreich vermitteln konnte. Deutschland wollte vor allem eine stabile Währung und strenge Bedingungen, Frankreich hingegen fürchtete, allzu strenge Kriterien womöglich selbst nicht erfüllen zu können. In einem Verhandlungsmarathon schaffte es Juncker, einen Kompromiss zu schmieden.

Die luxemburgische Position wird manchmal als *influence without power* beschrieben, und das ist vielleicht ihr Erfolgsgeheimnis. Das Land hat selbst kein großes Gewicht, versteht aber die verschiedenen Akteure und bemüht sich als »ehrlicher Makler« aktiv und geschickt um eine Einigung zwischen ihnen. Bewährt hat sich hier die Strategie, selbst im Hintergrund zu agieren und den großen Spielern Ideen einzuflüstern, die diese dann später als ihre eigenen ausgeben können – ein nicht unübliches Vorgehen bei jeder Art von asymmetrischen Partnerschaften.

Aber auch unterhalb der ganz großen internationalen Bühne, nämlich mit den regionalen Nachbarn, ist Luxemburg gut eingebunden: Es liegt im Zentrum der sogenannten »Großregion«, ein Zusammenschluss mehrerer angrenzender Gebiete, die wirtschaftlich eng zusammenarbeiten. Dazu gehören neben Luxemburg auch das französische Lothringen, die deutschen Bundesländer Saarland und Rheinland-Pfalz sowie die Wallonische Region mit der französischsprachigen und deutschsprachigen Gemeinschaft Belgiens.

Schaut man nun auf die Ausgangsfrage, wie das im Vergleich kleine Luxemburg seine Souveränität errungen und bewahrt hat, bietet sich folgendes Bild: Souverän wurde Luxemburg zunächst durch politische Umstände, auf die das Land selbst wenig oder keinen Einfluss hatte. Sobald sich diese Chance aber Mitte des 19. Jahrhunderts bot, wurde die Luxemburger Bevölkerung aktiv und nahm ihr Schicksal selbst in die Hand, etwa durch eine demokratischere Verfassung oder eine geschickte Sprachenpolitik. Dadurch gelang es den Luxemburgern, die eigene Gesellschaft zu einen und eine selbstbewusste nationale Identität zu bilden, etwa durch die gemeinsame Sprache. Hinzu kam später das aktive Hinarbeiten auf ein erfolgreiches Miteinander zwischen den großen Nachbarstaaten sozusagen als Garant der eigenen Souveränität fungierte.

Fragt man nun, was diese Strategie für das Land mit sich bringt und was sie im Alltag bedeutet, wird schnell klar: Sie funktioniert ausgezeichnet, macht aber sehr viel Arbeit. Denn Luxemburg muss zum Beispiel in seiner Außenpolitik all das abdecken, was andere Staaten auch tun, allerdings mit einem Bruchteil an Ressourcen. Etwa wenn es die EU-Ratspräsidentschaft übernimmt, wie in der zweiten Jahreshälfte 2015. Wie ist das gelaufen?

Fragen wir jemanden, der dabei war: Jean-Louis Thill ist stellvertretender Abteilungsleiter der Europaabteilung im luxemburgischen Außenministerium und befand sich damit im Epizentrum der Aktivitäten. »Das war schon eine Herausforderung für uns«, erklärt Thill. »Denn man wird als kleineres Land anders betrachtet und ist ständig der Vermutung ausgesetzt, man könne das vielleicht nicht alles bewältigen. So haben wir allerdings gemeinsam einen großen Ehrgeiz entwickelt, denn wir wollten nicht nur zeigen, dass wir es schaffen, sondern dass wir die EU in möglichst vielen Dossiers voranbringen können und dadurch auch als kleineres Land einen konkreten Beitrag leisten können.« Eine große Herausforderung. Und, wie ist es ausgegangen, hat alles geklappt? Thill lächelt. »Das lasse ich gerne andere beurteilen. Generell waren die Reaktionen jedoch sehr positiv«. Da haben sich die Nachtschichten also gelohnt.

Festzuhalten ist, dass Engagement und Vermittlungsgeschick prägend für Luxemburgs Rolle in Europa sind. Das Land hat sich vom passiven Spielball zu einem aktiven Protagonisten der europäischen Politik entwickelt, der im Interesse der gesamten Gemeinschaft agiert und die Großen an einen Tisch bringt – auch um der eigenen Stabilität und Unabhängigkeit willen.

Wirtschaft: Sich immer wieder neu erfinden

Luxemburg muss es alleine schaffen – dies gilt für die Politik, aber ebenso für die Wirtschaft. Sie muss dem Staat genügende Mittel einbringen, um seine Aufgaben erfüllen zu können, das heißt die Sicherung des Gesundheits- und Sozialsystems, der Renten und die Einrichtung von Schulen – um nur einige Beispiele zu nennen. Im Ausland wird oft übersehen, dass dies für ein so kleines Land schwierig sein kann: Für eine Einwohnerschaft von der Größe einer mittleren Großstadt müssen eigene Ministerien, ein eigenes Bildungswesen, sogar eine eigene Armee usw. unterhalten werden. All das kostet Geld und Aufwand. Und vor allem: Je kleiner die Wirtschaft, desto anfälliger ist das Land für globale Konjunkturschwankungen.

Also, womit verdient Luxemburg sein Geld, was sind die stärksten Wirtschaftszweige? Auch wer sonst kaum etwas über Luxemburg weiß, hat wahrscheinlich schon gehört, dass Luxemburg ein wichtiger Finanzplatz ist. Gerade über diese einseitige und vorverurteilende Sichtweise ärgert man sich in Luxemburg jedoch manchmal. »Es gibt so ein Bild, dass es hier nichts als Banken gibt, und dass die alle nur krumme Geschäfte machen«, erklärt Germaine Goetzinger. Sehen wir also genauer hin.

Luxemburg ist wie ein Lehrbeispiel für europäische Wirtschaftsgeschichte, was die Entwicklung verschiedener Wirtschaftssektoren anbelangt: Zu Beginn des 19. Jahrhunderts war das Land ausgesprochen arm, es gab fast nur Landwirtschaft. Mitte des 19. Jahrhunderts wurden große Erzvorkommen im Südwesten entdeckt, und es entwickelte sich eine florierende Montanindustrie, die bis in die 1950er Jahre als wichtigste Wohlstandsquelle des Landes diente. Hauptarbeitgeber war der Stahlkonzern Arbed, mit dem schon mehrfach erwähnten Emil Mayrisch als erstem, bis zu seinem Tod 1928 sehr erfolgreich agierendem Generaldirektor. Dieser Konzern gilt als das Luxemburger Traditionsunternehmen schlechthin, jeder kennt diesen Namen. Noch in den 1970er Jahren hatte die Arbed eine Belegschaft von 27 000 Arbeitnehmern – man kann sich vorstellen, welche überragende Rolle dieser Koloss im kleinen Luxemburg spielte.

Dann kamen der Ölschock und die Stahlkrise, und die Industrie geriet ins Trudeln. Die Arbed aber überlebte, indem sie auf neue Verfahren umstellte und ihre Belegschaft auf 6700 Mitarbeiter reduzierte. Damit ist sie auch heute noch das größte luxemburgische Unternehmen. Es kam zu mehreren Fusionen, und inzwischen ist die Arbed Teil von ArcelorMittal, dem weltweit größten Stahlproduzenten. Der prächtige Palast der Arbed in der Luxemburger Innenstadt, den Touristen regelmäßig für die Residenz des Großherzogs halten, wurde allerdings kürzlich an die Sparkasse verkauft. Hinzugekommen sind seit Mitte der 1970er Jahre andere Industriezweige wie Chemie, insbesondere Autoreifen (Goodyear). Die Industrie trägt insgesamt etwa zehn Prozent zur allgemeinen Wertschöpfung bei.

Nun zum Tertiärsektor, den Dienstleistungen, die inzwischen gut 85 Prozent des Bruttoinlandsprodukts ausmachen. Hierzu zählt in der Tat der Finanzsektor, der 2015 mit 28 Prozent gut ein Viertel zum BIP beitrug, außerdem der Immobiliensektor, Versicherungen, Verkehr und Nachrichtenübermittlung. Als Sitz mehrerer Behörden der EU bietet das Land aber auch eine Vielzahl von Dienstleistungen für die EU an, die durch die EU-Erweiterung von 2004 noch einmal stark angestiegen sind und weiterhin steigen. 2016 wurden noch einmal mehr als 300 EU-Beamte in Luxemburg angesiedelt.

In den 1970ern konnte Luxemburg die Stahlkrise durch eine Steuerpolitik abfangen, die Gewinne aus Kapitaleinkünften begünstigte. Gerhard Ambrosi, Professor für Volkswirtschaft an der Universität Trier, schreibt über den Finanzdienstleistungssektor: »Sein Wachstum ist zweifellos das Produkt bewusster strukturpolitischer Bemühungen der luxemburgischen Regierungen. Diese schlugen sich darin nieder, dass besonders günstige juristische (Bankgeheimnis) und fiskalische Konditionen geboten wurden.« Mit anderen Worten: Luxemburg konnte sich in dieser Zeit durch das Bankgeheimnis, also die Verschwiegenheitspflicht der Banken über kundenbezogene Daten, niedrige Steuern und eine attraktive Verzinsung zu einem erfolgreichen Bankplatz entwickeln. Hohe Zinsen locken Geld an, niedrige Steuern Unternehmen – so einfach ist das.

Am 1. Januar 2015 führte Luxemburg allerdings den »Automatischen Informationsaustausch« für alle in der EU ansässigen natürlichen Personen ein. Das heißt konkret, dass eine Bank personen- und kontobezogene Daten ihrer Kunden an die eigene lokale Steuerbehörde weiterleitet. Diese Informationen werden der Steuerbehörde des Landes, in dem der Kunde seinen Wohnsitz hat, übermittelt. Das Bankgeheimnis wurde somit abgeschafft.

Marc Schlammes, Politikredakteur der größten luxemburgischen Tageszeitung *Luxemburger Wort,* erklärt dazu, Luxemburg habe über viele Jahre hinweg eine wirtschaftlich erfolgreiche Nischenpolitik praktiziert und sich dabei teils in gesetzlichen Grauzonen bewegt, aber die Mentalität in der Bevölkerung habe sich inzwischen geändert: »Früher wurde das toleriert, man hat Nischen besetzt. Heute möchte man das nicht mehr.«

Im Land sind heute etwa 150 Banken registriert, fast ausschließlich Tochtergesellschaften oder Niederlassungen großer ausländischer Häuser, darunter über 40 aus Deutschland. Einer der Hauptpfeiler des Finanzplatzes Luxemburg ist die Fondsindustrie: Von 1980 bis 2015 stieg Luxemburg zum bedeutenden Investment-Zentrum auf. Mitte 2015 lag der Wert der hier verwalteten Fonds laut der luxemburgischen Finanzaufsicht CSSF bei rund 3,5 Billionen Euro. Damit spielt das Land international ganz vorne mit. »Als Finanzplatz sichert Luxemburg für Europa eine Rolle in der Welt«, erklärt der luxemburgische Botschafter in Berlin, George Santer.

In den Bereich Dienstleistungen gehört auch das erfolgreiche Satellitenunternehmen SES. Mit einer Flotte von mehr als 50 Satelliten ist SES heute ein weltweit führender Anbieter im Bereich Kommunikation und Fernsehübertragung. Über 150 Millionen Haushalte wurden 2015 von den Luxemburgern mit mehr als 6500 TV- und Radioprogrammen versorgt. Dazu kommt als rasant wachsendes Segment die Bereitstellung von Satellitenkapazitäten für den mobilen Datentransfer. Dass ausgerechnet Luxemburg eine Schlüsselfunktion im global-galaktischen Kommunikations-

geschehen einnimmt, ist das Ergebnis einer ebenso vorausschau-
enden wie pfiffigen Politik. Als 1977 bei der Weltfunkkonferenz
in Genf die limitierten Orbitalpositionen künftiger Satelliten vergeben wurden, sicherte sich das kleine Land die gleiche Anzahl
von Positionen wie die großen Nationen. Das 1985 gegründete
Unternehmen SES hatte die Zeichen der Zeit erkannt und einen
leichteren Satelliten entwickelt als die französische und deutsche
Konkurrenz. Dieser verfügte über sehr viel mehr Kanäle als die
gängigen Modelle und konnte sich daher durchsetzen. Heute arbeiten 1300 Menschen für SES, davon 440 in Luxemburg.

Im Bereich Kommunikation ist das Land seit fast 100 Jahren
erfolgreich, man denke nur an die RTL Group, den inzwischen
größten europäischen Fernseh- und Rundfunkanbieter – 1920
gegründet in Luxemburg. Im September 1983 gab Radio Luxemburg die Gründung eines deutschsprachigen TV-Programms
mit Namen RTLplus bekannt, offizieller Start war im Januar 1984.
1988 zog der Ableger RTLplus nach Köln, um auf dem sich öff-
nenden deutschen Medienmarkt präsent zu sein.

Bleibt noch das Thema Luxleaks und die Besteuerung von
Unternehmen: Im November 2014 wurden insgesamt 28 000
Seiten mit über 500 verbindlichen Vorbescheiden (Advance Tax
Rulings) der Luxemburger Steuerbehörde öffentlich gemacht,
die diese über die Wirtschaftsprüfer PricewaterhouseCoopers
zwischen 2002 und 2010 abgeschlossen hatte. Die Steuerverein-
barungen boten mehr als 300 internationalen Konzernen – darunter Apple, Amazon, Heinz, Pepsi, Ikea und Deutsche Bank –
die Möglichkeit, Steuervermeidungsmodelle zu realisieren und
ihre Steuern auf unter ein Prozent zu drücken. Zwei französische
Whistleblower hatten die Unterlagen an Journalisten weitergegeben. Dafür wurden sie im Juni 2016 von einem luxemburgischen
Gericht zu Haftstrafen in Höhe von neun beziehungsweise zwölf
Monaten auf Bewährung verurteilt. Ende 2016 kam es zum Be-
rufungsverfahren (das bei Redaktionsschluss des Buches jedoch
noch nicht abgeschlossen war).

Die Aufregung in Europa war groß, schien doch die Enthüllungen zu bestätigen, was man immer schon vermutet hatte – Luxemburg zog mit Niedrigsteuersätzen ausländisches Kapital an und brachte damit andere Staaten um Steuereinnahmen. In Folge der Veröffentlichungen kündigte die EU-Wettbewerbskommissarin Margrethe Vestager an, bereits laufende Untersuchungen, ob europäisches Beihilferecht verletzt worden sei, zu intensivieren. Der dahinterstehende Vorwurf ist, die betroffenen Unternehmen hätten wettbewerbswidrige Subventionen in Form viel zu niedriger Besteuerung erhalten. Die EU-Kommission ergriff Maßnahmen, um den Steuerwettbewerb zwischen den EU-Ländern zu begrenzen, 2015 wurde ein Gesetz zum Austausch der Steuer-Vorbescheide verabschiedet.

Die Luxemburger Regierung begegnete den Vorwürfen mit dem Hinweis, dass eine solche steuerliche Begünstigung nicht nur rechtmäßig, sondern gleichartige Praktiken auch in anderen EU-Staaten durchaus üblich seien. Zu diesem Ergebnis kamen im Grunde alle Beobachter, die über das Thema berichteten – und auf ein ähnliches Vorgehen in Belgien, den Niederlanden, Großbritannien, Ungarn, Frankreich und auch Deutschland verwiesen.

Das Thema wird allerdings auch in Luxemburg selbst kritisch gesehen, mit dem Tenor in der Öffentlichkeit, dass man derartige Praktiken unterbinden müsse. Marc Schlammes erklärt, auch hier handle es sich um eine Grauzone: »Die Vorgänge waren rechtlich in Ordnung, aber moralisch fragwürdig.« Viele Luxemburger reagieren allerdings empört über die Aggressivität der Angriffe aus dem Ausland. Vor allem von Frankreich fühlte man sich in beleidigender Weise angeprangert. »Diese Kritik war grenzwertig«, so Schlammes, »das hätte man mit anderen, größeren Ländern nicht gemacht.«

Aber auch in Bezug auf die Steuerpraktiken gilt: Das Problem ist inzwischen aus der Welt: Die Organisation für wirtschaftliche Zusammenarbeit und Entwicklung (OECD), genauer gesagt das

Globale Forum für Transparenz und Informationsaustausch für Besteuerungszwecke erteilte Luxemburg bereits 2015 in Sachen Transparenz in Steuersachen die Gesamtbeurteilung »weitgehend konform«. Luxemburg hat damit das gleiche Rating wie die USA, Großbritannien, Italien und Deutschland. Auch hier gilt also: nichts zu beanstanden.

Es gibt jedoch noch eine ganz andere Art von Kritik an der Finanzindustrie, und zwar die an der einseitigen wirtschaftlichen Ausrichtung des Landes – denn die Abhängigkeit von den Finanzinstituten stellt ein großes Risiko für die luxemburgische Wirtschaft dar: Im Falle einer Krise des Finanzsektors wird auch die Gesamtvolkswirtschaft stark in Mitleidenschaft gezogen, wie etwa kurzzeitig in der Finanzkrise 2009.

Ein Problem der luxemburgischen Wirtschaft ist eben auch, dass sie immer nur ein Standbein hatte: zunächst die Landwirtschaft, dann die Montanindustrie, ab den 1970er Jahren die Finanzdienstleistungen. Es ist zwar bisher jedes Mal gelungen, sich neu zu erfinden und erfolgreiche Strategien zu entwickeln – aber inzwischen gilt es in Luxemburg als Common Sense, die Diversifizierung der Wirtschaft voranzutreiben. Ein Standbein ist nicht genug.

Bereits 2001 wurde von der Regierung daher der Aktionsplan eLuxembourg verabschiedet, um Luxemburg den Weg in die Informationsgesellschaft zu ebnen. Man tut seither viel dafür, die Digitalisierung voranzutreiben, Hightech-Industrien zu fördern und Start-ups anzusiedeln. Auch die Logistik ist eine Wachstumsbranche in Luxemburg: Der Flughafen Findel wurde stark ausgebaut, man schuf neue Lagerflächen, und inzwischen beträgt der Anteil der Logistik am luxemburgischen BIP knapp vier Prozent.

Viel investiert wird auch in die Forschung. Seit 2003 hat Luxemburg eine eigene Universität, diese ist seit 2015 in Belval auf einem ehemaligen Gelände der Arbed angesiedelt. Der Stahlkonzern erklärte sich bereit, alte Hochöfen abzutragen und den teuren Rückbau mit zu finanzieren. Auf dem rund 120 Hektar großen Gelände der einst größten Stahlhütte sollen Forschung und Lehre, Arbeit und Freizeit, Industrie und Handel, Wohnen und Kultur eine lebendige Mischung eingehen. Der renommierte niederländische Architekt Jo Coenen hat dafür einen Masterplan entwickelt. Der Staat stellt eine Milliarde Euro zur Verfügung, bis 2020 sollen 7000 Studierende und 3000 Forscher nach Belval ziehen. Damit schließt sich der Kreis: Wo früher Kohle über die Schienen rollte, liegen heute Datenautobahnen und entstehen Forschernetzwerke.

Mehrsprachigkeit, Integration und Schulsystem

Prägend für die luxemburgische Gesellschaft sind die Mehrsprachigkeit und der hohe Anteil an Einwohnern mit nicht-luxemburgischem Hintergrund. Die größte Gruppe der Migranten stellen Portugiesen und Italiener. Sie wurden bereits in den 1950er und 1960er Jahren angeworben, weil das Land Arbeitskräfte für die Montanindustrie und das Baugewerbe benötigte. Beide Gruppen gelten als relativ gut integriert, was unter anderem daran liegt, dass sie überwiegend katholischen Glaubens sind – ebenso wie die luxemburgische Bevölkerung selbst, die zu ca. 95 Prozent der katholischen Kirche angehört.

Man hatte bewusst nicht-muslimische Länder ausgewählt, da der katholische Glaube im luxemburgischen Alltag eine große Rolle spielt. Die Portugiesen haben sogar eine eigene Wallfahrtsstätte, sie pilgern jedes Jahr an Christi Himmelfahrt zur Heiligen Madonna von Fatima im nordwestlich gelegenen Ort Wiltz.

Es besteht ein gesellschaftlicher Konsens darüber, dass die Zuzügler wichtig sind für das Land: »Wenn wir unseren Lebensstil halten wollen, müssen wir auf Integration setzen«, so der Tenor. Es gibt daher keine ausländerfeindliche oder rechtsradikale Partei in Luxemburg. Es ist allerdings ein prekäres Gleichgewicht:

»Solange es den Luxemburgern gut geht, und solange sie in einem sicheren Beruf arbeiten oder sich ein Haus leisten können, werden Ausländer als diejenigen angesehen, die ›unseren‹ hohen Lebensstandard ermöglichen«, erklärt Laura Zuccoli vom luxemburgischen Verein Association de Soutien aux Travailleurs Immigrés, einer Organisation, die sich um die Stärkung der Rechte von Zuwanderern bemüht.

Trotz der kulturellen Ähnlichkeit bestehen jedoch auch handfeste Probleme. Nicht nur erledigen Portugiesen oft schlecht bezahlte und beschwerliche Jobs, sie sind darüber hinaus auch häufiger arbeitslos. Ein Viertel aller Schulabbrecher sind portugiesische Jugendliche.

Fragt man nach dem Grund für diese Integrationsprobleme, landet man recht schnell beim luxemburgischen Schulsystem. Dies verlangt schon den kleinen luxemburgischen Muttersprachlern viel ab, denn in der Grundschule wird in der ersten Klasse gleich auf Deutsch unterrichtet, auch die Alphabetisierung erfolgt auf Deutsch. Für Migranten mit romanischem Hintergrund, also für Kinder mit portugiesischen oder italienischen Wurzeln, stellt dieses System oft eine nur schwer zu meisternde Hürde dar.

Ab dem zweiten Schuljahr steht dann Französisch auf dem Lehrplan. Dominierende Sprache auf der Grundschule bleibt jedoch Deutsch, erst im Sekundarbereich überwiegt Französisch. Im Sekundarbereich kommen dann noch weitere Fremdsprachen hinzu, wie Englisch, Spanisch oder Italienisch. Während der gesamten Schulzeit macht der Sprachunterricht 50 Prozent der Gesamtstundenzahl aller Fächer aus!

Der Grund, an diesen hohen Anforderungen festzuhalten, ist schlichtweg, dass die Mehrsprachigkeit ein Grundpfeiler der luxemburgischen Identität ist: »Die Mehrsprachigkeit ist konstitutiv für Luxemburg. Durch die Beibehaltung des Französischen und des Deutschen bleibt Luxemburg ein symbolischer Ort der Begegnung zwischen romanischer und germanischer Kultur«, erklärt Botschafter Santer. »Unsere Muttersprache ist die Mehrsprachigkeit«, bestätigt Germaine Goetzinger, die lange als Gymnasiallehrerin für Deutsch arbeitete.

Da inzwischen aber die Hälfte aller Schüler zu Hause eine andere Sprache spricht als das dem Deutschen nah verwandte Luxemburgisch, ist allein schon die Alphabetisierung auf Deutsch äußerst schwierig. Der Historiker Michel Pauly konstatiert, dass sich das Schulsystem (trotz jahrzehntelanger intensiver Zuwanderung) noch nicht an die neue Situation angepasst habe. Dabei ist es eines der weltweit teuersten Schulsysteme, mit kleinen Klassen sowie gut ausgebildeten und gut bezahlten Lehrern.

Es gibt allerdings große Bemühungen, diese Schwellen abzubauen, etwa durch eine sprachliche Frühförderung schon im Kita-Alter. Hinzu kommt, dass auch die Luxemburger ohne Migrationshintergrund unter den hohen Anforderungen des Systems leiden – das zeigt sich auf dem Arbeitsmarkt. Denn das wohlhabende Luxemburg, das täglich 170 000 Pendlern Jobs bietet, hat seit Jahren eine Arbeitslosenquote von etwa 6,5 Prozent. Man zieht also die Pendler dem Potential vor Ort vor. Der Grund? Die Pendler haben oft eine gute Ausbildung, leben aber in strukturschwachen Regionen der Nachbarländer und sind daher bereit, auch für einen geringen Lohn einiges auf sich zu nehmen.

Wie sehen die Luxemburger dieses Missverhältnis? Kann man damit leben, dass die Arbeitslosen einfach ausgehalten werden und viele Schulabgänger keinen Platz auf dem luxemburgischen Arbeitsmarkt finden? »Nein, wir müssen dringend die Schule noch besser an den Arbeitsmarkt anpassen«, erklärt der Journalist Marc Schlammes, »und die mangelnde gesellschaftliche Teilhabe ist ein Problem, das uns alle angeht. Aber es hat sich auch eine Art von Bequemlichkeit eingeschlichen, viele hoffen einfach, dass sie im öffentlichen Dienst unterkommen.« Denn in der Verwaltung arbeiten, wie in den meisten Staaten üblich, in vielen Funktionen nur die eigenen Staatsbürger. Und so bilden die Luxemburger hier mit rund 90 Prozent eine große Mehrheit, die zudem noch über eine starke Gewerkschaft verfügt.

Bei vielen Luxemburgern sorgt der hohe Ausländeranteil von 47 Prozent an der Gesamtbevölkerung inzwischen aber auch für ein latentes Unbehagen. Sie wissen zwar, dass die Migranten gebraucht werden, um den luxemburgischen Wohlstand zu erhalten – gleichzeitig aber fürchten sie den Verlust von Einfluss und Identität.

Seit 2009 gibt ein neues Staatsbürgerschaftsgesetz, dass die Einbürgerung erleichtert und auch die doppelte Staatsbürgerschaft zulässt. Das heißt, ein Neubürger kann einen luxemburgischen Pass erhalten, ohne seine ursprüngliche Nationalität aufgeben zu müssen. Allerdings, und das war für viele Luxemburger sehr wichtig, müssen die Neubürger hinreichende aktive und passive Kenntnisse der luxemburgischen Sprache vorweisen. So wird die Sprache als Schnittmenge und damit Integrationsfaktor anerkannt.

Am allerwenigsten in die luxemburgische Gesellschaft integriert sind wahrscheinlich die meist Englisch sprechenden EU-Ausländer oder US-Amerikaner, die bei den europäischen Institutionen oder im Finanzsektor arbeiten. Sie bleiben meist nur einige Jahre im Land, sprechen im Job und in der Freizeit Englisch, wählen für ihre Kinder eine internationale Schule und bleiben weitgehend unter sich. Diese Zuwanderer werden jedoch in der Regel nicht als Bedrohung für die luxemburgische Identität empfunden, denn sie arbeiten meist im Hochlohnsektor, sind also wohlhabend, westlich geprägt – und verlassen das Land zudem nach ein paar Jahren wieder.

Abschließend bleibt festzustellen, dass die Luxemburger so sprachgewandt sind wie dies in keinem anderen europäischen Land der Fall ist. 98 Prozent von ihnen beherrschen mindestens eine Fremdsprache, 84 Prozent sogar zwei oder mehr Fremdsprachen. Das jüngste Eurobarometer der EU-Kommission hat die Sprachkenntnisse der EU-Bürger unter die Lupe genommen und Tausende Menschen befragt, wie sicher sie sich in anderen Sprachen als ihrer Muttersprache ausdrücken können. Luxemburg landet an der Spitze der EU-Länder, denn im Durchschnitt spricht die Bevölkerung hierzulande drei bis vier Sprachen (inklusive der Muttersprache).

Xavier Kieffer – ein typisch luxemburgischer Held

Welche Werte prägen nun die luxemburgische Gesellschaft? Wie geht man miteinander um? Gibt es so etwas wie eine typisch luxemburgische Lebensart? Luxemburger selbst beschreiben sich oft als pragmatisch, bescheiden und effizient. Am Arbeitsplatz vermeidet man es in der Regel, den eigenen Status zu sehr zu betonen, üblich ist ein teamorientiertes Arbeiten mit flachen Hierarchien. In der internationalen Zusammenarbeit gelten Luxemburger als anpassungsfähig, offen und verlässlich.

Typisch ist auch das Bild, das eigene Land als eine Schnittmenge zwischen Deutschland und Frankreich zu sehen, in der das Beste dieser beiden Länder miteinander kombiniert ist – also deutsche Effizienz und Systematik mit französischer Lebensart und Genussfähigkeit. In diese eher französische Richtung geht auch die »moselfränkische Lebensart«, von der oft die Rede ist: Man hat Sinn für die Freuden des Lebens, ist dabei aber fleißig und bodenständig.

Solche Charakterisierungen bleiben selbstredend immer ein wenig oberflächlich und pauschalisierend. Ein anderer Weg, um Luxemburg und seine Bewohner kennenzulernen, ist der Blick auf einen Luxemburger Romanhelden. Seit 2011 erscheint eine Krimireihe um den luxemburgischen Koch und Detektiv Xavier Kieffer, die in Deutschland auf der *Spiegel*-Bestsellerliste rangiert und vor allem auch in Luxemburg selbst ausgesprochen beliebt ist. Offenbar ist es dem deutschen Autor Tom Hillenbrand gelungen, seinen Koch mit einigen landestypischen Eigenschaften auszustatten – denn sonst hätten die Luxemburger ihn ja nicht ins Herz geschlossen. Was zeichnet Xavier Kieffer also aus?

Nun, zunächst einmal ist dieser Typ unabhängig. Früher als Sternekoch in Frankreich tätig, hat er der Haute Cuisine abgeschworen und bietet nun luxemburgische Küche in bester Qualität an: einfache Gerichte, gut gemacht, bodenständig und traditionsbewusst. Dabei ist er keineswegs provinziell, sondern hat beste internationale Kontakte. Alle vier bisher erschienenen Fälle spielen in der Nahrungsmittelbranche, wo Kieffer sich mit gewissenlos agierenden Lebensmittelkonzernen oder üblen Betrügern anlegt. Ein Feigling ist dieser Mann nicht. Er tritt zwar weder besonders forsch noch schneidig auf, überwindet seine Gegner jedoch regelmäßig durch pfiffige Einfälle. Typisch auch, dass er aus eher einfachen Verhältnissen kommt – die meisten Luxemburger stammen wie er aus Familien, die vor wenigen Generationen noch Bauern oder Arbeiter waren. Es gab nie einen bedeutenden Adel oder ein einflussreiches Großbürgertum, und daher herrscht – Ausnahmen bestätigen die Regel – bis heute kein großes Gefälle zwischen den Gesellschaftsschichten.

Wenn Kieffer nach einem langen Arbeitstag oder einem ermüdenden Abenteuer in sein gemütliches Zuhause im Luxemburger Stadtteil Grund zurückkehrt, möchte man geradewegs dort einziehen. Das alte Haus liegt direkt am Fluss und hat einen uneinsehbaren Garten. Hier kann er ganz für sich sein, auch das schätzen viele Luxemburger. Eine kleine Portion Glamour wird durch Kieffers Pariser Freundin Valérie Gabin beigesteuert, ihres Zeichens wichtigste Gastronomie-Kritikerin Frankreichs. Sie jettet um die Welt und ist allseits begehrt, kehrt aber stets wieder zu ihrem luxemburgischen Koch zurück.

Nicht nur die Romanfigur als solche trifft das Selbstbild der Luxemburger überraschend gut, auch die Ortsschilderungen vermitteln ein lebendiges Bild des Schauplatzes Luxemburg – zudem sind sie ausgesprochen spannend: Da wären Verfolgungsjagden von der Unter- in die Oberstadt und wieder zurück, der Wandel der Hauptstadt zu einem modernen Dienstleistungszentrum, vor allem auf dem Kirchberg mit seinem Museum für moderne

Kunst und der Philharmonie. Darunter die ehemaligen Arbeiterviertel Grund und Clausen mit den dort angesiedelten Start-ups und ihren Hipstern, die bei Kieffer essen. Mitgenommen wird der Leser auch auf die belebten großen Plätze der Innenstadt, wo sich teure Boutiquen und alteingesessene Cafés abwechseln. Auf unterhaltsame Weise und sehr nah an der Realität lernt der Leser durch diese Bücher die Luxemburger Geografie und Gesellschaft kennen.

Kieffer hat übrigens eine Kollegin, die Köchin Léa Linster, die es auch in der Wirklichkeit gibt. Sie ist durch ihre langjährige Kochkolumne in der *Brigitte* und mehrere Kochbücher in deutschen Medien sicher ebenso präsent wie Xavier Kieffer. Darüber hinaus betreibt Linster in Luxemburg mehrere Restaurants. Sie steht für ein Bild Luxemburgs als kulinarisches Schlaraffenland, in dem sich »deutsche Deftigkeit mit französischem Raffinement« paart – das Beste aus zwei Welten, wieder einmal. Tatsächlich hält Luxemburg dem Vergleich mit Frankreich kulinarisch locker stand: Von den rund 750 Restaurants im Land haben überdurchschnittlich viele einen oder zwei Michelin-Sterne.

Kunst und Kultur: Eine lebendige Szene

Luxemburg verfügt über eine sehr lebendige Kunst- und Kulturszene. Das ist das Ergebnis von staatlichen Initiativen einerseits und individuellen Aktivitäten andererseits.

Individuell erfolgreich etwa ist der 1959 in Luxemburg als Sohn eines indischen Ingenieurs und einer luxemburgischen Künstlerin geborene Ranga Yogeshwar. Er zählt heute zu den bekanntesten Wissenschaftsjournalisten in Deutschland. Der studierte Physiker kam 1987 als Redakteur zum Westdeutschen Rundfunk Köln und leitete dort mehrere Jahre die Programmgruppe Wissenschaft. Yogeshwar hat zahlreiche TV-Sendungen entwickelt, produziert und moderiert.

Zu den Bestsellern des Autors zählt sein Buch *Ach so! Warum der Apfel vom Baum fällt und weitere Rätsel des Alltags*, das in mehrere Sprachen übersetzt ist. Yogeshwar schreibt verständlich und unterhaltsam, dabei ist das Ganze sehr gut recherchiert und durchdacht – hier ist sie wieder, die bescheidene Bodenständigkeit, die in Luxemburg zum guten Ton gehört.

Ein Leuchtturm der luxemburgischen Kultur ist zweifellos das 2006 eröffnete, von dem chinesisch-amerikanischen Architekten Ieoh Ming Pei erbaute Museum für moderne Kunst (Musée d'Art Moderne Grand-Duc Jean, kurz Mudam). Hier sind Werke zu sehen von unter anderem Marina Abramović, Bernd und Hilla Becher, Nan Goldin, Andreas Gursky, Bruce Nauman, Albert Oehlen, Blinky Palermo, Julian Schnabel, Cindy Sherman, Wolfgang Tillmans oder Cy Twombly.

Spektakulär modern ist auch die Architektur der 2005 eröffneten Philharmonie. Sie steht ebenso wie das Mudam auf dem Kirchberg-Plateau. Das weiße Hauptgebäude hat im Grundriss die Form eines Auges. Die Stahl-Glas-Fassade wird von 823 weißen Säulen von 20 Metern Höhe und 30 Zentimetern Durchmesser optisch dominiert. Die Baukosten betrugen 113,5 Millionen Euro.

Man tut also etwas für die Kunst – und damit auch für die Einwohner, Luxemburger wie Zugezogene. Das Kulturangebot ist inzwischen zu einem Standortvorteil Luxemburgs geworden und macht das Land auch für die zahlreichen Expats attraktiv.

Luxemburg verfügt überdies über eine rührige Musik- und Filmbranche. Auf dem Gelände der Universität Belval in Esch-sur-Alzette steht die Konzerthalle Rockhal, wo etwa Bryan Adams, PJ Harvey oder die Red Hot Chili Peppers auftreten. Das Land hat auch eine eigene kleine Filmindustrie. Man sieht immer häufiger, dass Filme unter luxemburgischer Beteiligung produziert werden – was auch an einem neuen internationalen Filmförderprogramm liegt, das nur dann Geld bewilligt, wenn mindestens drei Länder an einem Projekt beteiligt sind.

Es gibt jedoch auch Streifen, die fast durchgehend luxemburgisch sind – beispielsweise der 2012 herausgekommene Thriller »Toter Winkel« (»Doudege Wénkel«), ein spannender Film im Polizeimilieu, angesiedelt in einer urbanen, düsteren und realistischen Atmosphäre. Klischees über Luxemburg als Schlaraffenland oder Steuerparadies werden gekonnt umschifft. »Ich wollte mein Land mit einem anderen Gesicht zeigen. Der Thriller war ein Genre, das mir dafür am besten geeignet schien«, erklärt Regisseur Christophe Wagner. Er fühlte sich inspiriert von William Friedkin, dem Autor des Films »French Connection«, und hat sich besonders bei Straßenszenen direkt an diesem Vorbild orientiert. Sehr sehenswert!

Ein Leuchtturm ganz anderer Art ist der luxemburgische Fotograf Edward Steichen (1879–1973). Steichen gilt als einer der Gründerväter der Modefotografie, im Zweiten Weltkrieg war er Leiter der Fotografieabteilung der US-Marine und 1947 bis 1962 Direktor der Fotoabteilung des New Yorker Museum of Modern Art (MoMA). Da Steichens Eltern in die USA auswanderten, als er noch im Kleinkindalter war, gilt er in der Fachwelt meist als US-Amerikaner.

Streichens bekanntestes Werk ist die monumentale Ausstellung The Family of Man, heute zu sehen im luxemburgischen Clervaux. Es handelt sich dabei um eine Fotosammlung, die er seit 1951 für das MoMA zusammentrug: Im Alter von 73 Jahren reiste er durch die Welt und bat Fotografen, ihm Bilder zu schicken, die nur ein einziges Thema haben sollten: die Menschen. Es entstand eine Ausstellung, die 1955 im MoMA eröffnet wurde und in den folgenden Jahren in mehreren Kopien weltweit gezeigt wurde. Der Erfolg war überwältigend – mehr als neun Millionen Menschen wollten diese Bilder sehen. Seit 1993 sind sie wieder ausgestellt: Steichen, der sich in seinen späten Lebensjahren Luxemburg sehr verbunden fühlte, hat sie seinem Heimatland vermacht und das Schloss Clervaux als Ausstellungsort ausgewählt. Damit hat er Luxemburg auf dem Gebiet der Fotografie zu einem Standort mit großer Strahlkraft gemacht.

Man wollte die Fenster öffnen: Aktuelle Politik

Politisch ist die Lage in Luxemburg ausgesprochen stabil. Es gibt keine Streiks, und die Suche nach Konsens ist Teil der politischen Kultur. Institutionalisiert ist dies in der sogenannten *Tripartite* (Dreierrunde), einem kontinuierlichen Dialog zwischen Regierung, Arbeitgebern und Gewerkschaften. Eingeführt wurde diese Runde in den 1970er Jahren, zur Zeit der schweren Stahlkrise, als die luxemburgische Gesellschaft vor einem tiefgreifenden Wandel stand. Eine Art Poldermodell ohne Polder.

Kontinuität herrscht auch bei den Parteien und über lange Jahre sogar beim politischen Personal. Seit dem Ende des Zweiten Weltkriegs gab es mit Ausnahme der Jahre 1974–79 immer einen christdemokratischen Ministerpräsidenten, der entweder mit den Sozialdemokraten oder mit den Liberalen regierte. Der bekannteste luxemburgische Politiker ist wohl der Christdemokrat Jean-Claude Juncker, der bis 2013 – und damit fast 19 Jahre lang – das Amt des Regierungschefs innehatte.

Abgelöst wurde er von dem Liberalen Xavier Bettel (geb. 1973), dem vorherigen Bürgermeister der Stadt Luxemburg, der eine Koalition mit den Sozialisten und den Grünen bildete. In der Presse wird sie auch die Gambia-Koalition genannt, aufgrund der Farben Blau (Liberale), Rot (Sozialisten) und Grün. Stellvertretender Premierminister und Wirtschaftsminister ist der Sozialdemokrat Etienne Schneider (geb. 1971), der bereits zuvor unter Juncker dieses Ministeramt bekleidete, aber dennoch wie auch Bettel einer neuen Generation von Politikern zugerechnet wird. Er hat gleichzeitig die Ressorts Innere Sicherheit und Verteidigung inne. In Luxemburg ist es nicht unüblich, dass ein Minister mehrere Ressorts betreut.

Dieser Regierungswechsel hat hohe Wellen geschlagen, denn die nun in die Opposition verbannten Christdemokraten stellten nach wie vor die mit Abstand stärkste Partei, während die neue Regierungskoalition mit 32 von 60 Abgeordneten nur eine knappe

Mehrheit erlangte. Eine Fortführung der vorherigen Großen Koalition zwischen Schwarz und Rot wäre somit ohne Weiteres möglich gewesen, auch für Schwarz und Blau hätte es gereicht. Die Kritik lautete, dass es bereits im Vorfeld Absprachen gegeben habe und die Sozialisten den Christdemokraten in den Rücken gefallen seien. »Ohne Anstand war das«, erklärt ein Interviewpartner, der nicht genannt werden möchte, »der Wählerwille wurde schlichtweg nicht beachtet!«

Andere sind der Meinung, dass viele Luxemburger nach 19 Jahren Juncker-Regierung einfach einen Wechsel wollten: »Es gab eine ausgesprochene Wechselstimmung, alles sollte anders werden«, konstatiert Marc Schlammes. »Die Liberalen warben damit, das Land vom christdemokratischen Mief zu befreien, die Fenster weit zu öffnen und durchzulüften. Aber die Sozialisten sind mit in der Regierung, und die machen das auch schon sehr lange. Da hat man sich also nur von einem Teil des Miefs befreit.«

Die großen Themen der Regierung heißen Bekämpfung der Arbeitslosigkeit, Konsolidierung der Staatsfinanzen und Diversifizierung der Wirtschaft. Man beschloss ein Sparpaket, eine Steuerreform und eine weitgehende Reform der Arbeitsagentur Adem, um gegen die Arbeitslosigkeit anzugehen. In einem Zeitungsinterview betonte Wirtschaftsminister Schneider im Juli 2016, es sei ein zentrales Anliegen der Regierung, Ansehen und Vertrauen in den Finanzplatz Luxemburg wiederherzustellen und das Land von den schwarzen und grauen Listen der Welt zu streichen, auf die es wegen seiner umstrittenen Steuerpolitik geraten war – trotz des Drucks aus der Finanzbranche, die alles beim Alten habe lassen wollen. Weitere wichtige Ziele der Regierung: eine Kindergeldreform und ein flexiblerer Elternurlaub, der es ermöglicht, bis zu 35 Tage im Jahr zu Hause zu bleiben, wenn das Kind krank ist. Das ist im europäischen Vergleich sehr großzügig. Große Bedeutung hat auch der Wohnungsbau, denn bis 2018 wird mit einem Bevölkerungszuwachs auf 600000 Einwohner gerechnet.

Sehr umstritten war jedoch die von der Regierung durchgeführte Trennung zwischen Kirche und Staat. Die Abschaffung des Religionsunterrichtes etwa wurde im katholisch geprägten Luxemburg von vielen Seiten nicht gut aufgenommen. Für Konflikte sorgte auch, dass die Vermögen der Kirche offen gelegt und in einem Fonds zusammengefasst werden sollen. Dass sowohl der Premierminister als auch sein Stellvertreter offen homosexuell und mit ihren Partnern verheiratet sind, war hingegen kein Thema.

Schwer abgestraft wurde die Regierung allerdings im Sommer 2015, als sie ein landesweites Referendum abhielt. Die Bürger sollten darüber entscheiden, die Amtszeit eines Ministers auf zwei Legislaturperioden zu begrenzen, das Wahlalter auf 16 Jahre abzusenken und in Luxemburg lebenden Migranten bei Erfüllung bestimmter Kriterien das Wahlrecht zu erteilen. Die Ablehnung war mit rund 80 Prozent ausgesprochen deutlich. Die Begründungen gehen jedoch auseinander: Die einen sagen, die Stimmung im Lande sei im Grunde eine ganz andere gewesen, aber die Abstimmung habe als Ventil für den Unmut über die Regierungspolitik gedient – andere behaupten, Luxemburg sei einfach eine konservative Gesellschaft, und die Regierung habe die Stimmung im Land falsch eingeschätzt.

Man darf also gespannt sein, wie es weitergeht bei den nächsten Wahlen 2018. Die Dreier-Koalition erklärte bereits zur Halbzeit, in jedem Fall weitermachen zu wollen. Denkbar ist jedoch auch eine schwarz-grüne Koalition. Das wäre dann wohl wirklich mal etwas Neues.

Der Großherzog muss spuren

Staatsoberhaupt und Großherzog von Luxemburg ist seit dem 7. Oktober 2000 Henri von Nassau. Er ist verheiratet mit Maria Teresa, die auf Kuba geboren wurde und in den Vereinigten Staaten aufwuchs. Das Paar hat fünf Kinder.

Der Großherzog verfügt formal über weit reichende exekutive und legislative Befugnisse, d. h. er ernennt und entlässt die Regierung, und er vollzieht alle Gesetze – faktisch nimmt er jedoch nahezu ausschließlich repräsentative Aufgaben wahr. 2008 weigerte Henri sich allerdings, ein Gesetz für die Sterbehilfe zu unterzeichnen, die in Luxemburg zugelassen werden sollte.

Um die dadurch drohende Staatskrise rasch zu beheben, wurde dem Großherzog kurzerhand durch eine Verfassungsänderung die Befugnis entzogen, Gesetze auszufertigen. »Die Monarchie ist beliebt, solange sie keine Probleme bereitet«, erklärt Germaine Goetzinger schmunzelnd. »Der Fürst muss spuren, sonst ist er seine Befugnisse ganz schnell los.« Und sie verweist auf den früheren Großherzog Jean, der ein Gesetz zum Schwangerschaftsabbruch zwar persönlich nicht guthieß, es aber dennoch unterschrieb.

Die Großherzöge und -herzoginnen erfüllen eine einende Funktion für das kleine Land. Sie stehen symbolisch für die luxemburgische Unabhängigkeit. Gerade in Krisenzeiten wird darauf geschaut, wie das Fürstenhaus reagiert. Etwa der beliebte Großherzog Jean, der im Zweiten Weltkrieg als Soldat der alliierten Streitkräfte in die Heimat zurückkam. Oder seine Mutter Charlotte, die wie beschrieben während der deutschen Besatzung Radioansprachen auf Luxemburgisch hielt und damit klar gegen die Germanisierungsversuche Stellung bezog.

»Ansonsten sehen die meisten Luxemburger die Fürstenfamilie wohlwollend kritisch, jedenfalls betreiben sie keinen besonderen Kult«, gibt Germaine Goetzinger zur Auskunft.

Großer Nachbar Deutschland

Das Verhältnis der Luxemburger zu Deutschland ist ambivalent. Und das hat nicht unbedingt nur mit der Besatzung durch die Deutschen während des Ersten und Zweiten Weltkriegs zu tun, sondern auch mit der Art, wie man aus Deutschland auf Luxemburg blickt.

Wird das Land ernst genommen und die Souveränität anerkannt, gibt es in der Regel keine Probleme. Nehmen wir als Beispiel etwa den in Luxemburg als sehr gelungen wahrgenommenen Staatsbesuch des deutschen Bundespräsidenten Joachim Gauck im November 2014. Gauck blieb drei Tage, allein das wurde positiv bewertet. Auch sonst machte Gauck einiges richtig. Gleich nach der Ankunft und einer kurzen Begrüßung im großherzoglichen Palast besuchte er das luxemburgische Nationaldenkmal und legte dort einen Kranz nieder, zum Gedenken an die Opfer des Zweiten Weltkriegs. Er bedankte sich, dass Luxemburg so früh nach dem Krieg dem Nachbarn Deutschland wieder die Hand gereicht habe, und lobte Luxemburgs Verdienste für die Einigung Europas. Luxemburg lebe eine vorbildliche Toleranz, von der man im restlichen Europa lernen könne. Da ist Deutschland dann in der luxemburgischen Wahrnehmung ganz nah.

Dazu passt, dass während der Fußball-WM im Sommer 2014 eine auffallend große Zahl deutscher Flaggen an luxemburgischen Autos angebracht war – wie ein Leitartikel im *Luxemburger Wort* überrascht feststellte. Hier gebe es doch eine Veränderung, bemerkte der Autor Fern Morbach: »Ein wachsender Teil der Luxemburger scheut sich nicht mehr zuzugeben, dass für sie Deutschland genauso wichtig ist wie Frankreich oder Belgien.« Morbach konstatiert auch, dass viele Luxemburger besser über die deutsche als über die luxemburgische Politik informiert seien, weil sie vor allem deutsche Fernsehsender einschalteten. Dennoch sei die Haltung Deutschland gegenüber widersprüchlich: auf der einen Seite Sympathie oder sogar Begeisterung, auf der anderen eine ausgeprägte Abneigung – und zwar quer durch die Generationen.

Woran stören sich die Luxemburger? Zunächst ist diese Ambivalenz ganz typisch für Nachbarländer mit einem spürbaren Größenunterschied. Und der Größenunterschied zwischen

Deutschland und Luxemburg ist nun wirklich enorm. Sehr negativ kommt es in Luxemburg daher an, wenn deutsche Politiker öffentlich ihre kleineren Nachbarländer angreifen, so der ehemalige Finanzminister Peer Steinbrück, der wiederholt die Steuerpolitik der Schweiz und Luxemburgs kritisierte.

Schlecht aufgenommen wird dabei in erster Linie der Ton, weniger der Inhalt. 2009 etwa zog Steinbrück öffentlich einen Vergleich, der einen unverhohlen drohenden Ton anschlug: In Anspielung auf eine mögliche Erwähnung der Schweiz und Luxemburgs auf einer von der OECD geführten schwarzen Liste von Steueroasen sprach er von dieser Liste als »Kavallerie im Fort Yuma, die man auch ausreiten lassen kann. Aber die muss nicht unbedingt ausreiten. Die Indianer müssen nur wissen, dass es sie gibt.« Die Indianer, das sind hier die Schweizer und die Luxemburger, und Yuma ist ein kalifornisches Fort, Schauplatz eines Hollywood-Streifens von 1965.

In der Schweiz reagierte man empört auf Steinbrücks Äußerungen (der Schweizer Verteidigungsminister wollte gar seine Mercedes-Limousine gegen einen Renault tauschen), aber auch in Luxemburg war Steinbrück monatelang in der Presse. Und nur drei Jahre später äußerte er sich noch einmal abfällig über die luxemburgische Finanzpolitik, indem er das Land auf eine Stufe mit Entwicklungsländern wie Burkina Faso stellte.

Man könnte es abtun als das Muskelspiel eines Politikers, solche Äußerungen nicht weiter ernst nehmen und schon gar nicht auf die Bevölkerung Deutschlands beziehen. Genau das tun erstaunlich viele Luxemburger auch. Aber es ist nachvollziehbar, dass es großen Unmut in der Öffentlichkeit gab. Man reagiert empfindlich auf abschätzige Äußerungen. Vor allem, wenn auch noch militärische Vergleiche im Spiel sind, obwohl Deutschland tatsächlich zweimal das Nachbarland überrannt hat.

Steinbrücks Äußerungen sind dabei keineswegs typisch für die politische Zusammenarbeit, ganz im Gegenteil. Der luxemburgische Botschafter in Berlin lobt die hervorragende bilaterale

Kooperation, die seit Jahrzehnten konstant sei. Luxemburg werde von Deutschland respektiert und geschätzt. Im Interview erklärt der seit 2013 in Berlin tätige Georges Santer: »Von Anfang an war hier alles bestens. Luxemburg wird in dieser Stadt sehr ernst genommen. Der Zugang zu den Behörden, selbst in die höchsten Etagen, verlief unkompliziert und professionell. Die Qualität der Gespräche war sofort auf höchstem Niveau. Das macht Freude.«

Manchmal ist allerdings die deutsche Art den Luxemburgern ein wenig fremd, etwa das preußische Pflichtbewusstsein, wie die Germanistin Germaine Goetzinger erklärt: »Wir belächeln ab und zu die deutsche Ernsthaftigkeit und Regelgläubigkeit, dieses Formelle und Unironische. Luxemburger nehmen sich eher auch mal selbst auf den Arm.«

Lösungen für die Zukunft

Die Nahaufnahme zeigt: Luxemburg meistert die Aufgaben eines souveränen Nationalstaates völlig geräuschlos und schafft es überdies, auch auf europäischer Ebene seinen Verpflichtungen in einer Weise nachzukommen, die von den anderen Staaten – die über ungleich mehr Ressourcen verfügen – als vorbildlich bewertet wird.

Das Bild Luxemburgs im Ausland wurde allerdings über geraume Zeit von der Nutzung des Wettbewerbsvorteils souveräner Steuerhoheit (Stichwort »Bankgeheimnis« bzw. »Steueroase«) geprägt. Regierung und Bürger wollen dieses schlechte Image loswerden, und sie haben viel dafür getan: Das Bankgeheimnis ist abgeschafft, und die Organisation für wirtschaftliche Zusammenarbeit und Entwicklung (OECD) erteilte Luxemburg 2015 in ihrer Beurteilung der Transparenz in Steuersachen das gleiche Rating wie den USA, Großbritannien, Italien und Deutschland.

Es gibt jedoch noch weitere Herausforderungen für Luxemburg. Eine der größten besteht wohl darin, den gesellschaftlichen

Zusammenhalt in dem kleinen Land zu erhalten und zu fördern – und dabei geht es nicht nur um die Zuwanderer, sondern auch um die Luxemburger selbst, von denen einige im Wettbewerb mit Arbeitnehmern aus Nachbarländern keinen Platz mehr auf dem einheimischen Arbeitsmarkt finden.

Vor diesem Hintergrund stellt sich die Frage, ob die luxemburgische Wirtschaft in der bisherigen Form weiterwachsen kann. Sprich: Wie viele Pendler und Migranten verträgt das Land? Und: Ist stetiges Wachstum in dieser Geschwindigkeit der einzige Weg, um den derzeitigen Wohlstand zu bewahren?

Ein weiteres großes Thema ist Europa. Dass Luxemburg unabhängig wurde und blieb, ist ein bemerkenswertes Phänomen in der europäischen Geschichte. Alle umliegenden Staaten wollten sich das Gebiet einverleiben, niemand hat es bekommen. Für Europa ein Glücksfall, wie sich heute herausstellt. Denn luxemburgische Politiker erwiesen sich über Jahrzehnte hinweg als visionäre Kraft und zugleich als verlässliche, Vermittler in einem zusammenwachsenden Europa. In den heutigen Zeiten grassierender populistischer Europaskepsis werden solche Initiativen und solches Vermittlungsgeschick mehr denn je gebraucht. Doch auch umgekehrt braucht Luxemburg Europa, denn ohne die EU mit ihren offenen Grenzen wäre das luxemburgische Wirtschaftsmodell mit seiner großen Zahl an Grenzpendlern nicht zu realisieren.

Wenig ändern wird sich wahrscheinlich an der leichten Scheu und an dem latenten Argwohn gegenüber der Wahrnehmung im Ausland, nicht zuletzt bedingt durch die zum Teil sehr tendenziöse Berichterstattung der letzten Jahre. Über positive Berichte ist man in Luxemburg oft geradezu überrascht, etwa wenn Reporter von France Info wohlwollend über die mediterrane Lebensart berichten, wie im Sommer 2016. Lakonischer Kommentar dazu im *Luxemburger Wort*: »Es bleibt sogar etwas Zeit, um den heimischen Crémant zu loben und auf die Vorzüge der Vielsprachigkeit hinzudeuten. Es muss ja nicht immer der Finanzplatz sein.«

Nachwort: Eigentlich ganz nett

Viele Franzosen reagieren nicht gerade nachsichtig, wenn man ihre Muttersprache falsch ausspricht oder die Geschichte und Kultur der Grande Nation nicht gut kennt. Rasch wird man da zum Banausen abgestempelt.

Das passiert einem in den drei Benelux-Ländern nicht so schnell. Ganz im Gegenteil: Als ich 1995 ein Auslandsjahr in Amsterdam machte und mit den Niederlanden noch nicht wirklich vertraut war, habe ich nicht nur sehr schnell Kontakt zu einheimischen Mitstudenten gefunden, nein, sie haben auch geduldig meine ersten Schritte in der niederländischen Sprache unterstützt und mir mit großem Elan ihre Stadt und ihr Land gezeigt: Ein sommerliches Klavierkonzert auf der Prinsengracht – da müssen wir hin! Ein Theaterstück in einem besonderen Gebäude – da nehmen wir dich mit! Was, du hast noch nichts von Gerard Reve gelesen, das kann nicht sein! – Du fängst an mit *De avonden,* und dann musst du unbedingt auch *Op weg naar het einde* lesen, nur so verstehst du unsere niederländische Mentalität.

Den wenigen anderen Deutschen erging es ebenso wie mir, auch sie fanden freundliche niederländische Mentoren. Als dann im Winter die Grachten zufroren, was nicht jedes Jahr passiert, waren die Niederländer völlig aus dem Häuschen, und wir mit ihnen. Zusammen ging es mit Schlittschuhen über das Eis. Im Laufe des Winters fror sogar das Ijsselmeer zu, und die niederländischen Freunde machten uns Deutsche mit den Insidertricks des Schlittschuhlaufens über größere Entfernungen vertraut. Wir wurden rundherum eingewiesen und fühlten uns dabei wie Lehrlinge in Sachen niederländischer Kultur, die das Glück hatten, in einem netten Betrieb mit einem guten Ausbildungsleiter gelandet zu sein.

Und dieses Gefühl ist nie verloren gegangen. Es hat sich sogar noch erweitert, denn in Belgien und Luxemburg erging es mir ähnlich: Was immer ich wissen wollte, wurde mir ausführlich erklärt. Ich erhielt Tipps, was ich mir ansehen sollte, welche Museen, welche Festivals ich auf keinen Fall verpassen dürfe, in welchen Restaurants ich unbedingt essen sollte. Ich erfuhr, wie Belgien eigentlich funktioniert und wie die Belgier und Luxemburger selbst ihre Länder wahrnehmen.

Ein ähnliches Wohlwollen beobachte ich heute in meinen interkulturellen Seminaren, die oft aus gemischten Gruppen von Deutschen und Teilnehmern aus den drei Ländern bestehen. Auch hier wird dem deutschen Interesse regelmäßig mit großer Sympathie und Auskunftsfreude begegnet. Man kommt gleich ins Gespräch, und dem Nachfragenden sind die freundlichen Reaktionen der Benelux-Teilnehmer sicher, selbst wenn er oder sie wenig oder kein Vorwissen mitbringt. Das macht den Kontakt zu einer äußerst angenehmen Angelegenheit, eben weil es in der Regel keine Erwartungen seitens der Benelux-Teilnehmer gibt – anders als bei der eingangs beschriebenen französischen Haltung wird nichts vorausgesetzt.

Nichtwissen schafft hier keine Distanz, sondern ganz im Gegenteil: Es ist der Ausgangspunkt für einen intensiven Kontakt und vorbehaltlosen Austausch. Deutsche, Niederländer, Belgier und Luxemburger entdecken womöglich gemeinsame persönliche Interessen, aber regelmäßig besinnen sie sich auch auf politisch-gesellschaftliche Gemeinsamkeiten – etwa den Sozialstaat, demokratische Transparenz oder die grundsätzliche Überzeugung, dass das, was einmal vereinbart wurde, auch einzuhalten ist. So werden die Kulturunterschiede zu einem Thema, über das man sich auf einer Basis grundsätzlichen Vertrauens sehr gut austauschen kann.

Da ich nun schon so lange mit den drei Ländern zu tun habe, ertappe ich mich allerdings manchmal dabei, dass ich einige der dort üblichen Verhaltensweisen übernommen habe: Auch in Deutschland möchte ich zu Beginn eines geschäftlichen Kontakts erst einmal ein bisschen warm werden mit meinem Gegenüber, und erst dann zur Sache kommen. Auch hier schätze ich es mittlerweile sehr, wenn ein wenig gescherzt wird, jemand ein leichtes Understatement pflegt und alles ein wenig lockerer abläuft.

Manchmal geht es sogar so weit, dass ich, wenn ich bei einer bilateralen Besprechung dabei bin, am liebsten eine Gebrauchsanweisung für meine Landsleute mitliefern möchte. Etwa, wenn ein ansonsten freundlicher und kompetenter Deutscher gleich mit der Tagesordnung beginnt, ohne ein nettes Wort vorweg, um dann im zweiten Satz einen belgischen Vorschlag etwas oberlehrerhaft zu kritisieren – dann würde ich am liebsten im Hintergrund eine Schrift einblenden, um zu erklären: »Nicht abschrecken lassen, der ist eigentlich ganz nett.«

Mit der Zeit habe ich auch festgestellt, dass die typisch deutsche Sachorientierung im internationalen Vergleich eher die Ausnahme als die Regel ist. Durch die Wahrnehmung von außen blickt man eben auch anders auf sich selbst, hinterfragt bestimmte Verhaltensweisen und will wissen, wie diese besondere deutsche Mentalität denn eigentlich entstanden ist. Aber das ist ein anderes Thema.

Anhang

Danksagung

Folgenden Mitlesern möchte ich ganz herzlich für ihre klugen Anregungen bei der Durchsicht des Manuskripts danken: Gerd Busse, Doris Gau, Susanne Gessat, Tanja Holzhey, Uta Loeckx, Philipp Reszat, Marc Schlammes, Gabri van Tussenbroek, Bart Soethaert, Friso Wielenga, Markus Wilp.
Sie alle waren mir eine große Hilfe.

Literaturtipps

Belletristik, Kinder- und Jugendbücher

Abdolah, Kader: Das Haus an der Moschee. Berlin 2008.

Biegel, Paul: Das große Buch vom kleinen Kapitän. Stuttgart 2013.

Boon, Louis-Paul: Mein kleiner Krieg. Berlin 2012 (neue Ausgabe).

Claus, Hugo: Der Kummer von Belgien. Stuttgart 2012 (neue Ausgabe).

Couperus, Louis: Die stille Kraft. Berlin 1993 (vergriffen).

De Cock, Michael/Vanistendael, Judith: Rosie und Moussa. Der Brief von Papa. Weinheim 2014.

Dematons, Charlotte/Goosens, Jesse: Die Niederlande. Zürich 2016.

Fabricius, Johan: Kapitän Bontekoes Schiffsjungen. München 1991 (vergriffen).

Haasse, Hella Serafia: Das indonesische Geheimnis. Berlin 2015;
Die Teebarone. Reinbek 1998.

Hertmans, Stefan: Der Himmel meines Großvaters. Berlin 2014.

Hillenbrand, Tom: Teufelsfrucht, Köln 2011; Rotes Gold, Köln
2012; Letzte Ernte. Köln 2013; Tödliche Oliven, Köln 2014.

Lanoye, Tom: König Lear/Gas. Zwei Stücke. Frankfurt/Main
2016.

Moeyaert, Bart: Bloße Hände. München 2011.

Multatuli: Max Havelaar oder die Kaffeeversteigerungen der
niederländischen Handelsgesellschaft. Berlin 2013.

Nothomb, Amélie: Mit Staunen und Zittern. Zürich 2000.

Schaapman, Karina: Das Mäusehaus. Hamburg 2012.

Schmidt, Annie M. G.: Pluck mit dem Kranwagen. Hamburg
2015 (neue Auflage).

Simenon, Georges: Maigret und Pietr de Lette. Sämtliche
Maigret-Romane. Band 1. Zürich 2008 (alle weiteren Romane
ebenfalls dort erschienen).

Tjong-Khing, Thé: Die Torte ist weg. Frankfurt/Main 2016.

Toussaint, Jean-Philippe: Fußball. Frankfurt/Main 2016.

Verhulst, Dimitri: Die Beschissenheit der Dinge. München 2011.

Weyergans, François: Drei Tage bei meiner Mutter. Köln 2003.

Sachbücher

Begenat-Neuschäfer, Anne/Gillessen, Marieke (Hg.): Die Wallonie
und Brüssel. Eine Bestandsaufnahme. Frankfurt/Main 2015.

Bünz, Tilmann: Fünf Meter unter dem Meer. Niederlande für
Anfänger. München 2016.

Busse, Gerd: Typisch niederländisch. Die Niederlande von A–Z.
Münster 2012.

Erbe, Michael: Belgien Luxemburg. München 2009.

Goetzinger, Germaine: Colpach – ein Ort deutsch-französischer
Begegnung zur Zeit der Weimarer Republik. Oldenburg 2004.

Ibelings, Hans: Niederländische Architektur des 20. Jahrhunderts. München 1995.

Koll, Johannes (Hg.): Belgien. Geschichte, Politik, Kultur, Wirtschaft. Münster 2007.

Linthout, Dik: Die Niederlande. Ein Länderporträt. Berlin 2012.

Lorig, Wolfgang H./Hirsch, Mario (Hg.): Das politische System Luxemburgs. Eine Einführung. Wiesbaden 2008.

North, Michael: Geschichte der Niederlande. München 1997.

Pauly, Michel: Geschichte Luxemburgs. München 2011.

Pekelder, Jacco: Neue Nachbarschaft. Deutschland und die Niederlande, Bildformung und Beziehungen seit 1990. Münster 2013.

Schlizio, Boris/Schürings, Ute/Thomas, Alexander: Beruflich in den Niederlanden. Trainingsprogramm für Manager, Fach- und Führungskräfte. Göttingen 2009.

Schmitz-Reiners, Marion: Belgien für Deutsche. Einblicke in ein unauffälliges Land. Berlin 2007.

Schmitz-Reiners, Marion (Hg.): Leben in Babel. Eine Lesereise durch die belgische Seele. Eupen 2003.

Schürings, Ute: Zwischen Pommes und Praline. Mentalitätsunterschiede, Verhandlungs- und Gesprächskultur in den Niederlanden, Belgien, Luxemburg und Nordrhein-Westfalen. Münster 2003.

Van Reybroeck, David: Kongo. Eine Geschichte. Berlin 2012.

Wielenga, Friso: Geschichte der Niederlande. Stuttgart 2012.

Wielenga, Friso/Wilp, Markus (Hg.): Die Niederlande. Ein Länderbericht. Bonn 2015.

Witte, Els: Sprache und Politik. Der Fall Belgien in einer historischen Perspektive. Brüssel 1999.

Basisdaten

	Niederlande	Belgien
Fläche	41 543 km²	30 528 km²
Einwohnerzahl	17,0 Mio. (2016)	11,3 Mio. (2016)
Bevölkerungsdichte	409 Einwohner/km² (2015)	367 Einwohner/ km² (2015)
Religion	26 % Katholiken, 16 % Protestanten, 5 % Muslime, 5 % andere Religionen, 48 % konfessionslos	75 % Katholiken, 1 % Protestanten, 8 % Muslime, 16 % konfessionslos
Staatsform	parlamentarische Monarchie	parlamentarische Monarchie
Bruttoinlandsprodukt	678,6 Mrd. Euro (2015)	409,4 Mrd. Euro (2015)
BIP pro Kopf	39 912 Euro (2015)	36 500 Euro (2015)
Arbeitslosigkeit	6,9 % (2015)	8,3 % (2015)
Nationalfeiertag	27. April (Königstag, Geburtstag des Königs Willem-Alexander)	21. Juli (Tag der Vereidigung von König Leopold I.)
Lebenserwartung Männer Frauen	80,0 83,5	78,8 83,9
Geburtenrate/ Anzahl Kinder je Frau	1,71	1,74

Quellen: Deutsches Statistisches Bundesamt, statista, Statistikbehörden der jeweiligen Länder.

Luxemburg	Deutschland
2586 km²	357 375 km²
576 249 (2016)	81,1 Mio. (2016)
217 Einwohner/km² (2015)	226 Einwohner/km² (2015)
68 % Katholiken, 4 % Protestanten, 3 % andere Religionen, 25 % konfessionslos	28,9 % Katholiken, 27,1 % Protestanten, 10 % andere Religionen, 34 % konfessionslos
parlamentarische Monarchie	Republik
52,1 Mrd. Euro (2015)	3032,8 Mrd. Euro (2015)
69 839 Euro (ohne Grenzpendler)	37 130 Euro (2015)
6,5 % (2015)	4,6 % (2015)
23. Juni (Geburtstag des Großherzogs, ohne Bezug zum aktuellen Monarchen)	3. Oktober (Tag der Deutschen Einheit)
79,4 85,5	78,7 83,6
1,50	1,47

Nordsee

N

Westfriesische Inseln

Delfzijl ○

GRONINGEN

Leeuwarden ○   ○ Groningen

FRIESLAND   ○ Assen

DRENTE

NORD-
HOLLAND

Alkmaar ○

NIEDERLANDE   FLEVO-
LAND   ○ Zwolle

Haarlem ○   □ *Amsterdam*   OVERIJSSEL

Hilversum ○   Apeldoorn ○   Enschede

Den Haag ○   ○ Utrecht   GELDERLAND
○ Delft   UTRECHT   Arnheim ○

Rotterdam ○   Nimwegen ○

SÜDHOLLAND   Maas

○ Dordrecht   ○ Herzogenbusch

NORDBRABANT

Breda ○   ○ Tilburg

Middelburg ○   SEELAND   ○ Eindhoven   Venlo ○

Terneuzen ○   ○ Turnhout   LIM-
BURG

Ostende ○   ○ Antwerpen

Brügge ○   OSTFLANDERN   ANTWERPEN   **DEUTSCH-
LAND**

○ Diksmuide   ○ Gent   Mecheln ○   LIMBURG

WESTFLANDERN   FLÄMISCH-
BRABANT   ○ Hasselt

Ypern ○   ○ Oudenaarde   BRÜSSEL   Maastricht ○

□ *Brüssel*   Tongern ○

○ Wavre

WALLONISCH-BRABANT   Lüttich ○   Eupen ○

HENNEGAU   Nivelles ○   **BELGIEN**   LÜTTICH

Mons ○   Charleroi ○   ○ Namur   Maas

NAMUR

○ Dinant

FRANKREICH   ○ Philippeville

Ulfingen ○
1

Bastogne ○   ○ Wiltz

LUXEMBURG   2

Ettelbrück ○   4   7 ○ Echternach

Neufchâteau ○   **LUXEMBURG**

Arlon ○   10

□ *Luxemburg*

8

12   11

○ Esch

1 CLERF	7 ECHTERNACH
2 WILTZ	8 CAPELLEN
3 VIANDEN	9 LUXEMBURG
4 DIEKIRCH	10 GREVENMACHER
5 REDINGEN	11 REMICH
6 MERSCH	12 ESCH AN DER ALZETTE

0   30 km